JN429228

글로벌 세계의 이해

신 윤 창

도서출판 대영문화사

머리말

21세기는 글로벌 시대이다. 글로벌 시대란 약 77억 세계인이 동일한 브랜드의 햄버거와 탄산음료를 마시면서 같은 라벨이 붙은 청바지와 티셔츠를 입고 있고, 또한 SNS를 통하여 실시간 지구촌 뉴스와 정보를 주고받을 수 있으며, 피부, 언어, 종교가 다른 젊은이가 BTS(방탄소년단)의 노래를 같이 즐기고 있는 것을 말한다. 이런 사례들이 글로벌 시대라는 나름의 반증이라 할 수 있다. 사실이 그렇다면 글로벌 시대, 이러한 거대한 물결의 역동성과 추동력은 무엇이고, 이것은 어디로부터 왔으며, 이것과 관련하여 미래 우리의 방향성은 어떻게 설정되어야 하는가?

글로벌 시대의 힘(power)과 원천(source)은 바로 자본주의의 거대한 물결이고, 동시에 제4차 산업혁명의 트렌드라고 단정적으로 말할 수 있다. 그러면 자본주의와 제4차 산업혁명이란 무엇이고, 이것이 우리에게 어떤 의미와 메시지를 던져 주고 있는가? 아울러 자본주의와 글로벌 시대의 접목, 그리고 제4차 산업혁명과 글로벌 시대가 접목되면 세계는 어떻게 변화될 것인가? 이러한 변화의 물결 속에서 현재 내 자신의 좌표는 어느 지점이며, 미래에 내 위치를 어디에다 어떻게 설정하여야 하는가? 더욱이 내가 살고 있는 대한민국은 글로벌 시대에 어떤 방향으로 나아가면서 어떻게 국내 · 외적인 문제에 대응하여야 할 것인가? 매우 복잡하고 어려운 문제이다. 어렵고 복잡한 문제일수록 이를 단순화시켜 생각하여야 해결책이나 대안이 모색될 수 있을 것이다.

저자가 이 책을 저술한 목적은 크게 네 가지이다.

첫째, 대학원 시절부터 나의 뇌리 속에서 떠나지 않았던 해결하기 어려운 문제였는데 그것은 자본주의란 무엇이며, 자본주의의 토양 위에서 기능하는 정치, 경제, 사회, 그리고 문화의 발전과 더불어 인간이 추구하는 행복(happiness)이란 무엇인가에 대한 해결책을 조심스럽게 모색하기 위함이었다.

둘째, 글로벌 시대의 화두인 제4차 산업혁명이란 무엇이며, 제4차 산업혁명이 정치, 경제, 사회, 그리고 문화의 변화에 어떤 기능을 하고, 더욱이 이러한 변화의 흐름이나 물결 속에서 인간의 진정한 행복이 추구될 수 있을 것인가에 대한 의문 때문이었다. 물질적 풍요로움보다는 정신적 성숙함과 완전체를 인간이 만들어 가면서 나 자신의 행복을 찾을 수 있을 것인가에 대한 끊임없는 고뇌와 성찰이 책을 저술하게 된 또 하나의 동인이었다.

셋째, 대학에서 20년 이상 강의를 하면서 느낀 점은 정치, 경제, 사회, 그리고 문화적으로 학생 스스로 자기 삶(life)에 대한 성찰과 고뇌, 그리고 사색을 통하여 더 나은 세상을 만들기 위하여 개방된 시각(open eye)으로 볼 수 있는 방법이 없을까, 아니면 학생 개인의 재능과 능력, 그리고 개인의 삶과 인간 공동체에 대한 고민과 성찰을 할 수 있는 방법을 모색하기 위한 목적으로 책을 저술하게 되었다. 정답과 해결책은 영원히 없겠지만 나 자신은 누구이고, 어디로부터 왔으며, 세상에 태어난 이유는 무엇이고, 어떻게 살아가야 할 것인가에 대한 고민과 성찰이다. 즉 나는 누구이며, 어떻게 살아가야 할 것인가?(Who am I? How do I live?)에 대한 사색과 생각을 학생들에게 전달해 주기 위함이었다.

넷째, 세계는 넓고 할 일은 정말 많다. 자신의 재능과 능력, 그리고 성실함을 믿고 글로벌 시대에 다른 국가에 관심을 갖고 있어야 한다는 고민 때문이었다. 다른 국가에 가서 직업(job)을 구하려는 돈키호테 같은 용기와 자신감을 학생들이 갖고 있어야 한다. 그렇게 하려면 먼저 다른 국가의 문화에 대하여 개방된 시각을 가져야 하며, 다음으로 외국어를 습득하기 위하여 엄청난 노력을 기울여야 한다는 점을 강조하고자 책을 저술하였다. 이것은 불가능하지 않다. 떨어지는 한 방울의 물방울이 돌에 구멍을 내듯이, 시작이 반이라는 말을 되새기면서 지금부터 개방된 시각으로 외국어 습득에 끊임없이 노력하여야 할 것이다.

이 책은 크게 세 부분으로 구성되었고, 전체 12장으로 이루어져 있다.

제1편은 글로벌 세계에 대한 이론이다. 제1장 자본주의란 무엇인가? 제2장 제4차 산업혁명이란 무엇인가? 제3장 글로벌라이제이션이란 무엇인가? 제4장 글로벌 거버넌스에 대한 이론적 논의이다.

제2편은 글로벌 거버넌스와 한국에 대한 분야별 논의이다. 제1편에서 논의된 이론을 분야별로 나누어 이를 한국이나 강원도의 상황에 적용시켜 보려는 것이다. 제5장 글로벌 거버넌스와 복지국가(공동체): 생태 자본주의를 중심으로, 제6장 글로

벌 거버넌스와 창조경제: 문화산업을 중심으로, 제7장 글로벌 거버넌스와 폐광지역 발전: 경제적 효과의 손실분석을 중심으로 한 폐특법 연장의 논리, 제8장 글로벌 거버넌스와 사회갈등: 담론의 구조와 해결 기제, 제9장 글로벌 거버넌스와 지방행정 체제의 개편: 저출산 · 고령화를 중심으로, 제10장 글로벌 거버넌스와 통일 대비 남 · 북한 지방행정 체제의 비교이다.

제3편은 개별 국가에 대한 이해이다. 세계의 많은 국가 중에서 현재와 미래에 영향력을 행사할 수 있는 국가를 다루었다. 특히 일본과 중국은 역사적으로 우리와 떼려야 뗄 수 없는 국가이다. 가까운 장래에 인도는 포스트 중국(post-China) 이후 세계에서 가장 영향력이 큰 국가 중 하나일 것이다. 또한 이슬람은 기독교와의 문명 충돌 때문에 영원한 관심의 지역으로 남아 있을 것이다. 제11장 일본 및 중국의 이해, 제12장 인도 및 이슬람의 이해이다.

저자가 책을 저술하면서 도움을 받았던 분들이 있다. 고려대학교에서 공부하면서 인간적인 삶의 자세뿐 아니라 학문적 시각에도 눈을 뜨게 만들어 새로운 지평을 열어 주신 김영평 교수님, 김호진 교수님, 그리고 고려대학교 총장으로 재직하셨던 염재호 교수님에게도 감사의 마음을 전하고 싶다. 또한 강원대학교 공공행정학과에 재직하고 계신 동료 교수님들, 그리고 자료 정리에 도움을 준 이수민 조교에게도 감사의 마음을 전한다. 제4차 산업혁명이 가져다준 폐해의 하나인 종이로 된 책이 잘 팔리지 않는 출판시장의 어려움 속에서도 흔쾌히 출판을 허락해 준 대영문화사 임춘환 사장님과 꼼꼼하고 세밀하게 열과 성을 다하여 책을 꾸며준 분들에게도 지면을 빌려 감사의 인사를 드린다.

2019년 여름
언장골 연구실에서
저자 씀

차례

제2편
글로벌 거버넌스와 한국: 분야별 논의

제3편 개별 국가에 대한 이해

The Understanding of the New World in the Globalization

Younchang Shin, Ph.D.
Professor of Kangwon National University
Dae Young Moonhwasa Publishing Co., 2019
Ilsan, Republic of Korea

Table of Contents

제 1 편

이 론

제1편은 글로벌 세계에 대한 이론이다. 제1장 자본주의란 무엇인가? 제2장 제4차 산업혁명이란 무엇인가? 제3장 글로벌라이제이션이란 무엇인가? 제4장 글로벌 거버넌스에 대한 이론적 논의이다.

제 1 장

자본주의란 무엇인가?

Ⅰ. 자본주의

자본주의(capitalism)라는 용어는 거의 보편적으로 사용되고 있지만, 자본주의란 무엇인가? 이런 질문을 받으면 명쾌한 대답을 제시해 줄 수 없는 곤란한 상황에 빠지게 된다. 자본주의라는 용어는 마르크스(Karl Marx) 등 사회주의 경제학자들이 근대 경제체제의 구조와 운동 법칙을 밝히기 위하여 만들어 낸 것이다. 마르크스는 19세기 후반 영국 노동자들의 비참한 생활을 '사실(facts)'로 관찰한 뒤에 상품 생산, 노동가치설, 잉여가치, 자본의 본원적 축적, 자본의 유기적 구성의 고도화 등을 핵심 용어로 삼아 자본주의 경제의 운동 법칙을 규명[1)]하려

1) 포퍼(Karl R. Popper)는 마르크스의 경제학이 '비과학'이라는 것을 논증하기 위하여 『역사주의의 빈곤』(1958)이라는 책을 저술하였다. 그는 역사의 법칙을 발견하는 것을 목표로 하거나 사회 전체를 다시 설계하려는 사회연구를 '역사주의'로 부르고, 역사적 사건이 일회적으로 발생하므로 역사주의적인 사회연구는 '과학'다울 수 없다고 주장하였다. 그는 근대 경제학과 같이 '역사'를 대담하게 제거하고 실업, 인플레이션, 무역적자 등 경제의 부분적인 '불균형'의 시정을 목표로 하는 사회연구를 '부분 공학'이라 부르면서 '과학'의 자격을 가진 사회연구는 '부분 공학'에 한정되어야 한다고 주장한다. 이유는 부분적인 불균형은 반복적으로 발생할 수 있기 때문에 그 기제에 관한 가설을 자료를 통하여 검증하거나 반증할 수 있으며 채택된 불균형의 시정을 위한 재정금융정책의 유효성도 자료를 통하여 확인할 수 있기 때문이다. 만약 사회연구자가 '과학자'이기를 바란다면 그는 자신의 연구를 '부분 공학'의 범위 속에 가두어야 한다. '역사의 법칙을 발견'한다는 등의 호언장담에 미혹되어서는 안 된다고 말하고 있다.

고 노력하였다. 이러한 의미의 자본주의는 역사적으로는 16세기부터 시작하여 18~19세기 산업혁명을 계기로 본격 발전하였으며, 20세기 중반 동·서 냉전체제의 이념적 대결 속에서도 체계성과 일관성을 가지고 지속적으로 발전하였음을 알 수 있다. 동유럽과 소련[2]이 몰락한 20세기 후반 이래 자본주의는 세계 모든 국가에 뿌리 내리게 되었으며, 이것을 계기로 21세기 들어와서는 단일한 자본주의 세계체제를 구축하는 데 성공하였다. 우리가 말하는 자본주의는 능률성·효율성을 통한 이윤 창출(영리 추구), 경쟁을 통한 경제활동의 자유, 그리고 사유재산제도 등의 요소를 특징으로 하는 경제체제이다.

Ⅱ. 자본주의의 특성

1. 능률성·효율성을 통한 이윤 창출

자본주의는 능률성·효율성을 통한 이윤 창출을 강조한다. 여기서 이윤 창출의 강조는 자원의 희소성(稀少性, scarcity of resource) 때문이다. 자원이 희소하지 않다면 효율성·능률성의 개념뿐 아니라 이윤 창출의 개념도 존재하지 않는다. 자원이 희소하기 때문에 효율성·능률성을 통한 이윤 창출이라는 개념이 등장한다. 이윤이 창출되지 않는 기업, 조직, 국가는 생존할 수 없는 것이 역사가 주는 교훈이다. 그렇다면 이윤을 어떻게 창출할 것인가? 매우 어려운 질문이지

2) 동유럽과 소련 등 사회주의 국가들의 격변이 몰아친 것은 1989년 가을의 일이다. 1989년 폴란드에서 바웬사(Lech Wałęsa)가 이끄는 노동조합 '연대(solidarity)'가 주도하는 마조비에츠키(Tadeusz Mazowiecki) 내각이 발족하였다. 10월 1일 동독시민 6천 명이 서독에 합법적으로 입국하였으며, 10월 3일 폴란드 공산당이 해체되었고, 10월 18일 동독의 호네커(Erich Honecker) 국가평의회 의장이 사임하였다. 11월 9일부터 10일에 걸쳐 동유럽 격변의 절정이 찾아왔는데, 동서긴장의 상징으로 부를 수 있는 베를린 장벽이 무너지고 수만 명의 시민이 동에서 서로 이동하였다. 1991년 10월 3일 동서독이 통일되었으며, 제2차 세계대전 이후 반세기 가까이 계속되었던 동서냉전이 종결되었고, 아울러 1990년부터 91년 사이에 소비에트연방이 소멸하고 11개 독립공화국으로 구성된 독립국가공동체(CIS)가 1991년 12월 탄생되었다.

만, 우회적으로 아주 단순화시켜 설명하여 보기로 하자. 투입(input) 대 산출(output)의 비율 개념이 이윤 창출 설명의 첫걸음이다. 적은 비용으로부터 많은 것을 얻어 낼 수 있다면 이윤은 창출된 것이나 마찬가지이다. 그렇다면, 능률성·효율성을 통하여 이윤을 창출할 수 있는 방법에는 어떤 것이 있을 수 있는가?

1) 인간이 스스로 자신의 능력을 극대화시킬 수 있는 제도나 규칙을 만드는 일이다

인간은 한편으로는 근면하고 검소한 삶을 살아가지만 다른 한편으로는 게으른 존재이기도 하다. 이런 상황에서 게으른 삶을 성실하고 부지런한 삶으로 바꾸어 주기 위하여 긍정적이면서도 생산적인 자극을 제도화하는 것이 바람직하다. 예컨대, 일정한 실적 이상을 올린 사람에게는 인센티브(incentive)를 준다든가, 또는 규칙을 어긴 사람에게는 제재(sanction)를 가한다든가 등 여러 가지 방법이 있을 수 있다. 베버(Max Weber)[3] 역시 자본주의는 도덕과 무관한 개인적 이익 추구에 기초하고 있는 것이 아니라 의무로서의 일에 대한 엄격한 책임에 기초를 두고 있다고 밝히고 있다(Weber, 2002).

2) 새로운 테크놀로지의 사용을 통한 이윤 창출이다

기술 발전은 생산량의 증가를 가져온다. 생산량의 증가는 이윤 창출의 베이스로 작용한다. 인류 사회는 세 번의 큰 변혁(revolution)을 거쳐 발전해 오고 있다. 첫째, 농업 기술의 개발이다. 농업 기술의 개발로 인류는 수렵이나 채취생활로부터 정착생활로 삶의 방식이 변하게 된다. 농업기술의 터득 전까지 인류는

---

3) Max Weber, *The Protestant Ethic and the Sprit of Capitalism.* 베버는 자본주의 정신의 기원을 칼뱅교에서 발전된 종교 윤리, 즉 천직(天職)이라는 관념의 토대인 합리적 생활방식, 다시 말해서 기독교 금욕주의 정신에서 속에서 찾을 수 있다고 주장한다. 반면 엥겔스(Friedrich Engles)는 자본주의를 이것의 초기 발전 과정에서 나타난 경제적 변동의 이데올로기적 반영에 불과하다고 주장한다. 베버는 이러한 사실을 분석하기 위하여 역사성에 기초한 이념형을 사용한다.

동물들을 사냥하기에 또는 먹을 것을 채취할 수 있는 좋은 장소로 옮겨 다니면서 생활해 왔다. 이런 방식을 탈피할 수 있는 계기로 작용한 것이 농업기술의 획득이다. 어떻게 농업기술을 터득하였는지는 정확히 알 수 없지만 농업은 지금으로부터 1만 5천 년 또는 1만 6천 년 전에 지구상에 등장한다. 농업의 발달은 생산량의 증가를 가져오며, 그로 인하여 잉여 생산물, 상업적 교환 방식, 화폐의 발달, 인구의 증가, 촌락구조의 탄생 등 다양한 변화가 나타난다. 또 국부(國富, national wealth)의 원천이 농업 경제에 기반을 두었기 때문에 산업혁명이 일어나기 전까지 모든 국가는 중농주의(重農主義) 정책의 추구로 농업에 종사하는 인구 증가에 많은 관심을 가지게 된다. 물론 이것이 나중에 또 다른 장애물로 등장하지만, 초기 농업 발전의 단계에서 농업에 종사하는 인구의 많고 적음이 국가 발전에 매우 중요한 요소로 작용하여 왔다.

둘째, 산업혁명(Industrial Revolution)이다(Hobsbawm, 1999: 12－74). 산업혁명[4)]은 18세기 영국에서 본격적으로 시작되었지만 그 이전 16세기 중엽부터 싹이 트고 있었다고 보는 견해가 오늘날 지배적이다. 이것은 농업 사회로부터 공업 사회로의 이행을 뜻하기 때문에 공업화라 부르기도 한다. 공업화는 물질적 재화 생산에 무생물적 자원을 광범위하게 이용하는 조직적 경제 과정이라 할 수 있다. 농업 사회에서는 에너지 원천을 인간의 근력이나 동물의 힘이라든가 풍력・수력과 같은 자연의 힘에 의존하였다. 또 생활에 필요한 취사나 난방, 그리

4) 산업혁명이 태동하게 된 계기는 16세기 중엽 이후 유럽을 덮친 삼림자원의 고갈・결핍 및 땔나무와 숯의 부족에 따른 심각한 에너지 위기였다. 유럽의 국가 가운데서도 가장 심각한 에너지 위기의 양상을 보인 나라는 영국이었다. 영국이 취한 위기 극복 대책은 대체 에너지로서의 석탄을 가정용 및 공업용 연료로 활용하는 일이었다. 문제는 석탄 생산에 대한 수요와 공급이 증대함에 따라 기술적으로 해결하여야 될 과제가 있었다. 탄갱의 배수 문제, 생산지로부터 소비지로의 수송 문제, 그리고 철광석을 용해하기 위한 석탄 이용상의 기술 개발이 그것이다. 탄갱의 배수 문제는 펌프 및 기압기관(氣壓機關)의 발명을 가져왔으며, 생산지로부터 소비지로 수송 문제를 해결하기 위하여 축력(畜力), 즉 말의 힘으로부터 와트(James Watt)의 동력기계가 발명되었다. 따라서 이들 과제가 사회적・기술적으로 해결되어 가는 동안 산업혁명으로 가는 조건이 거의 정비되어 갔다. 또 산업혁명은 방적기계의 도입으로 면직물 공업에서 공장제 생산을 가능케 하였으며, 더욱이 1830년 맨체스터와 리버풀 간 철도의 출현은 산업혁명의 기술력 및 생산력의 최종 걸작품이었다. 이러한 산업 조건을 바탕으로 영국은 급속도로 자유주의 경제체제로 옮아가고 있었다.

고 생산을 위한 열 에너지는 땔나무와 숯에 의존하였다. 반면 공업화는 에너지의 생물자원 의존으로부터 석탄·가스·석유와 같이 한번 소비해 버리면 재생 불가능한 화석연료 의존으로 바뀌는 새로운 에너지 체계로의 이행을 말한다. 이러한 에너지 체계의 이행을 가능케 해 준 것이 과학기술의 진보, 즉 산업혁명이었다.

산업혁명은 생산에서의 기술 혁신과 급속한 경제 성장을 가져왔을 뿐 아니라 이전의 농업 사회의 구조를 기초부터 허물어지게 하였다. 생산과 소비가 하나였던 가족 또는 가정 중심의 농업 사회가 바뀌어 생산하는 장소와 가정이 분리되면서 사람들의 생활은 노동을 팔아 얻는 임금 수입에 의존하지 않을 수 없게 되었다. 농촌 공동체가 붕괴되면서 교육·복지·오락 등 사회적 기능이 공동체 중심으로부터 멀리 떨어져 독립하는 등 사회조직의 대변혁이 일어났다. 이런 산업혁명을 가장 먼저 경험한 나라가 영국이다.

셋째, 정보혁명(Information Revolution)이다. 정보혁명은 정보의 생산·처리·전달·소비를 둘러싸고 일어나고 있는 20세기 말에 나타난 사회 변혁의 혁신적 움직임이다. 농업 사회에서는 농토를 더 많이 가지고 있는 사람, 산업 사회에서는 생산 수단을 소유한 자본가 계급, 그리고 정보화 사회에서는 정보를 더 많이 가지고 있는 사람이 지배 계급으로 등장한다. 따라서 정보화 사회만을 놓고 본다면 누가 더 많은 정보, 더 정확한 정보를 가지고 있느냐에 따라 사회의 지배 계급 또는 세계사적인 문명의 흐름 속에서 지배 국가로 등장하는 척도이다. 정보화 사회에서 사회 변혁의 혁신적 움직임에 촉매 역할을 한 것이 컴퓨터 개발 및 인터넷 기술의 발전이다. 컴퓨터의 개발 및 인터넷 기술의 발전은 정치·경제·사회·문화에 상당한 변화를 몰고 왔으며, 앞으로도 그렇게 될 전망이다. 예컨대 전자정부, 전자 민주주의, e-상거래, 전자 도서관, 정보와 통신의 융합으로 생겨나는 복합 미디어 등장(예컨대, 홈 시어터), 사이버 화폐, 캠퍼스 네트워크 형성 등 다양한 개념이 그것이다.

2. 경쟁을 통한 경제활동의 자유 보장

자본주의는 경쟁을 통하여 경제활동의 자유를 보장한다. 경쟁을 통한 경제활동의 자유는 자유시장 경제체제로 이어진다. 자유시장 경제체제는 계획경제에 비하여 경제의 효율성을 높이고 사회적 부(富, wealth)를 증진시킨다. 스미스(Adam Smith) 역시 『국부론(國富論)』에서 개인들이 합리적(合理的, rational)[5]으로 자신의 이익을 추구해 나가면 보이지 않는 손(invisible hand)에 의하여 사회 전체의 부는 증가되어 결국 사회적으로 최적의 결과에 이를 수 있다고 주장한다(Smith, 1991). 그가 이야기하는 사회 전체 부의 증대는 고전 경제학에서 말하는 시장 기능 또는 가격 기능을 통하여 구체화되고 있다.

이러한 사실은 각 경제 주체들이 자유로운 거래와 교환이 이루어질 수 있는 구조 속에서 합리적 행동을 한다는 가정 하에서 이루어진다. 예를 들면, 보리쌀과 구두를 필요 이상 가지고 있는 사람이 많이 있으면 시장(market)에서 자유로운 거래와 교환을 통하여 더 큰 효용[6]을 얻을 수 있다. 보리쌀을 많이 가지고 있는 사람이 구두가 필요하면 그들 간의 합리적 거래는 이루어질 것이고, 반대의 경우도 성립될 수 있다. 이렇게 각 경제 주체들이 합리적 거래를 통하여 자유롭게 물건을 교환하는 경우, 교환이 없던 경우보다 높은 잉여, 즉 소비자 잉여(consumer surpuls)를 얻게 된다. 경쟁을 통한 자유로운 교환의 결과 많은 사람이 좀 더 저렴한 가격에서 재화를 구입할 수 있게 된다. 이처럼 시장에서 경쟁을 통한 재화의 자유로운 교환은 자원의 합리적 사용 및 배분의 지름길로 작용하고, 이것이 사회적 자원의 효율적 활용이라는 결과로 이어짐과 동시에 결국 모든 사람의 효용이 최고로 증대될 수 있음을 보여 준다(오영환, 1988: 130).

하이에크(Friedrich A. von Hayek)는 경쟁을 통한 경제활동의 자유, 즉 시장경

5) 합리성의 문제는 철학적 바탕 위에서 논의될 수 있지만, 여기서는 간략하게 이야기하기로 하자.
6) 여기서 말하는 효용이란 주관적 만족감뿐 아니라 화폐 단위로 표시되는 이익(윤)의 증대까지도 포함하는 포괄적인 의미이다. 즉, 광의의 소비자 잉여 가치를 의미한다.

제의 효율성을 발견의 과정(discovery procedure)으로서의 시장의 개념을 가지고 설명한다(Hayek, 1994: 13－62; 박세일, 1995: 53). 시장(market)은 완전경쟁에 의하여 최적의 균형을 이룬 상태가 아니라 개별 경제 주체들 자신이 가지고 있거나 또는 사회 속에 분권적으로 흩어져 있는 재화·지식·정보를 총동원하여 사회적으로 가장 효율적인 부(富)의 생산과 배분이 이루어지도록 만드는 질서이다. 시장은 사람들 사이에 흩어져 있는 자원·재화·지식·정보를 경쟁과 가격의 메커니즘을 통하여 생산적·효율적으로 동원함으로써 국부(國富, national wealth)를 증대하는 결과를 가져온다. 따라서 국부를 증진시키는 발견 과정으로서의 시장의 역할은 경쟁을 통한 경제활동의 자유가 보장되는 자본주의 시장경제 체제에서만 가능하고 계획경제에서는 이것이 제대로 작동할 수 없게 된다.

3. 사유재산제도

자본주의가 가지고 있는 또 하나의 특징은 사유재산제도이다. 사유재산제도란 나 자신만이 어떤 소유물(자원이나 재화 등)을 배타적으로 가질 수 있는 권리가 제도적으로 보장되는 것을 말한다. 자원이나 재화가 나 자신의 배타적 소유물로 인정되면 이것들을 잘 활용하여 생산량을 증대시키려는 욕구가 생기게 되며, 동시에 절약을 통하여 낭비를 줄이려는 생각을 갖게 된다. 인간이 이렇게 합리적으로 생각하고 행동하려는 것은 마음속에 내재해 있는 선(善)한 이기심 때문이다. 선한 이기심이란 부(富), 명예, 권력, 재화 등을 다른 사람보다 더 많이 소유하려는 욕구를 말한다. 자원이나 재화 등의 생산이나 소비에서도 마찬가지의 논리가 작용한다. 모든 것이 나의 것, 나의 문제로 치환되면 선한 이기심이 자연스럽게 작동하여 낭비를 줄이면서 더 많은 것을 생산하려고 노력한다.

공리주의자(功利主義者)들[7]은 바로 이러한 사실을 주목하여 나의 것, 즉 사

7) 18세기 말부터 19세기 중엽까지 영국을 지배하였던 사회사상, 즉 공리주의(功利主義, utilitarianism)의 대표자들인 벤담(Jerremy Bentham), 밀(James Mill), 그리고 존 밀(John Stuart Mill)을 말한다. 공리주의란 개인주의(individualism)와 합리주의(rationalism)를 사상적 기조로 하여

유재산권 보장 자체가 생산의 인센티브를 제공하게 된다고 주장한다. 그들은 개인의 노동에 대한 보상 차원에서 인정된 사유재산제도는 사회적 총효용의 증대에도 기여하게 된다고 말한다. 더욱이 이들은 자원이나 재화의 효율적 이용을 위해 자연물에도 인센티브로서 사유재산권의 설정이 필요하다고 일관되게 주장한다.

사유재산권의 보장이 자원의 효율적 활용, 즉 생산을 증대하고, 낭비를 줄일 수 있다는 점을 외부성(外部性)의 내부화를 가지고도 설명할 수 있다. 내부화란 개인에게 자원 사용의 배타적 권리를 부여함과 동시에 그 결과에 대해서도 고유한 책임을 지게 하는 것이다. 이것은 이윤 및 비용의 귀속 주체를 명확히 하여 무책임한 손실을 줄일 수 있게 되며, 그럼으로써 자원의 효율적 활용이 보장된다는 논리이다. 이러한 논리를 뒷받침해 주는 사례로는 '공유지의 비극(The Tragedy of the Commons)'이 거론된다. 공동 소유인 목초지에서 서로가 소를 방목하여 키우

공리(功利) 또는 최대의 행복 원리를 도덕의 기초로 삼는다. 벤담은 인간의 본성은 고통과 쾌락에 의하여 지배되고 모든 인간 행위의 동기는 필연적으로 쾌락을 추구하고 고통을 피하는 데 있으며, 그 결과 쾌락과 고통은 모든 인간행위에 대한 선악(善惡) 판단의 기준이 되는 것이라고 말한다. 그는 이러한 원리가 개인뿐 아니라 사회에도 적용될 수 있다고 보고 결국 이기적(利己的) 개인들의 결합체인 사회의 기본 원리를 '최대 다수의 최대 행복(greatest happiness of the greatest number)'에서 구하였다. 그는 법이나 정치제도, 도덕이나 종교 등 모두 최대 다수의 최대 행복에 기여하는지의 여부에 따라 정당성이 판단되어야 한다고 주장한다. 특히 국가의 기초는 계약에 있는 것이 아니라 인간의 필요성에 따라 존재하고 그 필요성이란 개인을 산술적으로 계산한 최대 다수의 최대 행복에 있다고 주장한다. 그가 주장한 최대 다수의 최대 행복이란 질적(質的) 차이를 무시한 다수인(多數人)의 행복을 말한다. 질적 차이를 무시하였다는 점이 그가 비판받는 이유 중의 하나이다. 이러한 벤담의 사상이 제자인 제임스 밀(James Mill: John Stuart Mill의 아버지)로 이어지고, 그리고 그의 아들인 존 밀(John S. Mill)로 내려오면서 수정 보완되었다. 제임스 밀은 벤담의 공리주의 원리에다 '관념연합'의 원리를 도입하여 쾌락을 추구하는 이기적 개인 속에 이타적(利他的) 행위를 할 수 있는 심리적 가능성이 있다고 주장한다. 또 그의 아들 존 밀(John Stuart Mill)은 벤담이 최대 다수의 최대 행복이란 질적인 차이를 무시한 다수인의 행복이란 점을 주장하였지만, 그 자신은 다수인이 모두 양적(量的)으로 계산될 수 있는 것이 아니라 질적인 차이를 가지는 것이며 감각적 쾌락보다는 정신적 쾌락이 더 중요하다고 함으로써 공리주의(功利主義, utilitarianism)를 수정하였다. 이것은 모든 인간을 평등한 존재로 보고 모든 인간이 1인으로 계산되어 최대 다수의 최대 행복이 이루어진다고 하는 벤담의 사상과는 커다란 차이가 있는 것이다. 이처럼 공리주의는 영국 산업혁명기에 사상적 표현으로 등장하여 여러 해 동안 수정 보완을 거치면서 19세기 영국의 선거제도와 의회제도를 비롯한 정치 · 경제 · 법률 등 여러 제도의 민주적 개혁에 크게 이바지한 뒤 산업자본주의의 전환과 함께 그린(T. H. Green) 등의 이상주의로 바뀌어 갔다.

는 경우를 가정해 보자. 만약 사람들이 이기적이면서 타산적이라고 가정하면 자신의 소를 먹이는 이익은 마음껏 향유하려 할 것이고, 반면 공유지인 목초지의 유지나 관리 등의 비용은 남에게 전가하려 한다. 그렇게 나 자신의 이익만 찾으려 하고 관리나 비용에 들어가는 노력은 다른 사람에게 전가하려는 무임승차(free rider) 현상이 발생하면 결국 목초지는 황폐화될 것이다. 반대로 각자의 영역을 확정하여 그곳에서 이익과 손실의 주체를 일치시킨다면, 각자의 사유재산권이 보장된다면 그러한 비효율은 막을 수 있게 된다. 사유재산권 또는 소유권을 명확히 함으로써 배타적 지배와 책임이 밝혀지게 되면 비용(費用)이 경제적 계산의 외부(外部)에 놓이는 일이 없게 될 것이고, 그 결과 자원의 낭비를 막고 자원의 효율적 활용이 보장될 수 있다(박세일, 1995: 107).

따라서 자본주의는 앞에서 서술한 것처럼 세 가지 특징을 갖고 있는 경제체세이며 봉건제도의 뒤를 이은 인류 사회의 생산양식을 규명하기 위한 이론이다. 자본주의에서는 상품 생산이 지배적인 생산 형태가 되며 자본가 계급은 모든 생산 수단과 생활 자료를 자본으로 소유하고 있고, 반면 노동자 계급은 노동력만을 가지고 생계를 유지한다. 결론적으로 자본주의는 자신의 노동력 이외에는 팔 것이 없는 노동자 계급에게서 노동력을 상품으로 사서 그것(노동력)의 가치와 그것(노동력)을 사용하여 생산한 상품의 가치와 차액(잉여가치)를 이윤으로 부(富, wealth)를 축적하는 방식의 경제조직이다.

문•제•풀•기

1. 자본주의란 무엇인가?
2. 자본주의의 특성을 설명해 보시오.
3. 능률성 및 효율성을 통한 이윤 창출을 설명해 보시오.
4. 경쟁을 통한 경제활동의 자유 보장을 설명해 보시오.
5. 사유재산제도를 설명해 보시오.

제 2 장

제4차 산업혁명이란 무엇인가?

"My story is about connecting dots." 스티브 잡스(Steve Jobs)가 2005년 미국 스탠퍼드대 졸업식 축사에서 한 말이다. 이 말로 졸업식에 참석한 수많은 사람(졸업생과 학부모)에게 대단한 감동을 주었다. 정확하게 2년 후 2007년 잡스는 아이폰을 출시하였다. 아이폰은 전화기+MP3+컴퓨터(노트북)+카메라의 결합이다. 제4차 산업혁명의 마중물 역할을 잡스가 한 것이다.

그렇다면 제4차 산업혁명이란 무엇인가? 제4차 산업혁명을 우리는 어떻게 이해하여야 하는가? 제4차 산업혁명은 어떤 날 갑자기 우리에게 다가온 것이 아니다. 이것은 문명사적인 거대한 변화의 흐름 속에서 천천히 그리고 갑자기 소용돌이치면서 나타난 것이다. 민주화, 정보화, 그리고 세계화(globalization, 글로벌라이제이션)의 토양 속에서 꽃이 피어나듯이 활짝 피어나고 있다. 그렇지만 제4차 산업혁명은 시작된 지 얼마의 시간이 지나지 않았기 때문에 어떤 방향으로 흘러갈지에 대해서는 아무도 예측할 수 없다. 여기서 우리가 생각하여야 할 부분은 제4차 산업혁명이 왜 미국에서 시작되었느냐 하는 점이다.

Ⅰ. 개요: 등장 배경 및 특성

2016년 초 다보스 포럼(Davos Forum)에서 '제4차 산업혁명의 이해(Mastering the Fourth Industrial Revolution)'라는 주제로 논의가 진행되었으며, 이 과정에서 여러 가지 의견이 개진되었다. 첫째, 제4차 산업혁명은 현재 진행 중이기 때문에 그 진행 과정이 어떨지, 인류에게 어떤 결과(긍정적 영향, 또는 부정적 영향)를 가져올지, 또 언제쯤 끝이 날 것인지에 대하여 완전하게 예측하기 어렵다. 둘째, 제4차 산업혁명은 과거 세 차례의 산업혁명에 비하여 훨씬 빠르고 광범위하게 전개되고 있어서 간단하게 정의하기 쉽지 않다. 셋째, 제4차 산업혁명을 추동하는 핵심 기술들(알파고, 자율주행자동차, 드론, 줄기세포 배양, 블록체인, 로봇 등)이 매우 다양하기 때문에 이런 다양한 기술들이 어떤 방식으로 상호 작용하거나 융합할지에 대하여 완전하게 예측하기 어렵다. 따라서 제4차 산업혁명이 디지털 기술을 비롯한 여러 과학기술을 기반으로 하는 대변혁이라는 것은 분명하지만 향후 어떤 방식으로 어떤 결과들을 이끌어 낼 것인가에 대해서는 아직 미지수이다.

1. 제4차 산업혁명의 흐름

제4차 산업혁명에 대하여 명확하고 통일된 정의는 없지만 그 개념을 바라보는 시각은 크게 두 가지 흐름으로 전개되어 오고 있다.

1) 제조업의 혁신으로 바라보는 시각(제4차 산업혁명 초기의 시각)

첫째, 매일경제의 시각이다. 제4차 산업혁명은 기업들이 제조업과 정보통신기술(ICT)을 융합해 작업경쟁력을 제고하는 차세대 산업혁명을 가리키는 말로 인더스트리 4.0이라고 표현한다. 한국에서는 제조업 혁신 3.0전략과 같은 개념으로 정의한다. 둘째, 위키피디아의 시각이다. 제4차 산업혁명(또는 인더스트리

4.0)은 제조 기술에서 자동화와 데이터 교환의 최신 트렌드로 CPS(Cyber Physical Systems), 사물인터넷(IoT), 클라우드컴퓨팅을 포함한다고 말한다. 셋째, 2011년 하노버 박람회에서의 시각이다. 제4차 산업혁명(인더스트리 4.0)은 스마트 공장의 도입을 통하여 전 세계적으로 제조업의 가상 시스템과 물리적 시스템이 유연하게 협력할 수 있는 세상을 만드는 개념, 그리고 인더스트리 4.0을 통하여 상품의 완전한 맞춤 생산이 가능해지고 새로운 운영 모델이 발생할 것이라고 말하고 있다.

2) 다양한 과학기술을 기반으로 한 디지털혁명 또는 물리(현실) 세계와 사이버 세계의 연결 확장이라는 시각(제조업의 혁신을 넘어서는 최근의 시각)

첫째, 제4차 산업혁명은 디지털 기술을 기반으로 인공지능, 유비쿼터스 모바일 인터넷, 그리고 더 저렴하면서 작고 강력해진 센서 등을 다양한 기술의 융·복합을 특징으로 한다. 특히, 세계경제포럼(다보스 포럼) 회장인 클라우스 슈밥(Klaus Schwab)은 그의 저서 『제4차 산업혁명(*The Fourth Industrial Revolution*)』(2016)에서 디지털 기술을 기반으로 융·복합을 특히 강조하고 있다. 둘째, 제4차 산업혁명은 기계가 지능이 필요한 작업을 수행하고 인간 신체에 컴퓨팅 기술이 직접 적용되고, 기업, 정부, 그리고 수요자 간의 소통을 새로운 차원으로 향상시키는 등 기술이 사회에 자리 잡는 방식이 새로워지는 시대라고 2016년 다보스 포럼에서 니콜라스 데이비스(Nicholas Davis)는 말하고 있다. 셋째, 제4차 산업혁명은 실제 세계(real world: 현실, 물질: 아톰)와 기술 세계(technology world: 기계, 사이버: 비트)의 구분이 점차 모호해지는 상태로 나아가는 것이다. 이런 주장은 2016년 『포브스(*Forbes*)』지에서 제이콥 모건(Jacob Morgan, *The Future of Work*의 저자)이 말하고 있다.

따라서 제4차 산업혁명이 논의되던 초기에는 인더스트리 4.0과 연계된 제조업 혁신의 관점에서 논의되다가 현재는 그 범위와 핵심 기술을 폭넓게 보는 융·복합 관점이 우세한 상황이다. 예컨대, 제4차 산업혁명을 이끄는 핵심 기술로는 네트워크(연결망) 기술인 사물인터넷(IoT), 클라우드, 지능정보 기술인 인공지능(AI), 빅데이터 컴퓨팅, 3D 프린팅 기술, 자율주행(운행) 자동차, 로봇기술, 유전공학, 나노 소재, 블록체인 등 다양한 기술이 있다.

2. 제4차 산업혁명이 미국에서 시작된 이유?

제4차 산업혁명이 미국에서 시작된 이유로는 다음 네 가지를 들 수 있다.

첫째, 다양성, 다원성, 개방성, 경쟁성, 신뢰성(사회적 자본), 인간 재능의 상대성과 정체성(identity), 창의성

둘째, 사람(인간), 정보, 자금(money)의 결절점(중심지) 역할

셋째, 대학(원)의 경쟁력

넷째, 프런티어(frontier), 혁신(innovation), 실용주의(pragmatism)를 통한 창업 생태계의 성숙

다섯째, 시행착오(trial & error), 또는 실패(패자 부활전)가 용인되는 사회

이와 더불어 미국 경제를 움직이는 네 개의 축으로는 ① 뉴욕의 증시, ② 실리콘 밸리(스탠퍼드와 버클리대학 등)의 산학 협력을 통한 정보통신(ICT)·반도체 산업, ③ LA의 할리우드와 라스베이거스의 카지노 등 문화 콘텐츠 산업, ④ 텍사스의 에너지 산업이 있다. 2008년 미국이 세계 금융위기로부터 탈출할 수 있었던 것 역시 네 가지 산업의 혁신 및 창업 생태계가 존재하였기 때문에 가능한 일이었다.

3. 제4차 산업혁명의 특성

첫째, 초연결 사회이다. 초연결 사회는 사람과 사람, 사람과 기기, 기기와 기기가 디지털 네트워크를 통하여 촘촘하게 연결되어 실시간으로 정보를 주고받고 의사소통을 할 수 있는 사회이다. 2020년경이 되면 50억의 인류가 인터넷에

가입하게 된다. 그렇게 되면 500억 개가 넘는 스마트 디바이스가 서로 연결될 것으로 예측된다. 초연결 사회를 실현하기 위해서는 디지털 기술이 필요한데 현재 활용되고 있는 유선 네트워크 기술, 이동통신 기술과 더불어 사물인터넷(IoT), 만물인터넷(IoE), 클라우드 기술 등 네트워크와 관련된 기술이 대표적 초연결 기술이다.

둘째, 증강현실(Augumented Reality: AR)이다. 증강현실은 현실(fact) 속의 이미지나 배경에 3차원 가상 이미지를 겹쳐서 하나의 영상으로 시각화해 주는 기술을 말한다. 다른 말로 혼합현실(Mixed Reality: MR)이라고도 한다. 증강현실의 대표적 사례는 2016년 출시된 포켓몬고 게임이다. 게임 출시 6개월 만에 약 1조 원의 매출과 5억 건의 다운로드를 기록하였다. 우리나라는 2017년 출시되었는데, 1,000만 건의 다운로드를 돌파하였다.

생각하기

- **가상현실**(Virtual Reality: VR)은 증강현실과 달리 배경, 화면, 객체(이용자 자신 포함) 모두가 현실(fact)이 아닌 가상 이미지로 구현되어 시각화해 주는 기술을 말한다. 현실 속의 이미지가 혼합되어 나타나는 것이 증강현실이라면, 반면, 모든 이미지가 가상(실재로 존재하는 공간이 아니고 컴퓨터 네트워크나 컴퓨터 그래픽[computer graphic]으로 존재)인 것은 가상현실이다.
- **홀로그램**(hologram): 2차원의 화면을 벗어나 실제 인간이 보는 것처럼 360도 전 방향에서 입체 영상을 구현하는 기술이다. 예컨대, 영화 「스타워즈」 시리즈에서 익히 보아 왔던 파란색 또는 녹색 3차원 영상이 바로 홀로그램이라고 이해하면 된다.

셋째, 지능정보 사회(Intelligent Information Society)이다. 지능정보 사회는 정보통신기술(ICT) 인프라를 통하여 생성, 수집, 축적된 데이터와 인공지능이 결합된 지능정보기술이 정치, 경제, 사회, 문화 등 인간의 삶 모든 분야에 보편적으로 활용됨으로써 새로운 가치가 창출되고 발전하는 사회이다. 인공지능기술과 데이터 활용 기술이 융합하여 기계에 인간의 고차원적인 정보처리 능력, 즉 인지, 학습, 추론 능력을 구현하는 사회이다. 예컨대, 2016년 3월 구글 딥마인드(Deepmind)에서 개발한 인공지능 바둑 프로그램인 알파고(AlphaGo)와 이세돌 9단의 대국 이후 우리나라 사람들은 인공지능(AI) 용어에 익숙해졌다.

넷째, 지능화된 디지털 유기체 생태계로의 진화이다. 여기에는 네 가지 개념이 들어 있다. 지능화+디지털+유기체+생태계이다. ① 지능화된다는 의미는 모든 사물과 네트워크가 인공지능을 활용하여 '더욱 똑똑해진다는 것'을 의미한다. ② 디지털은 0과 1의 조합을 만든 후 그것의 조작과 처리를 통하여 여러 가지 정보를 생산·유통·전달할 수 있도록 만드는 것이다. 쉽게 이야기해서 디지털은 '정보화된다는 것'을 의미한다. ③ 유기체는 초연결 사회의 도래로 모든 인간과 사물이 촘촘하게 디지털 네트워크로 연결되고, 초증강 현실 사회의 도래로 가상 세계와 현실 세계의 경계가 모호해질 정도로 가까워진다는 것을 의미한다. ④ 생태계는 특정 분야 안에 존재하는 모든 것(사물, 주체와 객체, 단위 등)이 서로 영향을 주고받으면서 살아가는 세상을 의미한다.

따라서 지능화된 디지털 유기체 생태계란 "우리가 살고 있는 세상이 좀 더 스마트해지고(지능화, 똑똑해지는 것), 현실 세계 간, 그리고 현실 세계와 가상세계가 서로 촘촘하게 연결되는 세상을 의미"한다.

여기서 중요한 점은 디지털 생태계에서는 기술적으로 진화한 무한대의 CPU(Central Processing Unit: 중앙처리장치), 무한대의 메모리, 무한대의 네트워크, 무한대의 클라우드가 상승 작용을 일으켜 인류 발전의 모든 영역으로 확장해 가는 수확 가속의 법칙(Law of Accelerating Returns)이 작동하게 된다. 이것은 기술 진보가 한계에 봉착하였을 때 새로운 기술이 그것을 대체하여 진보하게 되는 것을 의미한다. 이렇게 되면 기술적 창조 능력이 기하급수적으로 빨라져 인간의 인지 능력을 벗어날 것으로 전망된다.

다섯째, 정보통신기술(Information Communication Technology: ICT)의 비약적 발전이다. 제4차 산업혁명의 출발은 ICT의 발전으로부터 시작되었다 하여도 과언이 아니다. 이것은 ICT의 기반이 제4차 산업혁명의 토대로 작용하고 있다는

생각하기

- 수확 가속의 법칙은 레이 커즈와일(Ray Kurzweil)이 출간한 『정신적 기계의 시대(*The Age of Spiritual Machines*)』(1999)에서 기술의 기하급수적 성장을 설명하기 위하여 도입하였던 개념에서 비롯됨. 그런데 디지털 기술이 적용되는 경우 오히려 그 수확이 지속적으로 늘어남.
- 수확 체감의 법칙은 토지, 노동, 자본 같은 요소들로 경제적 수확을 얻을 때는 어느 시점에 이르러 그 수확이 정체되거나 감소하는 현상을 의미.

말이다.

첫째, 아날로그의 디지털화이다. 정보와 통신이 모두 디지털화한 1980년대의 기술 패러다임을 의미한다. 이 시기에 정보와 통신의 디지털화로 인하여 컴퓨팅 능력이 비약적으로 향상되고, 스토리지 원가, 센서 가격, 통신원가가 모두 하락하면서 수확 가속의 법칙이 작동할 수 있는 기반이 조성되었다. 예컨대, 2010년에 출시된 아이폰4는 1985년의 크레이2(Cray－2) 수퍼컴퓨터보다 프로세싱 파워가 약 2.7배 향상되었다. 또한 스토리지 원가가 하락하였는데 하드디스크드라이브(HDD) 가격이 30년 만에 35만분의 1로 하락하였다. 센서가격 역시 1992년에 평균 22달러에서 2014년에 평균 1.4달러로 하락하였다. 통신비용도 1999년에 1,000Mbps당(Mbps는 1초당 100만 비트를 보낼 수 있는 전송 속도) 1,245달러에서 2013년에 16달러로 하락하였다.

둘째, 사이버 공간의 탄생이다. 사이버 공간의 탄생과 이를 기반으로 한 거대 사이버 매개 장터의 등장이라는 1990년대의 기술 패러다임이다. 이 시기에는 인터넷의 보급, 월드와이드웹(WWW)의 등장, 브로드밴드의 확산에 따라 이전에 존재하지 않았던 사이버 공간이 탄생하였다. 그리고 이런 사이버 공간을 매개로 거대하고 다양한 비즈니스 모델들이 등장함으로써 세계 경제구조를 재편하는 결과를 낳게 되었다.

이와 더불어 사이버 매개 장터의 등장으로 인하여 새로운 유형의 글로벌

ICT 기업들이 급성장하면서 세계 경제를 선도하는 기업들의 지형도 변화하게 되었다. 예컨대, 『포천(*Fortune*)』지에 실린 500대 기업의 상위 기업들의 변화 추이를 보면, 20세기 중반(1955년)에는 존재하지 않았던 ICT 기업들이 1970년부터 상위권에 이름을 올리기 시작하여 21세기가 시작하는 2000년부터는 상당수의 기업들이 30대 기업 안에 이름을 올리고 있음을 확인할 수 있다. 2018년 2월 현재 미국 뉴욕 증시에서 글로벌 시가 총액 상위 5개 사는 애플, 알파벳(구글 지주회사), 마이크로소프트, 아마존, 페이스북 순으로 모두 ICT 기업이 차지하였다. 이것이 바로 사이버 공간의 탄생에 의한 변화라고 분석할 수 있다.

셋째, 사이버 공간의 연결·확장이다. 모바일 스마트 기기의 등장과 확산에 따른 모바일 빅뱅과 클라우드, IoT, CPS(Cyber Physical Systems: 사이버상에서 물리적 환경정보, 즉 데이터를 처리한 결과를 기반으로 현실의 시스템을 제어하는 것. 예컨대 무인자동차의 자율주행이 가능토록 하는 기술이 대표적인 사례이다), 빅데이터, 인공지능 등의 ICT 진화에 따라 물리적 공간과 사이버 공간의 연결이 더욱 확장되고 있는 2020년대의 기술 패러다임을 의미한다.

사이버 매개 장터가 더욱 확대되면서 현재는 애플리케이션 생태계와 플랫폼이 경쟁하는 시대에 접어들었다. 그리고 디지털 데이터의 폭발적 증가로 인한 빅데이터 시대가 열리게 되었으며, 500억 개 이상의 사물과 조 단위의 센서가 연결되는 사물인터넷(IoT) 시대가 열리고 있다.

이러한 변화 속에서 인공지능(AI) 기술이 ICT 핵심 기술로 강력하게 부상하고 있다. 인공지능은 학습, 추론, 지각, 이해 등 인간 수준의 지능을 갖는 컴퓨터 실현 등을 위한 소프트웨어 기술을 의미한다. 인공지능의 주요 영역으로는 언어 지능, 시각 지능, 학습 지능, 뇌인지 컴퓨팅 등이 있다. 특히, 2016년 알파고와 이세돌의 대국 이후 딥러닝(deep learning) 등과 같은 학습 지능에 대한 관심이 증가하고 있다.

여기서 '언어 지능'은 인간의 말과 글을 사람처럼 이해하고 수행하기 위한 자연어 이해 및 지식화 처리 기술을 의미한다. '시각 지능'은 인간이 눈으로 들어오는 영상의 의미를 파악하듯이 영상의 상황을 이해하고 예측하는 기술을 말한다. '학습 지능'은 인간이 습득하고 축적, 유추하는 현상처럼 컴퓨터가 스스로 학습, 추론, 최적화를 수행하는 기술을 의미한다. '뇌인지 컴퓨팅'은 인간 두뇌의 생물학적 특징을 모델링하여 인간의 사고 체계에 접근하는 기술을 말한다.

따라서 인공지능은 기존의 '계산하는 기계'의 개념에서 탈피하여 '생각하는 기계'로 발전하여 인류 사회를 변모시킬 것으로 전망된다.

〈표 2-1〉 인공지능의 발전 단계: 계산하는 기계에서 생각하는 기계로

구분	계산하는 기계	생각하는 기계
소프트웨어	알고리즘	학습지능
계산 · 처리	수학, 통계, 로직	머신러닝, 인지, 추론
컴퓨팅 구조	폰 노이만 컴퓨터	뉴리모픽 컴퓨터, 양자컴퓨터

생각하기

- **폰 노이만 컴퓨터**: 데이터 입력 시 순차적으로 처리. 단기기억(D램), 장기기억(HDD), 연산(CPU), 입출력 장치로 구성된 컴퓨터 구조.
- **뉴러모픽 컴퓨터**: 데이터 입력시 병렬식으로 작동하는 인간의 뇌를 모방해 기억, 이미지, 연산을 대량으로 같이 처리하는 방식, 저전력, 고성능, 소형화 방식의 컴퓨터.
- 폰 노이만 컴퓨터는 유통량이 급증하는 이미지나 소리를 처리하고 이해하는 데 효율성이 떨어짐. 2012년 고양이 얼굴을 자동 인식하는 소프트웨어를 작동시키려고 하면 16,000개의 프로세서가 필요함.
- 현재 인공지능 발전은 계산하는 기계의 마지막(끝) 부분, 즉 생각하는 기계로 들어가는 직전의 단계.

Ⅱ. 제4차 산업혁명으로 인한 미래의 변화: 끊임없는 혁신

많은 전문가는 제4차 산업혁명이 광범위한 영역으로 확장되어 산업뿐 아니라 우리의 생활까지 전례 없는 방식으로 변화시킬 것이라고 주장한다. 그렇다면 정치, 경제, 사회, 그리고 노동·고용구조의 변화 등 각 분야별로 어떻게 변화할 것인가?

1. 정치의 변화

1) 시민들의 정치 참여 확대

새로운 기술과 플랫폼의 성장으로 디지털 민주주의(digitalcracy)와 ICT를 기반으로 한 전자정부의 시대가 열렸다. 2016년 미국 대통령 선거를 대상으로 한 조사에서 18~29세의 젊은 유권자 35%는 대통령 투표에 관한 정보를 SNS를 통하여 얻는다고 한다. 세계적으로 인터넷과 SNS를 기반으로 한 온라인 정당은 의사결정을 온라인에서 진행하고, 정당의 경비는 크라우드 펀딩(Crowd Funding)을 통하여 조달하며 직접민주주의를 표방하고 있다. 또한 전 세계 시민사회의 연대 정치를 통하여 전문성과 자율성을 갖춘 민간 독립기구들이 정부를 대신하여 각각의 글로벌 이슈를 해결하는 코스모크라시(cosmocracy)의 등장이 예상된다. 이는 인터넷이 국경 없는 연결성을 제공하면서 국가 시스템의 글로벌 시스템화가 이루어지는 것을 말한다.

2) 협력적이고 유연한 규제정책의 확산

새로운 기술을 수용하고 확산시키는 데 규제는 중요한 역할을 수행하지만 다른 한편으로 각종 칸막이 규제와 행정은 기술 발전 및 융합을 가로막는 저해요인으로 작용하여 국가 경쟁력을 떨어뜨릴 수 있다. 산업 간 융합이 전방위적으로 이루어지는 제4차 산업혁명의 성공 여부는 업종의 벽을 뛰어넘는 혁신적인 서비스나 제품의 생산, 즉 융·복합에 달려 있다는 점에서 유연한(flexible) 정책은 필수적이라 하겠다.

우리나라는 ICT 인프라가 세계 최고 수준이지만 이에 비하여 혁신적인 융·복합 기술의 도입과 확산을 선도하고 있지 못하다. 이유는 신기술 및 융합기술을 활용한 제품 및 서비스를 시장에 도입하는 데 너무 많은 규제가 존재하고 정책 수립에서도 부처 간 칸막이가 방해 요소로 작용하기 때문이다. 예컨대, 사물인터넷, 자율주행차, 클라우드컴퓨팅, 빅데이터 O2O(Online to Offline) 분야의 유연한 규제 완화가 시급한 실정이다.

2. 경제의 변화: 협력적 공유경제

1) 플랫폼 경제의 확대

플랫폼(platform)은 원래 기차역의 승강장이나 무대라는 의미이지만 산업계에서는 기초가 되는 틀(framework), 규격, 표준을 말한다. 자동차에서는 주요 장비들이 장착된 기본 골격을, 컴퓨터에서는 시스템의 기반이 되는 운영체제(OS)를, 정보기술(IT) 업계에서는 서비스, 콘텐츠, 기기를 포괄하는 생태계라는 뜻으로 많이 쓰이지만 구체적 용도는 매우 다양하다.

플랫폼 경제란 두 개 또는 그 이상의 차별화되는 고객군을 상호 연계하여 거래 상대를 찾고, 고객군 사이에서 가치를 교환할 수 있는 상품을 제공하여 부가가치를 창출하는 형태의 경제를 말한다. 이런 플랫폼 경제는 제품과 같은 유형물뿐만 아니라 소프트웨어 및 서비스와 같은 무형물을 중심으로 하는 여러 가지 산업에 적용할 수 있다.

플랫폼은 산업계나 경제계에서 장소의 개념이 아니라 거래를 원하는 복수의 집단들을 연결해 주는 일종의 촉매 역할을 하는 매개체 또는 공간의 의미로 사용되고 있다. 구글의 경우, 정보를 필요로 하는 사람(네티즌)과 그들에게 홍보나 광고를 하여야 할 사람(기업)들을 연결해 주는 촉매, 즉 플랫폼 역할을 한다. 플랫폼은 기차와 기차가 교차해서 연결해 주는 환승역 역할이다.

플랫폼을 통하여 구매자와 판매자 간의 거래가 이루어지는 시장을 양면시장(two-sided market)이라 한다. 우리가 알고 있는 시장은 단면시장(one-sided market)이라 한다. 새로운 차를 원한다면 자동차 회사 대리점에 직접 가서 구매하는 것처럼 단면시장에서는 판매자가 구매자만을 직접 상대한다. 반면, 양면시장에서는 하나의 기업이 판매자와 구매자 간의 플랫폼 같은 연결고리 역할을 해서 거래가 이루어지는 시장이다. 플랫폼 역할을 하는 기업에는 판매자와 구매자 모두 고객이 된다.

양면시장에서는 네트워크 효과(network effect)가 발생한다. 플랫폼이 일정 규모 이상 커지면 참여를 망설이던 다른 판매자와 구매자들도 끌어들일 수 있게 되며, 이런 쏠림 현상으로 인하여 양면시장에서는 최종적으로는 몇몇 기업만이 살아남게 될 가능성이 높다. 예컨대, 플랫폼 경제의 사례 중 유통 플랫폼의 사례를 들자면 웅진 코웨이의 경우 코디라는 방문 서비스 유통채널을 통하여 정수기 대여뿐 아니라 공기청정기, 비데 등 사업 품목을 점차 확장하고 있다. 모바일 플랫폼 중 카카오톡은 모바일 메신저를 기반으로 카카오스토리, 카카오뮤직 등 다양한 서비스 분야로 확장하고 있다.

2) 공유경제의 확산

공유경제(sharing economy)란 이미 생산된 제품을 여럿이 함께 공유해서 사용하는 협력 소비경제로, 대량생산 체제의 소유 개념과 대비된다. 2008년 하버드 대학교의 로렌스 레식(Lawerence Lessig) 교수가 처음 사용한 용어로, 제품이나 서비스를 소유하는 것이 아니라 필요에 따라 서로 공유하는 활동을 공유경제라 한다. 2008년 세계 경제위기로 저성장, 취업난, 가계소득 저하 등 사회 문제가 심각해지자 과소비를 줄이고 합리적인 소비생활을 하자는 인식이 등장하였다. 또 SNS와 인터넷을 중심으로 하는 IT 기술의 발전은 개인 대 개인 간의 거래를 편리하게 만들어 공유경제의 활성화를 가능하게 하였다. 공유경제는 유형과 무형을 모두 포함하며, 거래 형태에 따라 크게 세 가지로 분류할 수 있다.

첫째, 공유(sharing)는 사용자들이 제품 혹은 서비스를 소유하지 않고 사용할 수 있는 방식으로 카(car) 셰어링이 대표적이다.

둘째, 물물교환은 필요하지 않은 제품을 필요한 사람에게 재분배하는 방식으로 주로 중고 매매를 말한다.

셋째, 협력적 커뮤니티는 특정한 커뮤니티 내부의 사용자 사이의 협력을 통한 방식으로 유형과 무형의 자원 전부를 다룬다. 예컨대, 자신의 공간을 여행자에게 제공하는 에어비엔비(Airbnb)나 지식 공유 플랫폼 위즈돔(Wizdome) 등이 협력적 커뮤니티 공유경제이다.

공유경제는 이용자와 중계자, 사회 전체 모두에게 이익이 되는 윈윈(win-win) 구조를 지향하고 있다. 기존 기업은 제품 생산과 판매를 통하여 벌어들인 수익과 사회 환원을 분리하여 활동하는 반면에, 공유경제에서는 거래 당사자들에게도 이익이 될 뿐 아니라 거래 자체가 자원의 절약과 환경 문제 해소를 가능하게 하여 사회 전체의 이익에 기여한다.

2015년 화계 컨설팅 회사 프라이스워터하우스쿠퍼(PWC)의 발표에 따르면, 미국 소비자의 44%가 공유경제를 친숙하게 느끼고 있으며, 2025년에는 시장 규모가 2014년의 약 150억 달러 대비 20배 이상 증가한 3,350억 달러에 이를 것으로 예상된다. 또한 2016년 3월 기준 미국 시가 총액 상위 10개 기업 중 6개가 공유경제와 관련이 있으며, 신생 거대 벤처의 60%가 공유경제 기업에 해당되는 것으로 나타났다. 공유경제의 사례를 보면 차량을 공유하는 우버(Uber)는 2009년 3월 미국에서 설립되었는데, 2018년 현재 58개국 300여 개 도시에 진출해 있으며, 기업 가치는 5,100억 달러에 해당한다. 공간을 공유하는 에어비엔비(Airbnb)는 2008년 8월 미국에서 설립되었는데, 2018년 현재 190개국 34,000개 도시에 진출하여 있으며, 255억 달러의 기업 가치를 갖고 있다.

그러나 아직까지 공유경제를 형성하는 데 기반이 되는 프로세스 및 상거래 의식이 부족하여 위험성을 내포하고 있다. 특히 온라인을 통한 개인 간 거래는 안전성 수준이 낮고 거래하는 제품이나 서비스의 질(quality)을 보장하기 어렵다. 또한 새로운 소비가 억제되어 기존 산업을 위협하거나 법적 제도의 미비로 지하경제를 활성화시킬 우려가 있다.

3) 한계비용 제로(0) 사회

한계비용이 제로가 된다는 것은 무언가를 만드는 데 들어가는 비용이 무료가 된다는 것을 의미한다. 이것은 전통적 경제이론에서 이야기하는 수확 체감의 법칙이 적용되지 않고, 기술의 진보로 나타나는 수확 가속의 법칙이 작용한다는 말이다. 한계비용이 제로에 가까워지면서 기업은 훨씬 적은 노동력으로 더 많은 수익을 창출하고 소비자는 저렴한 가격에 상품 및 서비스를 제공받을 수 있게 된다는 특징이 있다. 디지털 시대의 많은 기업이 사실상 저장, 운송, 복제에 드는 비용이 거의 없는 '정보재'를 제공하고 있다. 규모 수익은 성장에 영향을 미치고 전체 시스템에 변화를 가져오는데, 이는 소비자가 적은 비용으로 상품 및 서비스를 무료 또는 매우 저렴한 가격에 제공받을 수 있는 기반이 된다. 몇몇 파괴적 테크놀로지 기업들은 소자본으로도 큰 성장을 이룰 수 있다는 것을 증명하고 있다. 예컨대, 인스타그램(instagram)이나 왓츠앱(WhatsApp)과 같은 기업들은 사업 규모와 자본의 상관성이 낮아졌음을 보여 주는 중요한 사례이다. 아이폰용 사진 공유앱 사업을 하는 인스타그램은 2010년 10월 미국에서 설립되었으며, 2017년 4월 기준으로 월 사용자가 6억 명이고 기업 가치는 10억 달러이다. 또한 모바일 메신저 사업을 하는 왓츠앱은 2009년 7월 미국에서 설립되었으며, 2017년 4월 기준으로 월 사용자는 12억 명이고 기업 가치는 190억 달러이다. 사회관계망서비스를 사업으로 하는 페이스북은 2004년 2월 미국에서 설립되었으며, 2017년 4월 기준으로 월 사용자는 19억 6,800만 명이고 기업 가치는 3,311억 달러이다.

3. 사회생활의 변화: 경계를 뛰어넘는 스마트 라이프

1) 스마트 라이프 시대

사물인터넷(IoT)의 발달은 가정 내 모든 기기를 인터넷에 연결시키고 다양한 스마트 서비스를 제공하는 스마트 홈을 실현할 수 있게 되었다. 스마트 홈은 가전 기기의 인터넷 연결로 인한 자동화에서부터 주변 환경과 사용자의 특성에 따라 적절한 서비스를 제공하고 개인화 맞춤화된 스마트 라이프 환경을 구축하는 데 중점을 둔다.

독일 국제가전박람회인 IFA 2016에서 BMW는 BMW 커넥티드 드라이브 시스템을 통하여 스마트 홈과 차량 시스템을 연결하는 기능을 선보이며 두 분야의 융합 가능성을 보여 주었다. 해당 시스템은 센서를 통하여 집 안 상황을 확인할 수 있고, 차 안에서도 각종 가전제품과 전구, 보일러 등을 제어할 수 있다.

삼성전자는 스마트 홈을 노약자, 장애인 등 복지서비스와 연계시키기 위하여 노력하고 있다. 2016년 10월 스페인에서 시청각 장애인을 위한 스마트 홈을 공개하였는데, 시각장애 증상을 고려한 태블릿, 음성 제어 리모컨, 청각장애인을 위한 헤드셋 등 개별 기기도 주목의 대상이었다.

2) 스마트 교육

전통교육에 미디어 소프트웨어, 가상현실(VR), 증강현실(AR), 4D 등 다양한 정보통신기술이 결합되고 있는 추세이다. 시장조사 기관인 가트너(Gartner)는 클라우드 서비스, 소셜 학습 플랫폼, 빅데이터, 인공지능기술 등의 발전이 교육부문에서 큰 변화를 가져올 것이라고 예측하였다. 그리고 2~5년 내에 최적화된 맞춤 학습을 제공하는 적응적 학습의 파급 효과가 크게 나타날 것으로 전망하고 있다.

구글은 엑스페디션(Expedition) 서비스를 통하여 학생들에게 가보고 싶은 지역에 대하여 조사한 후 우주, 해저, 피라미드 등을 가상현실로 옮겨 수업에 활용할 수 있게 하였다. 소규모 IT 벤처기업인 큐리스코프(Curiscope)는 티셔츠에 스마트 폰이나 태블릿을 대면 인체 내부의 장기의 모습과 움직임을 생생하게 3D로 보여 주는 AR 기반의 신체구조 학습 콘텐츠인 버추얼티(Virtual TEE)를 개발하여 수업에 활용할 수 있게 하였다.

3) 의료산업의 패러다임 변화

오늘날 의료산업은 원격 로봇 수술, 원격 모니터링과 같이 시간과 공간의 경계를 넘어서는 의료서비스의 제공뿐 아니라 빅데이터의 분석을 통한 예측 의료 시스템으로 변화하고 있다. 사물인터넷, 인공지능, 3D 프린팅 등 제4차 산업혁명을 주도하는 주요 기술은 의료산업과 결합하여 연구개발, 임상시험, 제조, 시술, 간호 등 전반적인 분야에 큰 영향을 미칠 것으로 전망된다. 특히 모니터링 데이터, 유전체 정보 같은 빅데이터 분석은 치료와 진단 중심의 의료에서 예측 의료 시스템으로의 변화를 가져올 것으로 보인다.

또한 제4차 산업혁명으로 인한 게놈(genome), 즉 유전자 지도 분석이 현재 1,000달러에서 가까운 시기에 100달러로 내려올 가능성이 상존함에 따라 이것이 인간의 질병 예방에 크게 기여할 것으로 예상되어 사회적 비용의 절감에도 도움이 된다.

4. 노동 · 고용구조의 변화

1) 사라지는 일자리

제4차 산업혁명이 가져올 변화에 적응할 준비가 되어 있고, 경제구조가 유연하여 사업상 불필요한 규제가 없는 국가일수록 높은 이익을 얻을 수 있을 것이며, 라틴아메리카, 인도 등 신흥국들은 낮은 노동비용을 바탕으로 한 경쟁력을 잃게 되어 부(wealth)의 양극화가 초래될 수도 있다. 제4차 산업혁명으로 저렴한 노동력이 더 이상 기업의 경쟁력에 도움이 되지 않는다는 판단에 따라 전 세계 제조업의 리쇼어링(reshoring)이 발생할 경우 저임금 국가는 심각한 문제에 직면하게 될 것이다.

세계경제포럼(WEF)의 『직업의 미래(*The Future of Jobs*)』 보고서에 따르면, 로봇과 인공지능의 활용이 확산되면서 전 세계 710만 개의 일자리가 사라질 것이며, 빅데이터, 컴퓨터, 수학 분야에서 201만 개의 일자리가 창출되더라도 전체적으로 향후 5년 안에 500만 개의 일자리가 시간이 지남에 따라 사라질 것이다.

사라지는 710만 개의 일자리 가운데 특히 반복적인 업무 수행이 특징인 사무 · 행정 직종이 475만 개로 가장 많이 감소할 것으로 예측되며, 제조 · 생산 직종이 160만 개, 건설 · 채굴 직종이 49만 개, 예술 · 디자인 · 오락 · 스포츠 · 미디어 직종이 15만 개로 그 뒤를 이을 것으로 예측된다.

일본의 로봇 페퍼는 1,000여 개 네슬레 커피 매장에서 고객의 숫자, 연령, 성별, 고객의 감정을 분석해 고객 서비스의 질(quality)을 향상시키는 데 기여하고 있다.

2) 업무 중심으로 고용 형태의 재편

전통적인 노동시장은 고용주와 노동자의 관계를 기반으로 한다. 하지만 '사람 중심'의 고용 형태는 '업무 중심'의 고용으로 변화할 것이며, 그 과정에서 특정 업무를 수행하는 독립형 노동자의 개념이 중요해질 것이다. 생산 과정을 직무 단위로 분할하는 것이 더욱 용이해졌고, 공급과 수요의 적정 수준을 맞출 수 있게 됨에 따라 '휴먼 클라우드' 방식의 고용이 확산될 것으로 전망된다.

'휴먼 클라우드(human cloud)'란 네트워크 연결에 따라 인력의 공급이 클라우드화하는 것을 말한다. 이를테면 전문직 활동은 구체적 업무와 개별적 프로젝트로 나뉘어 세계 곳곳의 잠재 노동자가 등록된 가상의 클라우드에 업로드되는 것이다.

휴먼 클라우드 방식을 통하여 기업은 고용 과정에서 노동자에 대한 정보를 쉽게 얻을 수 있고, 기업은 원하는 사람을, 원하는 때에, 원하는 방식으로 고용할 수 있으며, 고용 과정에서 발생하는 일이나 규정 등에서 자유로워질 수 있다는 장점이 있다. 또한 고용주는 저렴한 비용으로도 기술과 경험의 풀(pool)에 접근할 수 있으며, 이는 중소기업이나 스타트업의 고용에 긍정적인 영향을 미칠 것으로 예상된다.

3) 재택·원격 근무 등 유연근무제의 확대

센서가 내장된 모듈형 설비 확산으로 공장 건설 간 설비 공유와 함께 설비의 배치 또한 자유로워져 작업공간의 효율성이 향상되고, 제조 근로자의 재택근무도 가능해질 것이다. 장비 및 기기의 원격지 조작이 가능해지면 제조 근로자의 재택근무가 활성화될 수 있고, 근로자의 작업환경뿐 아니라 삶의 질도 향상시킬 수 있을 것이다.

일본 정부는 2015년에 11.5% 수준인 재택근무 도입 기업의 비율을 2020년까지 3배로 끌어올리겠다는 국가적 목표를 세우고 이를 달성하고자 노력하고 있다. 특히 도요타는 재택근무를 도입하면서 인사·경리·영업 사무직과 연구개발 기술직 등 본사 직원의 35%에 이르는 직원들을 대상으로 일주일에 2시간만 출근하도록 하는 등 파격적인 재택근무제도를 운영하고 있어 다른 기업의 관심의 대상이다.

모바일 워크와 재택근무가 확대되면 네트워크 협력을 통한 프로젝트 수행이 일반화될 것이다. 네트워크 협력을 통하여 같은 시간에 다른 장소에서도 함께 일하는 것이 가능해지고, 전문 인력들은 국가의 경계를 넘어 공동 프로젝트를 수행하는 것이 수월해질 것이다.

Ⅲ. 나오는 말

제4차 산업혁명에 대응하는 전략은 첫째, 거꾸로 생각하기가 용인된 사회를 설계하여야 한다. 둘째, 기회의 균등성, 가치에 대한 상대성, 인식이나 사고에 대하여 개방성, 다원성, 다양성을 갖고, 또한 경쟁과 협력을 통하여 창의성이 높은 사회를 만들어 가야 한다. 셋째, 사회적 자본, 즉 신뢰성(reliability)이 높은 사회를 설계하여야 한다. 넷째, 끊임없는 변화(도전)와 혁신(innovation)을 하는 사회를 지향하여야 한다. 다섯째, 시행착오(trial & error)나 실패가 용인된 사회, 즉 패자 부활전이 제도화된 사회를 만들어 가야 한다. 여섯째, 이미 발견한 기술이나 정보, 그리고 여러 가지 사실(fact) 또는 추상적 생각(허무맹랑한 이야기)을 연결시키는 것을 교육에서 체득하는 사회를 만들어야 한다.

문•제•풀•기

1. 제4차 산업혁명을 설명하시오.
2. 제4차 산업혁명의 특성을 설명하시오.
3. 가상현실과 증강현실을 설명하시오.
4. 수확 가속의 법칙을 설명하시오.
5. 공유경제를 설명하시오.
6. 한계비용 제로(0) 사회를 설명하시오.
7. 제4차 산업혁명으로 인한 정치의 변화를 설명하시오.
8. 제4차 산업혁명으로 인한 경제의 변화를 설명하시오.
9. 제4차 산업혁명으로 인한 사회생활의 변화를 설명하시오.
10. 제4차 산업혁명으로 인한 노동과 고용구조의 변화를 설명하시오.

제 3 장

글로벌라이제이션이란 무엇인가?

Ⅰ. 의의

글로벌라이제이션(globalization)을 우리말로 옮기면 세계화, 지구촌, 전 지구화 등 다양한 의미로 사용된다. 여기서는 우리말로 옮겨서 사용하지 않고 그냥 원어 그대로인 글로벌라이제이션으로 사용하기로 한다.

역사적으로 글로벌라이제이션은 첫째, 유럽의 십자군 원정을 들기도 한다. 이것은 중세 유럽에서 기독교도가 팔레스타인과 예루살렘을 이슬람교도로부터 다시 찾기 위하여 일으킨 원정이다. 여기에 참여한 사람들이 십자의 기장을 단 데서 유래한 것이다. 1096년부터 13세기 중반까지 7회에 걸쳐 약 700만 명을 동원하였으나 목적을 이루지 못하였다.

둘째, 몽골제국의 시대(1206~1368년)이다. 징기스칸(成吉思汗, 1206~1228년)은 바이칼 호수 인근의 초원에서 패권을 다투던 몽골의 여러 부족을 결집해서 순식간에 세계 역사상 가장 넓은 영토를 통치하는 제국이 되었다. 징기스칸은 그의 생전에 이미 황허강(黃河江) 유역의 북중국에서부터 남 러시아에 이르는 세계 제국을 건설하였다. 또한 그의 사후에도 중부 유럽인 폴란드, 헝가리뿐 아니라 남부 유럽의 지중해(아드리아) 연안까지 도달하였다.

징기스칸은 유목민의 특성을 살려 원거리 무역을 장려하였고, 이슬람 상인을 우대하였으며, 동양과 서양의 상호 무역을 중시하였다. 징기스칸에 뒤를 이어 즉위한 우구데이(오고타이, 窩闊台, 1185~1241) 역시 광대한 몽골제국의 영토를 다스리기 위하여 종이 화폐인 교초(交鈔)를 발행하였고, 금융뿐 아니라 유라시아 대륙의 동서를 연결하는 교역망(역참제, 驛站制: 말과 숙박시설을 제공)을 구비하였으며, 물류 네트워크를 통하여 인구의 이동과 상품의 거래를 원활하게 만들었다.

셋째, 1492년 컬럼버스(Christopher Columbus, 1446?~1506)가 아메리카 대륙을 발견한 것을 글로벌라이제이션이라고 한다. 국제화(internationalization)가 정치와 안보에 관한 것이라면 세계화(globalization)는 경제에 관한 것이다. 세계화는 과거 성곽 중심의 무역을 벗어나 다른 성과 간의 무역을 하는 경계 무너뜨리기(borderless)이다.

그렇다면 국제화와 세계화의 차이점은 무엇인가?

첫째, 국제화는 국가와 국가 간의 관계, 즉 A 국가와 B 국가 간의 관계나 기껏해야 10여개 국가 간의 관계를 의미하지만, 세계화는 전 지구적(global) 맥락에서 나타나는 기후 문제, 테러 문제, 마약 문제 등의 문제를 다룬다.

둘째, 국제화는 안보 및 정치와 관련되는 문제이지만 세계화는 경제와 관련되는 문제를 다룬다.

이런 맥락에서 보면 국제화는 국민국가(민족국가)의 존재를 전제로 하여 이들 사이의 관계를 기초로 자기 국가의 발전을 위하여 국제협력이 증진되어 가는 과정을 나타내는 데 비하여, 세계화는 이런 민족국가의 개념을 초월하여 전 인류, 전 지구적 수준의 경쟁과 협력을 통하여 통합을 이루어 나가는 과정을 의미한다고 할 수 있다.

Ⅱ. 글로벌라이제이션의 배경

1. 탈냉전

냉전(cold war)은 제2차 세계대전 이후 미국과 소련이 서로 적대국으로 대치하고 있는 핵전쟁의 상황을 말하는 것이다. 냉전체제 속에서 미국은 자본주의(자유시장 경제체제)와 자유민주주의의 양축으로 국가 발전을 이루려는 것이고, 반면 소련은 계획경제와 공산주의(마르크스의 자본론)로 국가 발전을 도모하려는 것이다.

따라서 탈냉전이란 1991년 소련이 해체되어 러시아로 바뀜에 따라 세계가 이제 제3차 세계대전이라는 핵전쟁의 소용돌이에 들어가지 않는, 즉 평화체제로 나아갈 수 있는 길을 열었다는 것이다.

탈냉전은 첫째, 대한민국의 1988년 올림픽 개최에도 영향을 주었다. 1980년 모스크바에서 개최된 올림픽에서 미국 중심의 서방 국가들이 소련의 아프가니스탄 침공에 대응하여 모스크바 올림픽에 대거 불참함에 따라 소련은 반쪽 올림픽을 개최하게 되었으며, 이에 대응하여 소련은 1984년 LA(로스앤젤레스) 올림픽에 공산주의 국가들과 함께 참여하지 않기로 결정하여 로스앤젤레스 올림픽 역시 반쪽 올림픽으로 전락하게 되었다.

이런 시대적 상황 속에서 1988년 서울 올림픽이 우여곡절 끝에 개최되었다. 서울 올림픽은 자유민주주의 국가와 공산주의 국가 모두 참여하는 지구촌 축제 속에서 개최되고 성공적으로 막을 내렸다. 1950년부터 1953년까지 한국전쟁의 폐허 속에서 35년 만에 경제 발전으로 한강의 기적을 일궈낸 토대 위에서 올림픽을 개최하였으니 세계의 모든 국가와 국민들은 한국의 경제 발전을 보고 기적을 만들어 냈다고 이구동성으로 칭찬을 아끼지 않았다.

둘째, 1989년 11월의 베를린 장벽의 붕괴로 인한 1990년 동독과 서독의 통일이다. 동독과 서독의 통일은 소련이 야심차게 주장해 왔던 계획경제와 공산주의로는 더 이상 국가 발전을 이룩할 수 없다는 생각이 주류를 이루게 되었다.

셋째, 1991년 마침내 소련이 붕괴되고 1910년 러시아 혁명 이전으로 돌아감으로써 소련이 러시아로 바뀌게 되었다. 소련이 붕괴되어 러시아로 돌아감으로서 소련의 위성국가인 폴란드, 헝가리, 체코슬로바키아 등 동유럽 국가들 역시 계획경제와 공산주의를 폐기 처분하고 자유시장 경제체제와 자유민주주의를 국가 발전의 이념으로 채택하게 되었다. 따라서 소련의 붕괴는 냉전체제를 탈냉전으로 바꾸어 놓는 데 일조하게 되었다. 결국 탈냉전은 글로벌라이제이션으로 나아가게 되었다.

2. 자본주의의 영향: 자본주의의 동태성

자본주의(capitalism)는 자본(자본, 돈: capital, money)의 논리에 따라 구조화된 사회를 말한다. 자본주의에서 경제적 홀로서기는 매우 중요하다. 경제적 홀로서기를 하지 않은 인간은 인격적 홀로서기를 하지 않은 사람으로 취급된다. 경제적 홀로서기=인격적 홀로서기라고 하여도 과언이 아니다. 그만큼 경제적 홀로서기가 중요하다는 의미이기도 하다. 아울러 자본주의는 스스로 자기 자본을 축적하려는 자본의 동태성이라는 특성을 갖고 있다. 자본을 많이 갖고 있는 사람은 더 많은 자본을 축적할 수 있으며, 축적된 자본을 통하여 다른 국가로 뻗어갈 수 있는 길, 즉 다른 국가에 투자할 수 있는 길을 만들게 되었다.

자본주의의 특성은 첫째, 능률성·효율성을 통한 이윤 창출, 둘째, 경쟁을 통한 경제활동의 자유 보장, 즉 자유시장 경제체제, 셋째, 사유재산제도이다. 자본주의의 특성 세 가지는 인간이 자유를 만끽할 수 있는 필요·충분 조건이기도 하다. 어떤 국가에서도 경제적 측면에서 자본주의의 원리가 작동되면 그 국가는 혁신(innovation)을 통하여 국가 발전을 이룩하게 된다.

1991년 소련의 붕괴로 세계 모든 국가는 자본주의의 우수성을 토대로 국가 발전의 틀(framework) 및 축(axis)을 형성하게 됨으로써 결국 글로벌라이제이션으로 나아가게 되었다.

3. 과학기술의 비약적 발전: 정보통신기술 및 인터넷

스티브 잡스(Steve Jobs)와 빌 게이츠(Bill Gates)에 의한 인터넷의 발전은 통신서비스와 금융서비스의 정보 교류로부터 시작되어 순식간에 지리적 거리감을 사라지게 만들었다. 이것은 지식기반산업의 인프라 확충으로 연결되었으며, 궁극적으로 정보통신혁명으로 나아가 제4차 산업혁명으로 귀결되었다.

제4차 산업혁명은 지구촌 정보체계를 연결하는 네트워크 구축에 일조하였으며, 문화적 국경이 사라지는 계기로 작용하였다. 예컨대 대한민국의 방탄소년단(BTS)은 분화적 측면에서 글로벌라이제이션의 대표적 시례라 할 수 있다.

4. 세계적으로 공동으로 해결하여야 될 문제들: 난민, 기후 변화, 테러, 마약, 전염병 등

글로벌라이제이션을 촉진시키고 있는 또 하나의 요인으로는 전 지구적 차원에서 해결하여야 될 문제인 난민, 기후 변화, 테러, 마약, 전염병 등의 문제들이다. 과거에는 주로 개별 국가의 차원에서 다루어졌으나 이제는 전 지구적 차원에서 공동으로 대처하지 않으면 안 되는 새로운 이슈들이 점차 늘어가는 추세이다. 이런 문제들은 개별 국가의 경계를 넘어 전 지구적 차원에서 해결하여야 문제가 풀릴 것이라는 점에 이구동성으로 동의하고 있다.

이처럼 글로벌라이제이션은 공간 및 지역을 초월하는 새로운 패러다임으로 진행되고 있으며, 지구촌의 정치, 경제, 사회, 문화의 양상이 서로 밀접하게 관련되는 현상을 생성하고 있다. 따라서 이에 맞는 지구촌의 공통 규범이 필요하며, 서로를 이해하고 존중하는 새로운 윤리적 질서가 요청된다.

Ⅲ. 글로벌라이제이션의 특성

1. 시간과 공간의 의미의 재구성

지구촌이 하나의 네트워크로 연결되면서 시간과 공간의 의미가 재구성되며, 이에 대한 우리의 인식과 경험이 변하고 있다. 전 세계 국가의 시민들이 정보통신기술의 비약적 발전으로 정치, 경제, 사회, 그리고 문화에 대한 정보를 동시에 경험할 수 있게 된 것이다. 즉, 정보통신기술의 발전으로 시간과 공간을 결정적으로 압축시킨 시·공간 압축혁명의 시대에 살고 있는 것이다.

2. 전 지구촌 상호의존성의 심화

오늘날 세계는 어느 한 지역에서 발생한 사건이나 활동이 시·공간을 뛰어넘어 다른 지역에 막대한 영향을 미치고 있다. 어느 한 곳에서 일어나는 일들이 지구의 구석구석까지 전해질 수 있다는 점에서 지구촌에 살고 있는 사람들은 하나의 공동체를 이루고 있다는 것이다. 재화, 자본, 그리고 인력을 비롯하여 이미지, 문화, 신념 등 지역적 경계를 초월하여 상호 의존이 이루어지고 있는 실정이다. 즉, 국가의 경계를 넘어서는 초국가적 네트워크가 인간 활동의 모든 영역으로 뻗어 나가고 있는 것이다.

이와 같이 글로벌라이제이션의 일차적 의미는 전 지구를 대상으로 하는 상호 관련 및 상호의존성의 심화라고 할 수 있다. 이제 사회 관계가 세계적 차원으로 확산되면서 공간적, 즉 영토적 경계의 의미가 약화됨으로써 사회 관계가 국민국가의 공간적(영토적) 경계를 가로질러 전 세계적으로 확장되고 있음으로 인하여 사회적 활동을 내부와 외부, 즉 국내와 국외의 영역으로 구분하는 것이 무의미해졌다.

3. 다국적 기업의 영향력

글로벌라이제이션의 주체는 다국적 기업의 활동이다. 다국적 기업 활동의 증가 속도는 세계 전체의 경제활동 증가 속도보다 훨씬 빠르다는 것이다. 다국적 기업은 세계 시장을 대상으로 생산 및 판매활동을 하고 있다. 이들은 범위와 규모의 경제, 기술, 정보, 자금력을 이용하여 치열한 경쟁을 하고 있다. 경쟁 기업을 도태시키면서 세계 주요 산업을 과점구조로 변화시키고 있다.

4. 글로벌라이제이션과 지역성의 공존

글로벌라이제이션은 다른 사회의 존재와 문화의 가치를 인정하면서 이들과 기꺼이 교류하는 데서 형성되는 것이니만큼 획일성보다는 문화적 환경의 다양성을 중시한다. 이런 맥락에서 지역성 및 특수성과 공존을 인정하는 것이 글로벌라이제이션의 특성이라 할 수 있다.

Ⅳ. 글로벌라이제이션의 영역

1. 정치의 글로벌라이제이션

정치의 글로벌라이제이션은 극단적으로 표현하면 단일한 세계 테제의 설립이라 할 수 있다. 단일한 법체계와 정치권력 체계를 가진 지구 운명공동체의 설립이 정치적 글로벌라이제이션의 궁극적 목표라 할 수 있다. 각종 국제기구와 국제법은 정치적 글로벌라이제이션을 위한 구체적 움직임이라 할 수 있다. 아직 세계정부나 세계국가 등 전 세계의 모든 국가와 사회를 포함할 수 있는 단일정치 체계를 확립하지는 못하였지만 정체적 글로벌라이제이션은 뚜렷한 지향점이 있는 실체적 개념이고, 정치 이념의 측면에서는 자유민주주의라는 미래 지향적 목표를 공유하고 있다.

이런 미래 지향적 목표를 구체화하기 위하여 첫째, 개별 국가는 글로벌라이제이션 속에서 상대적 자율성의 감소를 가져왔다. 개별 국가의 제도나 정치와 사회의 관계성 속에서 상호 의존적인 글로벌라이제이션의 등장은 자국의 이익을 옹호 또는 주장하기보다는 글로벌라이제이션의 질서 속에 녹아 들어가기 일쑤인 것을 보아도 알 수 있을 것이다. 예컨대, EU의 개별 국가들이 대표적 사례이다.

둘째, 국제기구, 특히 UN의 역할이 중요하게 부각된다. 금융 투기, 마약, 에이즈(AIDS), 무기 밀매, 테러리즘, 기후환경 문제, 핵 확산 등에서 초국가적 네트워크의 흐름을 통제하는 데에는 세계적 조직과 제도의 영향력이 급속하게 강화되고 있는 실정이다.

셋째, 정치의 글로벌라이제이션은 자유민주주의의 외연적 확산과 그 내용의 심화를 가져왔다. 동유럽 및 라틴아메리카의 자유민주주의 확산, 그리고 중동지역의 테러리즘의 감소가 단적인 사례라 할 수 있다.

2. 경제의 글로벌라이제이션

경제의 글로벌라이제이션은 재화와 용역, 자본, 기술의 국경 간의 흐름을 통하여 국가 간의 상호 작용이 증대하는 과정이다. 세계화 현상의 단적인 표현은 국가 간의 무역 및 투자, 그리고 금융시장의 통합이다. 이것은 자본과 생산이 국경을 넘어 자유롭게 이동하여 지구 전체가 하나의 시장과 단일 경제권으로 통합되는 것이다. 경제적 글로벌라이제이션은 세계무역기구(WTO) 체제의 출범에 따른 상품무역의 획기적 증대, 자본 이동의 자유화에 따른 직접 투자의 폭발적 증대와 세계적 규모의 거대자본 출현으로 요약할 수 있다.

이런 맥락에서 경제의 글로벌라이제이션은 다음과 같은 분야에서 구체적으로 실현되고 있다.

첫째, 기업의 활동이 국경을 넘어 지구촌 전체를 무대로, 즉 세계를 무대로 이루어지고 있다. 정보통신기술과 교통 수단의 발달(해운과 항공 분야)로 기업이 전 세계적 전략을 추진할 수 있는 계기가 마련되었다. 또한 기업 내의 조직적 측면에서는 의사 결정을 할 때 자율성이 강한(tall 조직이 아닌 loose 조직) 네트워크 기업으로 변모하면서도 한편으로는 기술적·경제적 거리의 축소로 무역(해외투자)에서는 해외투자 기업 간의 협업으로 글로벌라이제이션을 가속화시켰다.

둘째, 개별 국가들은 자국의 경제정책 목표를 달성하고 경제적 이익을 극대화하기 위하여 국제협력과 이에 기초한 다자적 제도의 틀을 강화시켜 나가고 있다. 예컨대 2008년 세계 금융위기에 대응하여 만들어진 G20 정상회의 또는 세계경제의 문제를 해결하기 위하여 G7 회의(미국, 영국, 프랑스, 독일, 이태리, 일본, 캐나다) 등이 대표적이다.

셋째, 글로벌라이제이션이 극명하게 나타나는 분야는 금융 분야인데, 특히 국제금융 거래가 양적으로 엄청나게 증가하였으며, 자본의 국제적 흐름이 가속화되고 있다. 또한 해외 투자가 전 세계적으로 비약적 성장을 이룩하였지만 여기에는 부정적 측면도 아울러 내포하고 있다. 초국적 자본이라는 거대한 투기성 자본이 좀 더 높은 이윤을 찾아 세계를 돌아다니고 있는 것이다. 예컨대, 1997년 대한민국의 경제위기, 즉 IMF 사태가 대표적이다. 1970년대 이후 세계 자본시장에 중대한 세력으로 떠오른 초국적 자본들은 자본에 대한 국민국가의 통제가 점차 약해지면서 높은 투자 이윤을 얻을 수 있는 지역으로 빠르게 이동할 수 있게 되었다.

이와 같이 경제적 측면에서의 글로벌라이제이션은 결국 자본주의적 시장경제의 전 지구적 확산이라고 할 수 있다. 이것은 중국의 개방·개혁, 베를린 장벽의 붕괴(1989년) 및 독일의 흡수 통일(1990년), 구소련의 붕괴(1991년) 및 동구권의 몰락으로 이어지는 공산주의 체제의 몰락과 냉전 종식, 그리고 정보통신기술의 발전에 의하여 실현되었다.

아시안의 외환위기(1997년 여름 이후 태국, 한국, 인도네시아 등)가 있었다. 외환위기에서 한국은 1997년 12월에 모라토리움, 즉 채무지불유예 선언으로 국제통화기금(IMF)에서 195억 달러, 세계은행(IBRD)에서 70억 달러, 아시아개발은행(ADB)에서 37억 달러를 지원받아 위기를 극복하였다. 이 모든 것이 한 나라의 통화 체계를 하루아침에 무너뜨릴 수 있는 지구촌 규모의 금융위기자본의 탄생은 인터넷과 정보의 디지털화 없이는 불가능하였을 것이다.

자본주의적 시장경제의 글로벌라이제이션은 무역장벽들이 철폐되고 상품과 서비스의 교역이 전 세계적으로 급격하게 증가한다는 것 이상을 의미한다. 이것은 경제적 제도나 시장 메커니즘만의 문제가 아니라 넓은 의미에서 문화, 즉 자본주의의 삶의 방식이 전 지구적으로 보편화되는 현상으로 이해하여야 한다.

3. 문화의 글로벌라이제이션

문화의 글로벌라이제이션은 문화적 동질화라는 결과를 만들어 낸다. 문화에 상관없이 많은 사람이 똑같은 패스트푸드를 먹고, 똑같은 청바지와 셔츠를 입고 화장을 하며, 같은 휴대폰을 사용하고, 같은 텔레비전을 보며, 같은 노래를 듣고 스타를 모방하여야 한다는 심리적 압박을 받고 있다. 시장개방정책으로 인한 각국의 문화는 상대방의 문화를 접촉하고 상호 영향를 주고 있다.

문화의 글로벌라이제이션을 하는 데 고려하여야 할 요소로는 첫째, 국가지도자의 개방적 안목(openness mind)과 글로벌라이제이션에 대한 의지가 필요하다. 과거 1960년대 아시아에서 정치·사회적 기반을 갖추고 가장 부유한 국가인 필리핀이 아직도 빈곤국가의 신세를 면치 못하고 있는 반면에 한국은 세계 10위권의 경제 대국으로 성장한 것 역시 지도자의 안목의 차이에서 비롯된다. 또한 두 나라 모두 장기 집권의 경험이 있지만 이것 역시 사적 이익을 추구한 국가와 그렇지 않은 국가의 차이에서 비롯된 것이라 할 수 있다.

둘째, 교육을 세계 수준으로 올려 놓아야 한다. 국가 발전을 위한 투자 중에서 교육이 가장 효율적이라고 하는데, 특히 문화를 발전시키기 위해서는 무엇보다 필요한 과제가 교육에 대한 투자이다. 한국의 경우 교육에 대한 경쟁력 제고보다는 평준화정책이 교육의 국제 경쟁력을 약화시키는 요인으로 작용하고 있다.

셋째, 문화의 글로벌라이제이션에 대비하기 위해서는 문화 기반구조를 강화하여야 한다. 문화 기반구조에는 여러 가지 요소가 있지만 가장 중요한 세 가지 요소는 기술적 기반구조와 다른 하나는 언어적 기반구조이고, 마지막으로 문화를 스토리텔링하는 구조이다. 가장 먼저 기술적 기반구조는 정보통신기술이다. 다음으로 언어적 기반구조는 세계적으로 통용되는 언어의 활용도를 말하는데, 물론 영어를 지칭한다고 하여도 과언이 아니다. 1년에 10조 원 이상을 영어교육에 투자(공교육 및 사교육 합한 금액)하고도 영어시험을 위한 영어교육에 대한 투자는 한참 잘못된 것이라 할 수 있다. 세계에서 토플 응시 인원이 가장 많은데도 불구하고 평균 성적은 세계 93위로 하위의 성적이다. 마지막으로 문화를 스토리텔링한다는 구조는 모든 현상이나 사실을 재미있는 이야기(story)로 바꾸어 놓는다는 것이다. 예컨대 세계 3대 영화제(프랑스 칸, 이태리 베니스, 독일의 베를린)인 칸에서 황금종려상을 받은 봉준호 감독의 「기생충」이 대표적이다. 한국의 경우에는 기술적 기반구조와 문화의 스토리텔링화에는 탁월한 능력을 갖추었지만 언어적 기반구조에는 매우 취약하다. 이런 문제점을 직시하여 해결 방안을 모색하여야 할 것이다.

넷째, 문화산업을 육성하여야 한다. 문화가 산업으로 탈바꿈되는 데 물론 역기능도 존재한다. 정신적 측면이 강한 문화가 하나의 제조업처럼 상품화하는 데서 나타나는 부정적 측면이다. 그런데 BTS(방탄소년단)나 「기생충」, 그리고 사물놀이(김덕수에 의하여 창작됨) 같은 문화가 결국에는 산업으로 바뀌면 역기능보다는 순기능이 더 많이 나타날 수 있다는 가능성을 눈여겨보아야 할 것이다. 시계, 스마트폰, 자동차, 건축, 드레스, 등 다양한 측면에서 고부가가치가 높은 문화를 어떻게 잘 디자인하느냐가 명품이냐 아니냐 하는 상품의 가격성에서 차별성을 가져온다는 사실을 눈여겨보아야 할 것이다.

다섯째, 국제 교류를 강화하고 우리의 사회 질서를 글로벌라이제이션하여야 한다. 우리나라는 세계적으로 단일민족이기 때문에 장점도 갖고 있지만 동시에 역기능도 함께 갖고 있다. 글로벌 시대에 외국 사람과 결혼도 많이 하고 있지만 아직도 부족한 실정이다. 더 많은 사람이 외국에 나가야 하고 더 많은 외국인이 한국에 들어와서 함께 살아야 한다. 외국인 100만 명 시대라고 하지만 아직 인구의 6% 내외의 외국인이 함께 살아가는 것이 바람직한 인구구조의 하나라 할 수 있다는 사실을 명심하여야 할 것이다. 따라서 외국인이 편하게 살아갈 수 있는 법과 제도의 정비가 시급한 실정이다.

문화는 본질적으로 지역적이고 특수한 속성을 갖고 있으며, 끊임없는 변화와 창조의 과정 속에 있다. 그렇지만 또 다른 한편으로 문화는 사회의 정체성, 의식, 규범과 관련되어 있기 때문에 다른 문화와의 접촉은 항상 긴장감과 불안이 따르게 마련이다. 그렇지만 글로벌라이제이션으로 인하여 삶의 조건이 급격하게 변화하고 있는 오늘날에는 다른 문화를 폭넓게 수용하여 독특한 자기의 문화를 계승하고 발전시키려는 자세 역시 함께 갖추고 있어야 할 것이다.

Ⅴ. 글로벌라이제이션의 쟁점

1. 글로벌라이제이션의 다면적 의미

글로벌라이제이션은 첫째, 동질화(homogeneization)의 과정으로 본다는 시각이다. 글로벌라이제이션을 동질화의 과정으로 본다는 시각은 카를 마르크스(Karl Marx), 이매뉴얼 월러스틴(Immanuel Wallerstein), 벤저민 바버(Benjamin Barber), 앤서니 기든스(Anthony Giddens), 리처드 홀(Richard H. Hall) 등으로 자본주의적 시장경제의 승리의 결과로서 경제적·정치적 헤게모니 장악의 결과는 결국 미국 중심의 자본주의적 문화를 세계의 공통 문화로 획일화시켰다고 본다. 이들은 글로벌라이제이션을 단지 서구화 또는 미국화와 동일시되는 신제국주의에 지나지 않는다고 한다.

둘째, 글로벌라이제이션을 이질화(heterogeneization)의 과정으로 보는 시각은 문화 간의 우수성 또는 열등성은 있을 수 없기 때문에 글로벌라이제이션이 진행되고 있음에도 불구하고 개별 국가의 문화의 특수성과 고유성은 보존되며, 한 문화가 지니고 있는 의미 세계나 생활 형태의 다양성은 인정되어야 한다는 견해이다. 이것은 글로벌라이제이션에 대한 근본적 문제 제기로서 글로벌라이제이션은 실체가 없는 허상일 뿐이라는 신화(myth)로서의 글로벌라이제이션(세계화)이라는 주장이 나온다. 또는 다국적 기업의 측면에서 본 글로벌라이제이션이라고도 한다.

셋째, 글로컬라이제이션(globalization + localization = glocalization)이라는 주장이다. 세계화가 진행되면서 동시에 지역화가 같이 진행된다는 견해이다. 예컨대 영국의 런던에서 진행되는 아프리카의 카니발 축제, 그리고 아프리카에서 열리는 런던 축제 등이 대표적 사례이다. 또한 세계적으로 많은 사람이 여행을 즐기는가 하면, 또 다른 한편으로는 전쟁과 기아를 피하여 외국에서 떠도는 이주민과 난민들의 실상은 모두 세계화의 같은 선상에 있음에도 불구하고 절대적으로 상이한 관점을 불러일으킨다.

1) 긍정적 측면

첫째, 글로벌라이제이션은 외국 자본을 끌어들여 국가의 경제 발전을 향상시켰다. 외국 자본과 인적 기술을 들여와 고도 성장을 이룩할 수 있는 기반을 마련하였다. 한국이 대표적 사례이다.

둘째, 재화와 서비스 가격을 절감하였다. 세계화로 인하여 큰 이득을 보는 사람은 전 세계의 모든 소비자였다. 교역량이 증가하면 할수록 경쟁은 치열해지고 서비스와 재화의 가격은 더 내려가고 제품의 질은 더 좋아지며 선택의 폭도 넓어진다. 따라서 재화와 서비스의 가격은 하락하기 때문에 소비자들은 구매 능력이 커지고 이는 곧 실제 소득의 증가와 같은 효과로 나타난다.

셋째, 글로벌라이제이션은 자유무역과 인적 교류를 통하여 유효 수요를 실현시켰다. 자본의 자유로운 유동성은 자본의 이득이 많은 곳에 투자를 할 수 있게 해 준다. 경쟁이 약한 시장과 통합되지 않은 자본시장이 존재하지 않은 국가에 투자함으로써 더 많은 이익을 낼 수 있게 된다. 또한 후진국 노동자들은 선진국에 취업함으로써 더 좋은 조건에서 임금을 받게 되어 임금소득이 향상되고 구매력(유효 수요)이 향상되는 효과를 가져온다.

넷째, 글로벌라이제이션은 자유민주주의의 확산과 심화를 가져온다. 글로벌라이제이션으로 인한 국가 간 인적 교류의 확대와 정보통신기술의 발전은 자유민주주의에 대한 이해와 학습 기회를 증대시키고, 비정부조직과 비공식 네트워크의 국제적 형성을 가능하게 하여 자유민주주의의 내용을 심화시키고 있다.

다섯째, 글로벌라이제이션은 세계의 다양한 문화의 접촉 기회를 증대시킴으로써 우리의 삶을 더욱 풍요롭게 만들어 줄 수 있으며, 자유로운 인적・물적 교류는 더 많은 기회와 혜택을 만들어 줄 수 있다.

2) 부정적 측면

첫째, 글로벌라이제이션은 잘사는 국가와 못사는 국가 간의 빈부 격차를 심화시켰을 뿐 아니라 한 국가 안에서도 부(wealth)의 양극화를 가져왔다. 선진국에 비하여 후진국은 열악한 자본과 기술, 정치적 불안을 내포하고 있으며, 경쟁이 심화되고 있는 국제 질서에서 후진국은 더욱더 빈곤할 수밖에 없다.

한 국가 내에서도 부의 양극화는 심화되고 있다. 러시아의 경우 구소련일 때보다 GDP는 하락한 것으로 나타나고 있다. 구소련일 때는 인구의 10%만이 가난하였지만 러시아로 바뀐 이후에는 전체 인구의 20~40%의 사람들이 빈곤에 허덕이고 있다.

둘째, 글로벌라이제이션은 환경 파괴를 가져왔다. 전 지구적 차원에서 다국적 기업들이 치열하게 경쟁을 하다 보니 환경 보호는 뒷전으로 밀려나고 있다. 예컨대 콩고민주공화국의 밀림에서 살아가는 고릴라 7,000여 마리는 이곳이 풍부한 광물인 콜탄(coltan: 휴대전화와 컴퓨터에 들어가는 천연자원)을 캐내는 수천 명의 광부들이 단백질 공급을 위하여 고릴라를 먹거리로 사냥하고 있기 때문이다. 또한 인도네시아에서 가공되는 목재의 70%는 불법으로 벌목되는 나무들이다.

셋째, 자원의 고갈이다. 전 세계의 많은 개발도상국이나 후진국이 생태계 환경이나 미래에 대한 걱정 없이 무분별하게 자원을 개발해 자원의 고갈이 일찍 다가오고 있다. 그뿐만 아니라 중국과 일본은 어족자원의 고갈에 일조하고 있으며, 중국은 매 10년마다 숲의 60%를 파괴하고, 인도네시아는 12%를 파괴하고 있다.

넷째, 도시에 살고 있는 사람들의 수가 늘어남으로써 생활환경이 점차 악화되고 있다. 농촌지역으로부터 도시로의 인구 이동이 가속화되고 있으며, 이것이 도시 인구집중을 심화시키고 있다. 2025년이 되면 전 세계 60~65%의 인구가 도시에 살고 있을 것으로 추정된다. 중국은 아직도 태어난 곳에 주민등록증을 발급해 주는 제도를 통하여 대도시, 특히 베이징(北京)으로의 인구 이동을 엄격하게 통제하고 있다.

다섯째, 금융시장의 불안정성이다. 초국적 투기자본의 존재는 안정적 국제금융 질서에 커다란 위협이 되고 있다. 특히 자본 이동이 투기적 성격을 지니고 있는 경우 당해국의 보유 외환의 고갈, 외환위기, 금융위기 등을 초래한다. 1994년 12월 발생된 멕시코의 외환위기는 멕시코에 투자된 수백억 달러의 외국 자본이 불과 수개월 사이에 일시적으로 유출된 데 그 원인이 있었다. 1997년에 시작된 아시아의 외환위기 역시 투기적 외국 자본이 일거에 빠져 나간 데서 비롯되었다. 이로 인하여 실업자가 거리에 넘쳐나는 심각한 상황이 벌어져 IMF와 IBRD의 구제금융을 받아야 하였다. 한국은 1999년 말 모든 외국 자본에 대한 부채를 갚고서야 자유로운 국제 경제활동을 할 수 있었다.

여섯째, 자유로운 정보 교류(교환)에 대한 폐해가 발생하고 있다. 글로벌라이제이션의 특성 중의 하나는 인터넷의 활성화이다. 인터넷은 유익한 정보와 문화의 전파를 통하여 건전하고 건강한 상거래의 활성화에 도움을 주기도 하지만 음란물을 보여 주거나, 인종 차별, 자살 사이트, 그리고 무기의 제조 또는 사제폭탄의 제조 등과 같은 나쁜 정보를 알려 주는 역기능도 아울러 갖고 있다.

일곱째, 초국적 기업이 세계의 모든 경제활동을 지배하게 됨에 따라 사회·경제적으로 부정적인 면이 드러나고 있다. 초국적 기업은 거대한 자본, 첨단화된 기술, 우수한 경영 능력, 방대한 판매망, 막강한 로비 능력 등을 통하여 다른 국가의 정치·경제적 비호를 받아가면서 이윤극대화를 추구한다. 초국적 기업은 이윤 창출을 위하여 ① 가장 저렴하게 생산할 수 있는 곳에서 상품을 생산하고, ② 금융비용이 가장 싼 곳에서 자본을 조달하며, ③ 세금이 가장 낮은 곳에 생산거점을 구축하고, ④ 자본수익과 환차익이 가장 높은 곳으로 자본을 이동시키며, ⑤ 판매와 수출을 최대화시킬 수 있는 곳으로 생산기지를 옮기고, ⑥ 정치적·경제적 안정성이 있는 곳에서 사업활동을 한다.

2. 글로벌라이제이션의 쟁점

1) 경제 문제

1945년 제2차 세계대전 이후 미국과 소련의 핵무기를 앞세운 냉전, 1950년 한국전쟁, 1960년대 중·후반 베트남전쟁, 1988년 서울 올림픽, 1989년 베를린 장벽의 붕괴, 1991년 구소련의 해체, 동유럽의 자본주의의 유입 등 그야말로 격변의 소용돌이였다. 격변의 소용돌이 속에서 세계의 많은 사람이 주목하고 있었던 사실은 경제 문제였다.

미국 중심의 자유시장 경제체제(Adam Smith, Hayek 등)를 통하여 국가 발전을 도모해 인간의 삶의 질을 향상시킬 것인가, 아니면 소련 중심의 계획경제(Karl Marx, Wallerstein 등)를 통하여 국가 발전을 이룩해 인간의 삶의 질을 개선시킬 것인가에 대한 논쟁이었다. 논쟁의 결과는 계획경제의 중심국인 구소련이 해체되고 동유럽이 모두 자본주의권으로 편입됨에 따라 자유민주주의와 자유시장 경제체제가 인간의 삶의 질을 향상시키는 데 더 좋은 체제라는 사실을 입증하였다.

이제 세계는 미국 중심의 세계 자본주의 체제를 확립하였지만 자본주의가 갖고 있는 문제점인 빈부 격차, 소득 격차, 경쟁에서 낙오한 사람들의 문제 등 여러 가지 문제점이 그대로 드러나고 있다. UN에 가입한 193개국의 경우 20%의 잘사는 나라와 80%의 못사는 국가로 나뉘는 것처럼, 또한 한 국가 내에서도 빈곤의 문제 역시 해결하기 어려운 심각한 문제로 대두된다. 마르크스(Karl Marx)가 자본론(capitalism) 속에서 그처럼 저주하였던 경쟁, 사유재산제도, 자본의 축적, 부자와 가난한 사람들 간의 투쟁, 잉여자본의 문제 등이 거의 해결되지 못한 상황 속에서 글로벌라이제이션으로 진입하게 되었다.

2) 환경 파괴와 자원의 고갈

21세기 초부터 정치지도자, 과학자, 사회운동가, 일반 시민 등 거의 모든 계층에 있는 사람들이 공통적인 관심사는 환경 파괴이고, 동시에 이로부터 야기되는 자원의 고갈 문제였다.

1950년대 이후 열대우림지역의 크기가 거의 50%로 감소되었다. 이런 파괴 현상은 지금도 계속되고 있다. 매년 수만 종의 동식물이 멸종되고 있으며, 바다와 육지에서 이루어지고 있는 폐기물의 투기는 세계 도처에서 오염 문제를 발생시키고 있다. 유독 화학물질, 중금속, 방사선물질을 포함한 폐기물들이 대량으로 하천과 바다에 버려져 왔다.

자원의 고갈 역시 심각하다. 원유는 약 39~49년, 석탄은 약 200년, LNG는 78년 등 에너지 자원의 고갈이 심각한 문제로 대두되고 있다. 최근에 미국에서 셰일(shale) 가스가 채굴됨에 따라 에너지 자원의 고갈 역시 약간 시기를 늦출 수 있지만 자원 절약에 대한 새로운 인식 변화가 매우 필요한 시점이다.

3) 민족주의와 종교 문제

민족주의란 인종과 피부에 따라 나와 상대방을 편 가르는 개념으로 사용되어 왔다. 특히 히틀러(Adolf Hitler)에 의한 게르만족의 우수성을 토대로 한 폴란드 아우슈비츠 감옥에서 자행된 유대인 학살은 민족주의의 전형적인 잘못된 선례이다. 제2차 세계대전 이후 민족주의는 자유민주주의와 공산주의의 이념적·적대적 관계 속에서 숨을 죽이고 잠복해 있다가 이념적 대결의 장(field)이 사라진 글로벌라이제이션 속에서 다시 살아 움직이고 있다. 대표적인 사례가 유고슬라비아의 내전 사례이다.

글로벌라이제이션 이후 중동의 수니파와 시아파 간의 종교 분쟁이 더욱 심화되어 왔다. 또한 기독교와 이슬람 간의 분쟁 역시 지속되고 있다.

4) 인터넷 혁명

스티브 잡스에 의하여 촉발된 인터넷 혁명이 제4차 산업혁명과 연결되면서 지구촌 인간의 삶의 방식을 송두리째 바꾸어 놓게 되었다. 인터넷의 등장과 함께 월드와이드웹(WWW)으로 이어진 정보혁명은 정보의 생산자와 소비자를 하나로 묶어 정보의 생산자가 소비자가 되고, 또한 정보의 소비자가 생산자로 바뀌는 시시각각으로 변화하고 진화하게 된다. 2019년 현재 지구촌에 살아가는 77억 1,457만 명 인구 모두 정보의 생산자 및 소비자의 기능과 역할을 함께 하고 있다. 더욱이 잘못된 정보는 다른 사람들에 의하여 끊임없이 수정되어 점차 정확한 정보로 탈바꿈된다. 이것이 바로 정보의 진화 및 분화를 통하여 올바른 정보를 찾아가는 휴리스틱(heuristic) 과정이다.

제4차 산업혁명의 창조와 혁신 모두 인터넷으로부터 시작되었다고 하여도 과언이 아니다. 그만큼 스티브 잡스가 우리에게 미친 영향은 크다 할 것이다.

5. 인권 문제

인권은 인류 보편적인 아주 중요한 개념이다. 인간으로 태어난 이상 인간답게 살아갈 권리를 누구나 갖고 있다. 인권 문제에서 우리가 관심을 가져야 할 것은 두 가지이다.

첫째는 양심의 자유를 제약하지 말아야 한다는 말이다. 양심의 자유란 내가 생각하고 사고한 것은 누구에 의해서도 억압받지 말아야 한다는 사실이다.

둘째는 인권이 보장되기 위해서는 최소한의 의식주 문제를 해결하기 위한 경제적 홀로서기가 필요하다. 즉, 실업 상태에 있지 말아야 한다는 점이다. UN 국제노동기구(ILO)는 노동자의 30%는 실업 상태에 있거나 심각한 단기간 고용에 처하여 있다고 한다. 글로벌라이제이션 이후 인권 문제는 우리 모두 더욱 관심의 대상 문제로 인식하여야 할 것이다.

Ⅵ. 글로벌라이제이션의 실태

1. 맥도날드

맥도날드(McDonald)의 창업자는 레이먼드 크록(Raymond Albert Kroc, 1902년 10월 5일~1984년 1월 14일)으로 흔히 레이 크록(Ray Croc)으로 불린다. 레이 크록의 20대는 제1차 세계대전(1914~1918), 30~40대는 제2차 세계대전(1939~1945) 및 우리의 일제 강점기 시기이며, 맥도날드를 창업한 1955년은 한국전쟁의 상흔이 남긴 격동기였다. 한편 1979년 롯데리아는 국내 최초로 프랜차이즈 사업을 도입하여 패스트푸드 문화를 선보였으며, 국내의 맥도날드 1호점은 1988년에 개점하였다.

맥도날드는 현재 140개 이상의 나라에서 30,000개 이상의 매장을 운영하고 있으며, 전 세계 5,000만 명 이상의 사람에게 하루 식사를 제공하고 있다. 원래 모리스와 리처드 맥도날드(Maurice James & Richard James McDonald) 형제가 개인 레스토랑을 시작한 것을 레이 크록이 권리 전체를 인수하여 1955년 4월 15일 시카고의 데스플레인즈(Des Plaines)에 맥도날드 제1호점을 개점하였다. 그때 그의 나이 52세였다. 1920년대 초 일주일에 35달러를 받으며 종이컵을 팔고 아르바이트로 피아노를 연주해 아내와 딸을 먹여 살리던 그 시절이었다.

맥도날드는 1982년 이미 모스크바와 베이징(北京)에 진출해 있었다. 이것은 이념을 무너뜨린 쾌거였다. 핵무기로 죽고 죽이는 게임을 하던 시절 공산주의의 심장 속으로 들어간 사실만 보더라도 인간의 호기심은 끊임없이 새로운 것을 추구한다는 사실이다. 이제 글로벌라이제이션의 시대 맥도날드는 패스트푸드 문화의 성공적인 모범 사례로 각인된다.

2. 코카콜라

인도는 약 200년간 영국의 식민 지배를 받았기 때문에 서구에 대한 강한 부정적인 인식이 자리 잡고 있다. 인도 역시 1989년부터 개혁 · 개방의 길을 걷고 있는 상황에서 먼저 펩시콜라에 시장을 개방하였으며, 그로부터 3년 후인 1992년에 코카콜라에 시장을 개방하였다. 이에 대응하여 인도 정부는 인도인들의 기호에 맞는 썸업을 개발하여 서구의 펩시나 코카콜라에 대응하고 있었다. 썸업은 인도인들의 기호에 맞게 더 달고 자극적인 맛을 가미하여 초기에는 가볍게 펩시나 코카콜라를 누를 수 있었다.

그러나 1992년부터 썸업은 미국산 탄산음료에 시장을 잠식당하기 시작하였다. 미국산 피자나 햄버거를 파는 매장에서는 반드시 펩시나 코카콜라를 같이 판매하는 전략이 적중함에 따라 썸업은 서서히 시장에서 퇴출되기 시작하였다. 결국 서구의 패스트푸드+콜라=멋이라는 등식이 성립함에 따라 썸업은 패스트푸드 매장에서 발을 붙일 수 없게 되었다.

한편 미국의 콜라 회사는 현지화 전략을 통하여 기술 이전을 하면서 현지에 공장을 건설함에 따라 세금 역시 인도 정부에 납부하게 되었다. 콜라 회사가 납부하는 세금액이 인도 전체 간접세의 18%를 차지하게 됨에 따라 세금 증대에도 간접적으로 인도 정부에 도움이 되었다.

3. 삼성전자의 글로벌라이제이션 전략

삼성전자는 1969년 설립되었으며, 미국 현지법인 SEA를 1978년 설립하였다. 해외 사업으로는 홈 네트워크(가전제품: 냉장고, TV, 세탁기 등), 오피스 네트워크, 모바일 네트워크, 장비 및 부품 등 다양한 분야에서 글로벌 해외 경영을 수행하고 있다.

1) 삼성그룹의 해외 시장 개척

삼성그룹은 정부 주도형 수출경제정책(1962년)에 힘입어 1964년 뉴욕 지점을 설치하고 동남아시아에 주재원을 파견하였다. 1970년 경공업 중심의 수출에서 중화학 공업제품과 플랜트 수출로 수출상품 구조 전환 및 수출 규모 확대 전략을 시도하였다. 1982년 현지 공장 설립의 해외 진출 전략을 수립하여 현지 고용 창출을 통하여 경쟁력 확대 및 기술(특허)을 보유하였으며, 1983년 실리콘 밸리 진출을 계기로 국제경쟁력을 확보하게 되었다.

2) 삼성의 신경영 선언

1987년 이병철 회장이 타계한 후 삼성그룹을 승계한 3남 이건희 회장은 5년 동안 삼성그룹의 문제점을 찾아낸 후 1995년 6월 7일 독일의 프랑트푸르트에서 임원회의를 열고 신경영을 선언하였다. 신경영 선언은 첫째, 아내와 자식을 제외하고 모든 것을 바꾼다(변화한다), 둘째, 가장 좋게, 가장 빠르게, 가장 싸게의 캐치프레이즈 아래 21세기 세계 초일류 기업이 되기 위한 국제경쟁력의 일환으로 질(quality) 위주의 경영, 국제화, 복합화를 추구하였다.

첫째, 질 위주의 경영이란 제품의 품질뿐 아니라 업무의 질(업무의 효율성 향상), 그리고 개개인의 인간의 질(도덕성 및 윤리성)까지도 향상시켜야 한다는 점을 강조하였다. 여기에 제품의 디자인을 특히 강조하였다.

둘째, 국제화는 단순히 수출을 많이 한다는 양적인 개념뿐 아니라 기술, 품질, 마케팅 등 여러 분야에서 국제 기준에 맞는 세계 초일류 기업이 가져야 할 다양한 조건을 말한다. 단순하게 외형적 확대를 넘어서는 지구촌 초일류 기업을 말한다.

셋째, 서로 연관성이 있는 인프라, 시설, 기능 기술을 한 곳에 선택과 집중하여 시너지 효과를 향상시키는 것을 말한다.

이런 세 가지 전략이 이루어질 때 최고 효율의 경쟁력을 갖고 21세기 초일류 기업으로 인류 사회에 공헌하는 기업의 모습을 갖게 될 것으로 기대하고 있다. 또한 이런 전략으로 삼성은 미주의 멕시코 티후아나(Tiuana) 복합단지, 영국의 윈야드(Wynyard) 복합단지, 말레이시아의 세렘반(Seremban) 복합단지, 중국의 톈진(天津) 복합단지, 그리고 브라질의 마나우스(Manaus) 복합단지를 개설해 운영하고 있다.

문•제•풀•기

1. 글로벌라이제이션의 배경을 설명하시오.
2. 글로벌라이제이션의 특성을 설명하시오.
3. 정치의 글로벌라이제이션을 설명하시오.
4. 경제의 글로벌라이제이션을 설명하시오.
5. 문화의 글로벌라이제이션을 설명하시오.
6. 글로벌라이제이션의 긍정적 측면을 설명하시오.
7. 글로벌라이제이션의 부정적 측면을 설명하시오.
8. 글로벌라이제이션의 쟁점을 설명하시오.
9. 글로벌라이제이션의 실태를 설명하시오.
10. 성공적 글로벌라이제이션을 이룩한 삼성의 신경영을 설명하시오.

제 4 장

글로벌 거버넌스에 대한 이론적 논의

글로벌라이제이션을 설명하는 이론적 준거틀이 글로벌 거버넌스이다. 글로벌 거버넌스를 설명하기 전에 먼저 거버넌스란 무엇인가에 대한 논의를 시작하는 것이 논리상, 그리고 체계상 맞는 것이다. 그리고 나서 다음으로 글로벌 거버넌스에 대하여 이야기하기로 하자. 여기서는 거버넌스를 우리말로 번역하지 않고 거버넌스 그대로 사용하기로 한다.

Ⅰ. 거버넌스란 무엇인가?

1. 의의

거버넌스(governance)는 여러 가지 개념으로 사용되고 있다. 정책 연결망, 공공관리, 경제 영역 간 조정, 공사 간 협력, 기업 거버넌스 등이 있다. 그런데 거버넌스의 본래적 의미는 협치(協治, collaboration)이다. 정부와 시장 간, 국가와 기업 간, 국가와 시민사회 간, 공(公, public)과 사(私, private) 간의 협조와 협의를 통하여 문제를 해결해 나가는 과정이다. 즉, 방향잡기(steering) 및 조정

(coordination)이다. 그렇기 때문에 거버넌스 속에는 수평적, 신축적, 탄력적이라는 의미가 아울러 내포된다.

2. 거버넌스의 등장 배경 및 중요성

거버넌스는 국회가 국민의 대표로서의 역할인 이익 표출 또는 대변하는 기능을 제대로 하지 못하고, 또한 NGO의 등장으로 시민단체의 다양한 이익이 국가에 투입되면서 국가가 이를 잘 해결하지 못한 상황과 맞물려 돌아가는 과정에서 거버넌스의 개념이 등장하였다. 민간부문의 도움이나 시민단체의 협조가 없이 통치(government)에서 협치(governance)로의 변화 속에서 거버넌스의 개념이 등장하였다.

또한 거버넌스는 문제 해결의 메커니즘(menachism, 기제)을 지구촌 단위인 글로벌 거버넌스(global governance)에서부터 시작하여 국가 단위인 국가 거버넌스(national governance), 지역 단위인 지역 거버넌스(regional governance), 로컬 단위인 로컬 거버넌스(local governance)에 이르기까지 매우 다양한 점이 중요하하다고 할 것이다.

1) 국가의 재정적 위기

거버넌스의 등장은 국가의 재정적 위기와 관련되어 있다. 1960년대와 70년대 중반까지 대부분의 서유럽 국가들은 조세수입을 통하여 안정적인 경제 성장을 누리고 있었다. 조세 증가의 여지가 더 있어서 국가와 지방정부의 채무에 대한 자금을 충분하게 조달할 수 있을 것이라는 믿음이 있었다. 그런데 1970년대 후반 원유 생산량 감소로 인한 원유 가격 상승으로, 즉 오일 쇼크로 세계 경제는 급속도로 침체되기 시작하였다. 경제 성장률은 떨어졌고, 불확실해졌으며, 실제로 어떤 경우에는 마이너스 성장으로 전환되었다.

첫째, 경제위기의 주요 원인은 공공지출의 자동 증가이다. 많은 국가의 공공서비스 프로그램, 특히 사회복지 프로그램, 국방비, 교육비, 인건비 등은 자동적으로 인플레이션 수준이나 점증주의 예산(incremental budget) 때문에 매년 증가된다. 이런 프로그램들은 유권자, 행정관료, 이익집단 등의 강력한 반대로 지출증가를 억제할 수 없었다. 서구의 정부들은 얼마나 많은 공공지출이 정치적인 거래(deal)에 의하여, 또는 효과성에 대한 검토 없이 지출하는 구조적인 문제점에 봉착하는 상황을 직접 목격할 수 있게 되었다. 스칸디나비아 국가(노르웨이, 스웨덴, 핀란드)들, 네덜란드, 덴마크, 벨기에 등 전통적인 복지국가들에서 가장 현저하게 나타났다. 미국 역시 구소련과 핵전쟁의 위험성 속에서 국방비 지출 및 사회복지 지출의 확장으로 1970년대와 1980년대 엄청난 예산적자를 냈다.

둘째, 조세수입의 문제이다. 1970년대까지 많은 국가에서 세금이 더 이상 오를 수 없는 수준까지 이르렀다. 많은 정부에서 일반 소비에 대한 세금 추징, 즉 부가가치세로 조세 체계를 다양화하였지만 전체 조세 수준이 포화 상태에 이르렀음을 감출 수는 없었다.

이런 문제점들은 경제위기로 인하여 거버넌스라는 개념의 도입을 촉진시켰다. 이제 정부 혼자서 모든 일을 담당하는 것이 아니라 민간부문의 협조를 통하여 문제를 해결하여야만 효과성도 제고되면서 비용을 절감할 수 있게 되었다. 공공부문의 역할 재정립이 시도되면서 공공지출이 줄고, 민간부문의 역할, 즉 시장의 역할이 증대하게 되었다.

2) 국가의 실패: 시장을 지향하는 이데올로기의 이동

집단주의로부터 개인주의로의 정치적·문화적 이동, 그리고 정치로부터 시장을 향한 이데올로기의 이동이다. 제2차 세계대전 이후 국가가 모든 분야를 총괄하는 시스템이 이제 실패를 거듭하게 되었다. 즉, 국가의 실패(government failure)이다. 큰 정부를 지향하면서 국가의 역할은 거의 무제한적으로 확대해 왔으며, 이에 비례하여 공공지출 역시 거의 천문학적인 숫자로 증가하였지만 이에 대한 효과성에 많은 시민이 의문을 갖게 되었다. 특히 사회복지비, 국방비, 교육비 등은 거의 제어하기 어려울 정도로 증가의 폭과 넓이가 커졌음을 알 수 있다. 결국 국가가 하는 모든 일과 역할은 항상 성공으로 이어지는 것이 아니라 실패로 귀결된다는 사실을 많은 국민이 깨닫기 시작하였으며, 이제는 큰 정부보다는 작은 정부를 지향하는 방향으로 움직이지 않을 수 없었다.

큰 정부는 실패로 이어질 가능성이 높다는 인식이 미국의 레이건 대통령과 영국의 대처 수상으로부터 나오기 시작하였다. 레이건에게 연방관료제는 경제성장을 손상시키거나 혹은 방해하는 시장에 대하여 지나치게 규제를 많이 하는 실체로 인식되었다. 대처 수상 역시 경제 번영이 지나친 정치통제와 시장의 규제에 의하여 방해받고 있다는 레이건의 신념에 동의를 하였다. 두 사람에게는 시장의 규제를 풀어 주는 것이 정치적 목표였다. 전통적 정부는 명색만 정부일 뿐 규제 덩어리이며 당연히 풀어야 할 문제를 해결할 능력이 없는 존재로 생각하였다. 이제 국가의 실패를 거울삼아 시장을 향한 이데올로기의 이동은 시작하였으며, 이것을 거버넌스라는 기제를 갖고 해결해 나가기 시작하였다.

3) 글로벌라이제이션: 전 지구화, 세계화

전 지구화는 1990년대에 시작하여 2020년대에 이르기까지 사회과학의 선도적 주문(注文)이 되었으며, 서유럽과 북미지역, 아시아지역의 정치, 경제, 사회, 그리고 문화적인 상황을 설명하는 용어이다. 전 지구화는 의도적으로 세금 삭감, 복지국가 프로그램의 축소 또는 폐지, 민간자본 통제의 정치적 무능력, 국제범죄의 증가 등을 거버넌스 개념으로 설명한다.

전 지구화와 거버넌스 간에는 밀접한 관계를 찾아볼 수 있다.

첫째, 민간자본, 특히 탈규제화된 통화와 재정시장에 대한 영향력은 유럽연합(EU)이나 세계무역기구(WTO)에 의하여 어느 정도 제어될 수 있다는 점이다. 이것은 거버넌스 기제가 전 지구화의 과정 속에서 필연적으로 나타나는 초국적 투기자본의 통제나 제어에 긍정적인 영향을 주고 있다는 반증이기도 하다.

둘째, 전 지구화에서 필연적으로 나타나는 또 다른 문제점은 정치, 경제, 사회, 그리고 문화 등의 환경적 불확실성에 대하여 유럽연합(EU)이나 경제협력개발기구(OECD)의 전문가들이 개별 국가의 정책 결정을 하는 데 전문지식을 통하여 자문적인 역할을 해 줄 수 있다는 점이다.

4) 인터넷의 활성화 및 사회적 변화와 복잡성의 증가

정보통신기술의 비약적 발전으로 인한 인터넷의 활성화는 정보의 독점을 갖는 조직이 더 이상 존재할 수 없는 상황을 만들었다. 과거에는 정부만이 유일하게 정보를 독점할 수 있었지만 인터넷의 활성화는 누구나 정보의 생산자가 됨과 동시에 정보의 소비자로서 역할과 기능을 할 수 있게 되었다. 정보의 독점은 정치, 경제, 사회, 그리고 문화적인 측면에서 권력의 독점이라고 말할 수 있다.

그런데 누구나 정보를 생산할 수 있다는 말은 그만큼 권력 역시 나누어 갖는다는, 즉 분점할 수 있다는 의미이기도 하다. 이것은 반대로 이야기하면 다른 사람의 협조나 도움 없이는 문제를 해결해 나갈 수 없다는 말이기도 하다. 거버넌스는 바로 인터넷이 활성화되는 이런 상황에서 나타나 문제를 해결해 나가는 기제로 작용한다.

또한 과거에는 개별 국가 단위에서 혼자 해결하여야 될 문제가 많이 있었지만 이제는 서로서로 힘을 합쳐 서로 간의 협조를 통하여 해결하여야 될 정도로 문제가 복잡해졌다. 마약, 테러, 기후 변화, 난민 등 개별 국가 차원에서 해결하기보다는 지역적인 차원이 아닌 전 지구적 차원에서 해결하여야 될 여러 가지 문제들이 나타나는 빈도가 훨씬 많아지게 되었다. 이런 상황 역시 거버넌스 개념의 등장 필요성을 제기하고 있다.

3. 거버넌스의 유형

거버넌스에는 크게 두 가지, 즉 구조로서의 거버넌스 및 과정으로서의 거버넌스가 있다.

1) 구조로서의 거버넌스

구조로서의 거버넌스에는 계층제로서의 거버넌스, 시장으로서의 거버넌스, 정책 연결망으로서의 거버넌스, 공동체로서의 거버넌스가 있다.

(1) 계층제로서의 거버넌스

계층제로서의 거버넌스에 가장 대표적인 유형이 베버의 관료제 모형이다. 관료제 모형은 법과 제도에 따라 문제를 해결해 나가는 것을 특징으로 한다. 이것은 시민들에게 고도의 표준화된 공공서비스를 제공한다. 업무의 분할, 제도와 규칙에의 적용, 직무를 수행할 때 공과 사의 구분 등이 있다.

(2) 시장으로서의 거버넌스

시장(market)이란 거대 정부에 반대되는 개념으로 스미스(A. Smith)의 보이지 않는 손(invisible hand)에 의하여 움직이는 시장, 또는 정부의 역할이나 간섭이 극히 제한되는 개념으로서 시장이다. 이것은 정부가 자원을 효율적으로 배분하지 못한다는 전제가 깔려 있다. 거버넌스 맥락에서 시장의 또 다른 중요성은 경제적 참여자 등을 위한 활동의 장소로서의 개념이다. 경제적 참여자들이 사적 이익을 극대화하면서도 공공의 문제를 해결할 수 있도록 하기 위해서는 개별의 경제적 참여자들이 시장의 기본적 기능을 훼손하지 않는다는 기본 전제가 있기 때문이다. 예컨대 제조업 회사들이 가격, 해외 경쟁, 생산량 등에 대해서는 모두에게 유리한 결정을 하기 위하여 협조할 필요성이 있다는 인식을 서로 공유하기 때문이다.

(3) 정책 연결망으로서의 거버넌스

거버넌스 개념 중에서 가장 일반적으로 사용되는 것이 정책 연결망(policy network)으로서의 거버넌스이다. 정책 연결망은 주어진 정책 영역 속에서 넓고 다양한 참여자, 즉 국가제도, 이익집단 등 다양한 관련자로 구성된다. 정책 연결망은 한 분야에서 외골수적인 정책 공동체에서부터 시사적인 사회적 이슈에 동조하여 성립한 연합체에 이르기까지 응집성 측면에서 매우 다양하다. 따라서 정책 연결망은 공익과 사익 간의 조정을 용이하게 하고, 이런 측면에서 공공정책 집행 과정에서의 효율성을 증대시킨다.

그런데 문제는 정책 연결망으로서의 거버넌스가 국가 전체의 공익에 의하여 형성되는 것이 아니라 정책 연결망 참여자들의 개별적인 이익에 따라 형성되는 경우이다. 이럴 경우 정책 연결망으로서의 거버넌스는 공익에 의하여 작동되는 것이 아니라 사적인 이익에 따라 작동되는 딜레마적인 상황에 놓이게 된다. 정책 연결망에 포함되지 않은 사람들의 이익은 철저하게 배제되는 역기능적 상황에 빠지게 되는 불합리한 모순적 상황에 놓이게 된다.

(4) 공동체로서의 거버넌스

공동체로서의 거버넌스는 계층제로서의 국가 거버넌스나 시장으로서의 거버넌스 모두를 거부하면서 제3의 길로서 공동체로서의 거버넌스를 주장한다. 국가의 간섭이 최소화된 상태에서 공동체는 공공의 문제들을 스스로 해결할 수 있다고 본다. 예컨대, 어린이와 노인을 돌보는 것은 국가가 아니라 공동체 수준에서 자발적이면서 좀 더 효과적으로 할 수 있다는 시각이다. 공동체주의자들은 국가나 지방정부는 너무 규모가 크고 관료적이기 때문에 구성원들의 참여를 잘 이끌어 낼 수 없기 때문에 문제를 해결해 나가는 데 한계가 있다는 인식을 전제로 하고 있다. 공동체 거버넌스는 거대한 공공관료제를 구축하지 않고서도 공공의 문제를 해결하기 위해서는 공동체의 시민정신을 가지고 있어야 이것이 가능하다고 본다. 공동체의 시민정신은 민주시민정신 또는 의식과 깊은 연관성을 갖고 있다.

2) 과정으로서의 거버넌스

거버넌스(governance)를 구조인 공식적인 제도나 기구보다는 구조 간의 상호 작용인 과정(process)이나 산출(output)에 초점을 맞춘다는 의미에서 과정으로서의 거버넌스가 중요하다는 의미이다. 이것은 방향잡기(steering)나 조정(coordination) 과정이 매우 중요하다는 인식에서 출발하고 있다. 정책에 참여하는 행위 주체들(actors) 간의 관계, 즉 행위 주체들이 어떤 기능과 역할을 어떻게 하느냐가 과정으로서의 거버넌스에는 중요한 시금석이 된다. 이유는 이것은 행위 주체들이 국가가 나아갈 방향을 어떻게 잡고, 이를 어떻게 조정하느냐의 문제와 직접 관련되기 때문이다.

Ⅱ. 글로벌 거버넌스

1. 의의

1991년 소련의 갑작스런 붕괴로 인한 냉전시대의 종식, 즉 탈냉전은 미래의 국제 질서가 더욱 평화롭고 안정적일 것이라는 낙관적인 전망을 우리에게 안겨주었다. 실제로 핵전쟁이나 강대국 간의 전쟁 가능성은 과거에 비하여 현저하게 줄어든 것이 사실이다. 그러나 이러한 낙관적인 전망과는 반대로 빠르게 진행되는 글로벌라이제이션과 더불어 더욱 복잡해지고 불확실성이 증가한 현재의 국제 질서에 매우 당혹감을 감추고 있는 사람이 한둘이 아니다. 그만큼 글로벌라이제이션은 복잡성과 불확실성을 함께 갖고 있다는 의미이다.

탈냉전은 냉전이 종식되었다는 의미 이상을 내포하고 있지 않다. 이런 상황에서 국제 관계를 연구하는 학자들은 탈냉전이라는 거대한 변화의 물결을 설명하는 틀로서 글로벌 거버넌스에 주목하기 시작하였다. 여기서는 글로벌 거버넌스의 등장 배경, 향후 글로벌 세계에서 글로벌 거버넌스는 어떤 역할을 할 것인가에 대하여 논의해 보기로 한다.

2. 글로벌 거버넌스의 등장 배경

1) 글로벌라이제이션

글로벌라이제이션은 세계화 또는 전 지구화이다. 소련의 붕괴로 탈냉전 시대에 접어든 현 시점에서 세계는 미국 중심의 단일한 세계 자본주의 경제체제를 지향하고 있다. 세계 자본주의 경제체제는 무역, 금융 거래, 수출, 수입 등에서 세계를 단일한 경제권으로 탈바꿈시켜 놓았다. 동시에 지구적 상호연결성이 확장, 심화, 그리고 가속화되는 것을 의미한다. 사회적, 정치적, 경제적 활동이 국경을 가로질러 확장되어 어느 한 지역의 사건, 결정, 활동이 먼 지역의 개인과 공동체에 심대한 영향을 미치는 것을 의미한다고 할 수 있다. 지구적 상호 작용의 범위, 강도, 속도가 증가하므로 지방과 지구 사이의 연계 심화와 연결될 수 있으므로 원거리 사건의 영향력이 증폭되면서 극히 지방적인 사안이 엄청난 지구적 결과를 초래할 수 있는 상황이 조성된다. 즉, 글로벌라이제이션은 국가와 국가 간의 국경이 없어지면서(borderless) 시간과 공간의 압축을 통하여 개인이나 개별 국가들을 하나로 묶어 내는 것을 의미한다.

2) 민주화: 자유민주주의의 확산

자유민주주의는 자유주의와 민주주의의 합성어이다. 자유주의는 정치, 경제, 사회, 그리고 문화적인 측면에서 개개인이 누구의 간섭도 받지 않고 스스로 이성적인 판단에 따라 의사 결정을 하고 그 의사 결정을 한 행동에 대하여 책임을 지는 것을 말한다. 고대 그리스 시대 아테네에서 이루어진 의사 결정의 방식을 말한다.

민주주의의 의미는 매우 다양하다. 이것을 내용적 측면에서 접근할 것인가, 과정으로 볼 것인가, 아니면 목표로 볼 것인가에 따라 의미가 달라질 수 있다. 여기서는 의사 결정이 이루어지는 과정에서 모든 사람이 불평등하지 않게 공정하게 참여할 수 있는 기회의 보장이라는 측면에서 이해하기로 한다.

냉전시대에는 거의 모든 국가가 정치 운영에 독점적 지위를 갖고 있었다. 그런데 탈냉전은 정부의 독단을 약화시키면서 시민사회의 역할을 증대시키고 정부와 시민사회 간의 관계를 변화시켰다. 동시에 정치 운영의 독점적 지위를 갖고 있었던 국가와 사회가 점점 복잡해지면서 더 이상 정책 결정 과정에서 독점적 지위를 유지할 수 없게 되었다.

그 이유는 첫째, 정책 결정에 다른 공적 혹은 사적인 행위자, 이익집단, 전문가와 시민들 간의 협력이 필요해졌다. 이런 행위자들은 정책 실행에 필수적인 중요한 자원, 즉 자금, 조직, 지식 등을 통제하고 있어 정부의 정책 결정을 거부(veto), 지연, 방해할 수 있는 능력을 갖고 있기 때문이다.

둘째, 다원화되고 복잡한 사회에서 지식과 정보를 집중시키는 것이 불가능해져 사회 문제를 해결하기 위해서는 전문가와 여타의 다른 사회적 행위자들의 도움이 절대로 필요한 상황이기 때문이다. 국가가 통제할 수 있었던 자원들은 점차 개인이나 단체에 의하여 통제받게 되고, 동시에 과거 국가가 다루지 못하였던 여러 가지 사회적 자원(성, 환경, 인종, 세대 등)의 출현 등으로 국가와 사회적 행위자들 간의 공조는 필수적이다.

셋째, 국가와 사회적 행위자들 간의 공조가 필수적인 이런 현상은 정부의 분권화(decentralization)에 의하여 가속화된다. 정치체제는 점점 단일하고 통합된 국가에서 분화된 정치체제로 변모하게 되고, 정책 결정과 집행 권한은 점점 하위 수준으로 위임되는 분권화 경향을 나타내고 있다.

3) 정보화

빌 게이츠와 스티브 잡스에 의하여 촉발된 정보화는 세계를 하나로 묶어 놓는 데 일조하였다. 정보통신기술의 혁명적 발전은 거래와 통신의 비용, 그리고 시간을 절대적으로 감소시켜 국내외적 교류와 통합의 확대에 기술적 조건을 제공하였다. 이런 현상으로 국가의 능력과 기능은 축소 혹은 분산되고, 사회 내 행위자들 간의 관계가 다변화하고 있으며, 다양한 형태의 국제적 관계나 접촉이 증가하여 국제적 영향의 기회와 제약이 사회에 미치는 영향은 증가하고 있다. 컴퓨터의 발전 및 인터넷의 활성화는 국가 이외 행위자들의 활동력을 증가시켰으며, 정보 교류의 활성화는 국가의 실질적 통제력을 약화시켰다.

3. 글로벌 거버넌스의 유형

글로벌 거버넌스에는 여러 가지 유형이 있지만 정부가 어떤 역할을 하느냐에 따라 집권형, 분권형, 그리고 관리형으로 나눌 수 있으며, 또 다른 차원으로는 거버넌스 체제가 추구하는 조정 과정의 내용이다. 이는 기존의 질서와 관리양식의 지속을 강조하는 유형과 다른 하나는 기존의 질서와 관리양식을 개혁하고 변화시키는 혁신의 유형으로 나뉜다.

이런 두 가지 차원을 중심으로 거버넌스의 유형을 <표 4-1>과 같이 여섯 가지로 나누어 볼 수 있다.

〈표 4-1〉 거버넌스 유형

구분	집권형	분권형	관리형
지속형, 질서 위주	계층제 거버넌스	자치형 거버넌스	조율된 현상 유지 거버넌스
혁신, 변화 위주	계획적 혁신 거버넌스	개방형 거버넌스	조율된 변화 지향 거버넌스

위의 표에서 보면 집권형은 정부가 관리양식을 전체를 주도하는 것이고, 분권형은 정부의 영향력이 약화된 채 비정부 행위자들이 주도하는 분권형, 관리형은 정부가 거버넌스 현상 전반을 관리하면서 거버넌스의 효율성을 극대화하는 것을 말한다.

또한 거버넌스의 체제가 추구하는 조정 과정의 내용에 따라 지속형이면서 질서 위주이거나 아니면 혁신이나 변화 위주인가로 나뉜다.

Ⅲ. 글로벌 거버넌스와 한국

한국은 다른 나라 못지않게 글로벌라이제이션의 영향을 많이 받고 있다. 세계 제1의 패권국가인 미국과 동맹 관계를 맺고 있으며, 강력한 수출정책을 비롯한 대외 경제정책으로 현재의 국가 지위를 이룰 수 있었다. 또한 동북아는 세계의 가장 역동적인 지역의 하나로 상대국들이 모여 있는 곳이며, 그 가운데 분단된 한반도는 강대국들의 급변하는 대외정책의 직접적인 영향력을 체감하고 있다.

한국은 환경오염, 지구 온난화, 여성, 인권, 핵무기 등 세계적인 문제들을 함께 고민하고 있으며, 때로는 이슈 영역에 따라 주도적인 역할을 하기도 한다. 단적인 예로 한국인(반기문)이 UN의 사무총장으로 선출된 것은 한국이 글로벌 거버넌스에서 얼마나 중요한 역할을 맞고 있는가를 보여 주는 것이다.

한국은 다른 모든 나라와 마찬가지로 한편으로는 국익을 추진하면서, 다른 한편으로는 바람직한 글로벌 거버넌스를 실현하여야 하는 규범적 과제를 안고 있다. 한국은 역동적인 민주화 이후 다른 어느 나라보다도 활발한 시민사회의 성장을 체험하고 있으며, 이들 시민사회단체들은 국경을 넘어 초국경적인 시민사회 연대를 이루는 데에도 앞장서고 있다. 결국 한국은 정부와 비정부 차원 모두에서 글로벌 거버넌스에 중요한 역할을 하고 있다고 보아야 할 것이다.

한국은 향후의 발전을 위하여 한반도의 안보 문제, 특히 핵 문제, 그러면서도 북한과의 화해와 협력, 동북아에서의 평화 확보, 지속적인 경제 성장과 대외 경제활동에 대한 효과적 대처, 한국의 문화적 우수성을 기반으로 한 사회·문화적 지구촌 진출을 추구하여야 하는 과제를 안고 있다. 모두가 글로벌 거버넌스의 추구와 궤를 같이하여야 하는 것으로서 지구촌의 문제를 조정하는 과정에 힘을 기울여야 할 것이다. 더구나 강대국에 둘러싸여 있는 한국으로서는 지역주의 통합과 지역다자주의 협력의 어려움을 몸소 느끼고 있으며, 이러한 가운데 지역주의와 함께 글로벌리즘(globalism)을 함께 추구해 나가야 하는 전략적 시각도 같이 가져야 할 것이다.

글로벌 거버넌스와 한국에서 우리가 중요하게 생각하여야 할 부분이 글로벌 세계의 이론을 어떻게 한국적 상황에 적용할 것인가의 문제이다. 그렇게 하기 위해서는 제2편에서 다루는 첫째, 글로벌 거버넌스와 복지국가(공동체): 생태 자본주의를 중심으로, 둘째, 글로벌 거버넌스와 폐광지역의 발전: 경제적 효과의 손실분석을 통한 폐특법 연장의 논리, 셋째, 글로벌 거버넌스와 사회갈등: 담론의 구조와 해결 기제(menachism), 넷째, 글로벌 거버넌스와 지방행정 체제 개편: 저출산 및 고령화, 다섯째, 글로벌 거버넌스와 통일 대비 남북한 지방행정 체제의 비교에 대한 분야별 주제에 우리 모두 관심을 가져야 할 것이다.

문•제•풀•기

1. 거버넌스란 무엇인가?
2. 거버넌스의 등장 배경을 설명하시오.
3. 계층제로서의 거버넌스를 설명하시오.
4. 시장(market)으로서의 거버넌스를 설명하시오.
5. 정책 연결망(policy network)으로서의 거버넌스를 설명하시오.
6. 공동체로서의 거버넌스를 설명하시오.
7. 과정으로서의 거버넌스를 설명하시오.
8. 글로벌 거버넌스의 등장 배경을 설명하시오.
9. 글로벌 거버넌스의 유형을 설명하시오.
10. 글로벌 거버넌스와 한국 간의 관계를 설명하시오.

제 2 편

글로벌 거버넌스와 한국: 분야별 논의

제2편은 글로벌 거버넌스와 한국에 대한 분야별 논의이다. 제1편에서 논의된 이론을 분야별로 나누어 이를 한국이나 강원도의 상황에 적용시켜 보려는 것이다. 제5장 글로벌 거버넌스와 복지국가(공동체): 생태 자본주의를 중심으로, 제6장 글로벌 거버넌스와 창조경제: 문화산업을 중심으로, 제7장 글로벌 거버넌스와 폐광지역 발전: 경제적 효과의 손실분석을 중심으로 한 폐특법 연장의 논리, 재8장 글로벌 거버넌스와 사회갈등: 담론의 구조와 해결 기제, 제9장 글로벌 거버넌스와 지방행정체제의 개편: 저출산 · 고령화를 중심으로, 제10장 글로벌 거버넌스와 통일 대비 남 · 북한 지방행정체제의 비교이다.

제 5 장

글로벌 거버넌스와 복지국가(공동체): 생태 자본주의를 중심으로

Ⅰ. 생태 자본주의의 특성[1)]

생태 자본주의는 자본주의의 특성이 그대로 반영되면서 환경가치, 문화가치, 복지가치, 분배가치, 물질보다는 정신, 따뜻한 인간성(humanity), 배려, 관심, 절대성보다는 상대성, 추상적 이론보다는 현장 중심, 실용성, 협력 등 거버넌스 및 공동체의 요소가 추가적으로 보완되어 나타난 개념이다.

1. 환경가치 중시

생태 자본주의는 환경가치를 매우 중시한다. 지구 온난화 및 기후 변화에 가장 민감하게 반응하는 인간은 환경이라는 개념을 염두에 두지 않고서는 행복한 삶을 추구할 수 없는 존재이다. 지속 가능한 발전이라는 개념 역시 환경가치를 염두에 두고 만든 개념이다. 이런 점에서 생태 자본주의는 경제 성장 중심의 철학과 가치를 보완하는 방향, 즉 환경가치를 고려하면서 운영·작동되고 있다고 생각하여야 할 것이다.

---

1) 생태 자본주의의 특성에 관해서는 Sarkar(1999), *Eco-socialism or eco-capitalism?*을 참조.

2. 문화가치 중시

인간의 삶을 규정하는 중요한 요소 가운데 하나는 문화이다. 반대로 문화를 제외하고 인간의 삶을 규정하는 요소는 존재하지 않는다. 그만큼 문화가치가 인간의 삶의 궤적에서 중요하다는 이야기이다. 문화가치는 또한 인간의 정신적 측면을 강조한다. 정신적 측면의 핵심은 언어(language)이다. 언어는 문화가치의 정수이다. 언어 역시 그것을 사용하는 사람의 정신적 산물과 맥을 같이한다. 언어가 존재하지 않는다고 가정하면 문화가치 역시 사상누각이나 다름없을 것이다. 이처럼 문화가치는 인간의 삶을 규정하는 수단인 언어를 통하여 면면히 이어 내려오고 있다. 따라서 생태 자본주의는 언어를 매개로 한 문화가치의 반영에 의하여 작동된다고 보아야 한다.

3. 복지가치 중시

인간의 삶은 경쟁의 연속이다. 경쟁에는 승자와 패자가 있게 마련이다. 경쟁에서 탈락한 사람을 구제해 주는 제도 중의 하나가 복지가치이다. 모든 인간은 같은 능력을 갖고 태어나지 않는다. 선천적으로 육체적 · 지적 장애를 갖고 태어나는 사람이 사회에서 사람답게 살아갈 수 있는 논리적 토대는 바로 복지가치가 작동되기 때문이다. 이런 점에서 생태 자본주의는 복지가치를 통하여 인간의 삶을 풍요롭게 해 준다.

4. 배분가치 중시

사회의 부(wealth)가 모든 사람에게 공평하게 배분되면 가장 좋으련만 현실은 그렇지를 못하다. 사회에서 소수의 사람에게 부가 집중되어 있고, 반면 다수의 사람이 가난하게 살아간다면 이 또한 크게 잘못된 것이다. 생태 자본주의는 바로 이런 점에서 빈부 격차를 줄이면서 잘사는 사람과 못사는 사람이 협력해서부의 공평한 분배를 이루기 위한 배분가치를 강조한다.

5. 상대성 중시

인간의 재능은 서로 다르다. 예컨대, 예술가적인 재능을 갖고 태어나는 사람이 있는가 하면, 탁월한 수학적인 재능을 갖고 태어나는 사람이 있다. 그야말로 상대적이다. 어느 재능이 우월하다 말할 수 없다. 마찬가지로 인간이 어떤 시각을 갖고 어떻게 문제에 접근하느냐 하는 것 역시 상대적이다. 세상의 문제를 보는 방식과 해결하는 방법 역시 상대적이다. 상대성은 생태 자본주의에서 가장 강조되는 개념 중 하나이다.

6. 협력 또는 거버넌스 중시

사회에서 어떤 목표를 이루기 위해서는 협력이 필수적이다. 이 말은 협력이 없다면 어떤 목표를 달성하기란 불가능하다는 의미이다. 이유는 인간이 전지전능하지 않기 때문이다. 즉, 인간은 부족한 능력을 갖고 태어났으므로 자신의 부족한 부분을 채워 어떤 목표를 달성하기 위해서는 다른 사람의 도움을 반드시 받아야 하기 때문이다. 이런 점에서 협력 또는 거버넌스는 생태 자본주의와 자연스럽게 연결될 수 있다.

21세기 생태 자본주의는 어떤 성격을 내포하고 있을까? 대니얼 벨(Daniel Bell)은 정치적 의미가 가미된 이데올로기의 종언을 주장하였지만 경제적 · 사회적 · 문화적 · 환경적 의미가 내포된 이데올로기는 여전히 우리 주위를 맴돌고 있다. 그렇다면 21세기 인간의 삶을 규정하는 이데올로기는 무엇일까? 많은 학자가 21세기 인간의 삶은 생태 자본주의에 의하여 틀 지어지고 있다고 본다. 여기서는 인간의 삶을 규정하는 생태 자본주의란 무엇이고, 이를 어떻게 설명할 것인가의 문제를 가지고 논의하기로 한다.

Ⅱ. 생태 자본주의의 역사[2)]

21세기 생태 자본주의는 어떤 성격을 내포하고 있을까? 대니얼 벨은 정치적 의미가 가미된 이데올로기의 종언을 주장하였지만 경제적·사회적·문화적·환경적 의미가 내포된 이데올로기는 여전히 우리 주위를 맴돌고 있다. 그렇다면 21세기 인간의 삶을 규정하는 이데올로기는 무엇일까? 많은 학자들은 21세기 인간의 삶은 생태 자본주의에 의하여 틀 지어지고 있다고 본다. 여기서는 인간의 삶을 규정하는 생태 자본주의란 무엇이고, 이를 어떻게 설명할 것인가의 문제를 가지고 논의하기로 한다.

생태 자본주의는 18~19세기 중반기에 유럽에서 전개되었던 두 가지의 역사적인 사실인 구(舊)체제(ancient régime)에 대항한 시민계층에게 승리를 안겨주었던 프랑스대혁명(1789년)과 자급자족적인 농업경제를 동태적인 산업경제로 변모시켰던 산업혁명(16~19세기)으로 인하여 구축될 수 있었다. 자본주의는 1789년 프랑스대혁명과 영국의 산업혁명이 가져다준 경제적·사회적 결과였다. 생태 자본주의는 초기 상업 자본주의에서 현대의 생태 자본주의에 이르기까지 내재적 변모 과정을 겪어 왔지만 자본주의의 본질적 성격은 그대로 간직한 채 수백 년이 지난 현재까지 계속되고 있다.

생태 자본주의는 이전의 농촌 공동체적인 사회를 붕괴시켜 도시 중심의 이익사회로 변모시켰으며, 자본주의에 의하여 대두된 부의 편중 현상은 계급갈등을 심화시켰고, 인간의 본질적 가치를 소유적 권위로 바꾸어 놓았다. 이것은 인간에게서 인간다움을 빼앗아 버림으로써 인간을 경제적인 이윤 추구자(economic animal)로 전락시켰다. 이런 이유로 19세기부터 사회사상가들이나 사회개혁가들은 사회적 병폐의 근원을 자본주의에서 찾기 시작하였다. 마르크스주의자들은 자본주의의 본질을 학문적인 차원에서 구명해 보려고 노력하였으며, 비마르크

2) 생태 자본주의의 역사에 관해서는 Sarkar(1999), *Eco-socialism or eco-capitalism?*을 참조.

스주의자들 역시 같은 차원에서 자본주의의 현상을 연구하려는 경향을 나타냈다.[3]

마르크스주의자나 비마르크스주의자 모두 자본주의 현상, 즉 사회 현상을 체계적으로 설명하기 위하여 노력하는 사회과학자들이며, 사회과학은 자본주의[4]의 발전과 맥을 같이한다. 사회과학은 18~19세기에 나타난 자본주의적인 삶의 양식을 과학적・합리적으로 분석, 연구하기 위한 학문이다. 사회과학의 아버지라고 일컬어지는 마르크스(K. Marx), 베버(M. Weber), 뒤르켐(Émile Durkheim) 등은 자본주의가 몰고 온 사회 변혁과 사회적 병폐를 연구하는 데 깊은 관심을 가지고 있었다. 만일 사회과학이 자본주의가 갖고 있는 내생적(來生的) 성격과 그 역할이 무엇인지 이를 구명하는 일을 소홀히 해 버린다면 사회과학자가 만들어 내는 성과물 중 대부분은 그 적실성을 잃게 될 것이다. 그렇다면 자본주의란 무엇이고, 이를 어떻게 인식하여야만 할 것인가?(Heilbroner & Milberg, 2007).

---

3) 마르크스주의자나 비마르크스주의자나 관계없이 20세기부터 자본주의를 본격적으로 연구하기 시작하였다. 비마르크스주의자에게 최초로 자본주의의 학문적 의미를 일깨워 준 학자는 좀바르트(Werner Sombart)였다. 그는 근대자본주의(modern capitalism)에서 자본주의를 이해하지 않고서는 현대 사회를 정확하게 밝힐 수 없을 것이라고 주장하였다. 그 뒤 베버(Max Weber)는 『프로테스탄트의 윤리와 자본주의 정신(*The Protestant Ethic and the Spirit of Capitalism*)』에서 자본주의의 대두와 인간의 종교적 가치체계 사이의 연관성에 대해 논의하였다. 이러한 논의에 이어 그 후 40~60년 동안 마르크스주의자와 비마르크스주의자 사이에서 자본주의의 형성에 대한 역사적 원인과 필연성 및 그 지속성의 문제를 중심으로 하여 열띤 논쟁이 벌어지게 되었다. 베버주의적인 발상에서 비롯된 타우니(R. H. Tawney)의 『종교와 자본주의의 대두(*Religion and the Rise of Capitalism*)』, 앙리 세(Henri Sée)의 『근대자본주의(*Modern Capitalism*)』, 아만다 판파니(Armanda Fanfani)의 『가톨릭시즘, 프로테스탄티즘, 자본주의(*Catholicism, Protestantism, Calvinism*)』 등은 자본주의 연구의 결실이라고 할 수 있다. 한편 마르크스주의자의 관점에서도 많은 연구가 이루어졌는데, 특히 자본주의를 역사적인 관점에서 체계적으로 분석한 도브(Maurice Dobb)의 『자본주의의 발전 연구(*Studies in the Development of Capitalism*)』는 이 분야의 대표적인 연구로 평가되고 있다. 그 후 이 책은 자본주의의 사적 전개에 대한 마르크스주의자의 견해를 대표하게 되었다.

4) 자본주의라는 말은 19세기 중반기부터 학문적인 용어로 사용되기 시작하였다. 이 말은 그 시대로서는 새로운 특징을 드러내기 시작한 사회적 상황을 전반적으로 묘사하기 위한 표현이었다. 생시몽(Claud H. Saint Simon)과 스펜서(Herbert Spencer)가 사용하였던 산업사회라는 말이나 퇴니스(Ferdinand Tönnis)가 사용하였던 이익사회라는 말처럼 자본주의라는 말도 그 시대의 급격한 사회 변혁을 지칭하는 말이었다. 자본주의라는 말은 첫째 사회 변동의 질적 전개를 전제로 하며, 둘째 이전과는 완전히 구분되는 새로운 사회로의 이행이라는 뜻을 함축하고 있다(Holton, 1985: 11). 한편 자본가는 자본을 사용하는 사회적 행위자이기 때문에 이들의 이익은 지주의 지대(地代)와는 근본적으로 다르다. 그들은 자본 그 자체에 의하여 얻어지는 이윤을 소유하고 있다.

첫째, 정통 마르크스주의자들의 견해이다. 그들은 자본주의를 비판적으로 인식하고 있다.[5] 자본주의란 궁극적으로 인간을 기계의 부품으로 만들고, 인간성을 말살시키려는 제도이기 때문에 인간의 자유와 해방을 위해서라도 자본주의는 붕괴되어야 한다고 믿고 있다.

둘째, 수정 자본주의자들의 견해이다. 그들은 자본주의의 한계점을 인정하면서도 자본주의는 그 자체가 지닌 교정장치(error correction mechanism) 때문에 스스로의 병폐를 고쳐 나갈 수 있다고 본다.

셋째, 순수 자본주의자들의 견해이다. 자본주의는 인간이 갖고 있는 이타심보다 이기심을 근거로 만들어졌으며, 인류 역사상 최고의 물질적 풍요를 가져올 수 있었다. 자본주의는 인간의 자유와 창의성을 실현시켜 줄 수 있는 가치 창조적 제도이기 때문에 그 발전은 자연스러울 수밖에 없을 것이라고 보고 있다.

이러한 인식을 통하여 첫째, 자본주의는 생산양식의 관점, 즉 경제적인 측면에 초점을 맞추어 접근하는 방법이 있고, 둘째 각 나라에서 전개되고 있는 자본주의의 현실성을 비교 고찰하는 방법이 있다. 두 가지 접근 방법은 특정 국가의 자본주의의 분석을 토대로 그것을 일반화하는 특성을 보여 주고 있다. 생산양식에 의한 추상적인 이론화와 자본주의의 현실 문제에 대한 접근은 상반되는 것 같기도 하지만 실제로 연관되어 있기 때문에 두 가지 접근 방법을 함께 사용하여 자본주의의 문제를 인식하는 것이 올바른 접근 방법이라 할 것이다.

마르크스주의자와 비마르크스주의자 모두 인식의 차이는 있지만 생태 자본주의는 다음과 같은 특징을 갖고 있는 사회체제라고 보고 있다.

첫째, 모든 상품은 시장에서 판매하기 위하여 생산된다.

둘째, 생산 과정에 자본을 투자하는 것은 화폐로 계산된 이익을 얻기 위해서이다.

---

5) 정통 마르크스주의자란 마르크스의 견해를 추종하는 사람들을 말한다. 그들은 국가란 폭력혁명을 통하여 전복되어야 할 대상이라고 극단적인 주장을 하고 있지만 이것이 실현될 가능성은 전혀 없다.

셋째, 임금노동자는 자본가에 의하여 착취되고, 자본가는 잉여가치를 전유하고 있다.

넷째, 자본가들 사이에서는 이윤을 확보하기 위한 경쟁이 벌어지지만 그것은 시장 기능을 통하여 자동적으로 규제된다.

다섯째, 이윤은 자본의 축적을 가능하게 해 주며, 동시에 그것은 확대재생산을 위하여 재투자된다.

여섯째, 점차 단일한 자본주의 세계 경제체제(글로벌 자본주의)를 지향하게 된다(Heilbroner & Milberg, 2007).

생태 자본주의의 이러한 개념은 자본주의의 역사 과정이 구체적인 실증성을 바탕으로 연구될 때만 그 의미를 갖게 된다. 저자는 위에서 지적한 여섯 가지 성격을 함유하고 있는 역사 체제로서의 경제구조를 기본으로 환경가치, 문화가치, 복지가치, 상대성, 협력 또는 거버넌스의 요소가 반영된 체계가 곧 생태 자본주의 체제라고 규정한다.

Ⅲ. 생태 자본주의에 영향을 주는 요인[6]

1. 기술혁신

기술은 원인·결과에 관한 지식을 말한다. 즉, 인과 관계(因果關係, causality)에 관한 지식이다. 인과 관계에 관한 정확한 지식을 갖고 있어야 과학이 발전할 수 있으며, 이로 인하여 사회가 발전한다. 그렇다면 기술혁신(technology innovation)은 인과 관계 지식을 통하여 새로운 변화를 이끌어 내는 것을 말한다. 자본주의가 상업 자본주의에서 글로벌 자본주의로 변화되는 과정에서 기술혁신이 가장 큰 영향을 미쳤다. 기술혁신에는 두 가지가 있다. 하나는 프로세스 이노베이션

6) 생태 자본주의에 영향을 주는 요인은 Sarkar(1999), *Eco-socialism or eco-capitalism?*을 참조.

이고, 다른 하나는 프로덕트 이노베이션이다.

첫째, 프로세스 이노베이션(process innovation)은 생산 과정의 혁신을 통하여 노동생산성을 향상시키는 것을 말한다. 이것은 결과적으로 제품의 공급량이 늘거나 또는 제품의 원가나 가격이 낮아지는 것을 말한다. 그런데 가격 하락이 수요를 유발하는 효과에는 한계(대부분 공업제품의 가격탄력성은 1 이하이다)가 있다. 아무리 가격을 낮추어도 수요를 창출하기에는 역부족이다. 이런 문제를 해결하기 위하여 외국 수출로 새로운 시장 수요를 창출한다. 만약 국제 무역이 없다면 프로세스 이노베이션은 제품의 공급 과잉을 초래한다. 그 결과 제조업에서 서비스업으로 노동력의 이동이 일어난다.

둘째, 프로덕트 이노베이션(product innovation)은 생산물 또는 산출물의 혁신을 말한다. 즉, 새로운 제품이나 산출물을 생산하는 것을 말한다. 휴대전화(아이폰이나 갤럭시 등), 노트북 컴퓨터, 스마트 TV 등은 프로덕트 이노베이션의 대표적 사례들이다. 그런데 문제는 선진국에서 개발도상국으로 자본과 기술이 이전되고 개발도상국들의 값싼 노동력을 제조업에 투입한다면 세계 시장에서 좋은 물건을 싸게 공급할 수 있다. 그 결과 선진국들은 적어도 매뉴얼화한 제조업 분야에서는 경쟁력을 잃고 대신 하이테크 제조업, 소프트웨어, 서비스업 분야에서는 비교 우위를 확보한다.

20세기 초에 16억 명이었던 세계 인구는 20세기 말에 60억 명을 넘어섰다. 2019년 현재의 통계에 따르면, 전 세계 인구는 약 77억 1,457만 명에 도달하였다고 한다. 그런데 전 세계 인구의 약 60%(약 43억 2천만 명) 정도가 아시아에 살고 있다. 2050년이 되면 전 세계의 인구는 1백억 명을 넘어설 것으로 예상된다. 이런 인구의 증가는 제조업 분야의 수요 증가를 가져와 프로세스 이노베이션이나 또는 프로덕트 이노베이션을 통하여 다양한 제품을 생산해 낸다. 프로세스 이노베이션을 통한 수요 창출에는 한계가 있기 때문에 지속적으로 프로덕트 이노베이션을 통한 잠재적 수요를 창출할 수밖에 없다. 따라서 자본주의는 이런 과정, 즉 프로세스 이노베이션이나 프로덕트 이노베이션 과정을 통하여 상업 자본주의에서 글로벌 자본주의로 변모한다.

2. 네트워크 체제 구축

네트워크(network)는 서로 정보를 주고받을 수 있는 길(path)이다. 네트워크 체제란 여러 개체가 서로 소통하면서 체계적 연결을 통하여 범주(category)를 만들어 가는 것을 말한다. 예컨대, 경제 네트워크, 정치 네트워크, 문화 네트워크, 복지 네트워크, 항공 네트워크, 인터넷 네트워크, 전문가 집단의 인적 네트워크 등 다양한 네트워크가 존재하면서 기능한다. 초기 자본주의에서는 기술혁신으로 인한 교통·통신망이 발달되지 않았기 때문에 다양한 네트워크이 기능할 수 없었으며, 지역과 국가의 경계를 뛰어넘지 못하는 폐쇄적 네트워크(closed network)가 주류를 이루었다. 그러나 산업혁명으로 인한 기술혁신은 폐쇄적 네트워크를 개방적 네트워크(open network)로 변모시켜 놓았다. 이것은 지역과 국경을 넘나드는 개방적 네트워크를 구축하게 된다는 의미이다.

개방적 네트워크가 구축되면서 세계 각 국가는 이념, 종교, 지역을 넘나드는 제조업의 생산 및 유통이 가능해졌다. 가장 싼 노동력을 바탕으로 제품을 생산하여 가장 비싼 지역이나 국가에 제품을 판매하는 유통망, 즉 유통 네트워크(circulation network)를 구축할 수 있게 되었다. 예컨대, 이태리 본사에서 만든 의류 디자인을 중국에서 생산하여 이를 미국이나 유럽의 소비자들에게 판매하는 형태이다. 또는 한국의 현대·기아자동차 본사에서 만든 자동차 디자인을 미국 조지아 주의 기아자동차 공장이나 앨라배마 주의 현대자동차 공장에서 생산하여 미국을 비롯한 NAFTA[7] 지역에서 판매하는 경우에 해당된다. 따라서 개방적 네트워크 구축이 글로벌 자본주의로 나아가는 데 촉매 작용을 하게 된 것이다.

---

7) NAFTA(North America Free Trade Agreement, 북미자유무역협정 또는 북아메리카 협정)는 미국, 캐나다, 멕시코 북미 3개국을 단일 시장으로 통합하는 세계 최대의 자유무역지대를 형성시킨 무역협정.

3. 글로벌라이제이션

글로벌라이제이션(globalization)은 정치 · 경제 · 사회 · 문화 등 다양한 전통과 제도가 다른 지구촌의 각 국가들이 지역과 국경을 넘어 인적 · 물적 자원의 교류 협력을 확대시켜 긴밀한 네트워크 관계로 발전해 나가는 것을 말한다. 이것은 인터넷을 포함한 정보통신 분야의 발전 및 교통(물류 포함)의 발전, 그리고 기술혁신 및 네트워크 체제 구축을 통하여 이루어진다.

글로벌라이제이션은 지구촌 200여 국가의 자유의 확대와 인권을 통하여 정치적 민주주의를 확장할 뿐 아니라 생활 수준의 향상을 포함하여 개별 국가의 경제 성장에 기여한다. 2011년 1월 초에 튀니지에서 일어난 재스민 혁명(Jasmine revolution)[8]은 이집트의 무바라크(Hosni Mubarak) 대통령의 하야를 가져왔으며, 리바아를 포함하여 아랍권 전체의 정치적 민주주의의 지평을 넓히는 데 기여하였다. 재스민 혁명 역시 글로벌라이제이션이 동인으로 작용하였다. 글로벌라이제이션이 급속하게 진행된 가장 큰 힘은 인터넷의 확산이다. 인터넷은 시간과 공간을 초월하여 개별 국가를 하나의 시스템으로 묶는 데 크게 기여하였다. 또한 정보통신 분야의 비약적 발전으로 지구촌 곳곳의 정보를 세계인들이 서로 공유하는 상황이 글로벌라이제이션을 가속화하는 데 일조하였다. 정보의 공유는 정치 · 경제 · 사회 · 문화 등 지역의 발전 격차 해소에 도움을 준다. 이유는 인간의 본능이나 욕구는 상향 지향적이기 때문에 아래로부터 위로 올라가려는 끊

8) 2010년에서 2011년에 걸쳐 튀니지에서 일어난 혁명으로 튀니지의 국가를 상징하는 꽃인 재스민의 이름을 명명하여 재스민 혁명 또는 튀니지 혁명으로 불린다. 혁명의 결과로 1987년부터 튀니지를 집권한 제인 엘아비디네 벤 알리(Zine el−Abidine Ben Ali) 대통령이 23년 만에 대통령직을 사퇴하고 사우디아라비아로 망명하였다. 재스민 혁명을 계기로 이집트, 리비아, 시리아, 예멘, 레바논, 중국 등에서 정치적 민주주의를 요구하는 국민들의 시위가 잇따르고 있다. 재스민 혁명의 발단은 2010년 12월 17일 한 청년의 분신자살, 2011년 1월 4일 사망, 18일간 생존)에서 비롯되었고, 이를 계기로 전국에서 시위(2011년 1월 5일 장례식을 계기로)가 일어났으며, 이를 강제 진압하는 과정에서 군부의 배반 또는 불복종으로 대통령이 사퇴(2011년 1월 14일 사우디로 망명)하여 정권 자체가 붕괴되었다. 재스민 혁명에서 가장 큰 힘을 발휘한 것이 페이스북, 유튜브, 트위터, 위키리크스 등 인터넷 매체이다. 그리고 정부 통신기기인 휴대폰 등의 힘이다.

임없는 정신적·물질적 노력이 인류의 발전을 가져왔으며, 이로 인하여 인류는 정신적·물질적 풍요로움을 누릴 수 있었다.

글로벌라이제이션은 미국의 자본주의를 통하여 물질적·경제적 측면에서 전 세계를 하나로 묶는 데 크게 기여하였다. 미국의 자본주의 체제를 수용하는 국가는 1945년 2차 세계대전 이후 놀랄 만한 고도 경제 성장(약 20년 동안 연평균 7~12%의 경제성장률 기록)을 이룩하였으며, 이로 인하여 한국은 1988년 올림픽을 개최할 수 있게 되었다. 1950년 전쟁의 폐허 더미 위에서 38년 만에 기적적으로 세계적 빅 메가 이벤트를 개최하는 저력이 미국의 자본주의의 경제체제를 받아들인 결과물로 나타났다는 것을 세계인들이 인식하였기 때문이다. 한국의 88 올림픽 이후 1989년 동구권의 몰락과 베를린 장벽의 철폐, 그리고 소련의 붕괴로 이어지는 일련의 돌발 사태는 세계의 모든 국가가 자본주의 경제체제로 나아갈 수밖에 없는 상황을 만들어 주었다. 중국 역시 자본주의 경제체제를 받아들이게 되었다. 덩샤오핑(鄧小平)의 위대함은 13억 중국인들에게 의식주 문제를 해결해 준 것이었다. 의식주 문제 해결의 단초는 자본주의 경제체제를 받아들일 때 가능한 것이다.

Ⅳ. 생태 자본주의의 운동 법칙[9]

첫째, 생태 자본주의는 생산력의 끊임없는 발전을 지향한다. 마르크스가 말한 생산력은 기술이나 생산 수단뿐만 아니라 노동 과정의 성격과 조직화도 일컫는다. 이것은 생산력이 직접 생산자–가장 넓은 의미에서 현대 노동계급의 성격

9) 자본주의 사회를 정확히 이해하기 위하여 몇 가지 개념을 살펴보는 것이 매우 유용하다. 계급이란 생산 수단에 대하여 같은 관계를 갖는 사람들의 집단이다. 어느 계급 사회(원시공산 사회에서 현대 사회에 이르기까지)에서나 두 개의 기본적이며 적대적인 계급이 존재한다. 생산 수단(생산을 위한 물질적인 필요 조건)을 소유한 계급과 소유하지 못한 계급이 그것이다. 전자가 후자를 착취할 수 있기 때문에 두 계급은 적대적이다. 착취(exploitation)란 개념은 비판적으로 사용되는 개념이지만 마르크스에 의하여 과학적인 의미를 갖게 되었다. 착취란 전자(지배계급)가

과 구조를 포함한다는 것을 의미한다. 오늘날 글로벌 자본주의의 요구에 대한 노동인구 및 노동력의 적응은 복지(사회)정책에 대하여 많은 함의를 지니고 있으며, 자본주의적 발전의 중요한 일부분임은 명백하다.

둘째, 생태 자본주의에서 자본 축적이 진행됨에 따라 자본은 소유(거대기업)

후자(피지배 계급)로부터 잉여노동을 수탈하는 과정이다. 피지배 계급의 총노동은 사회적 생산물을 생산하고, 단지 그 일부분만이 소비재 형태(식료, 주거, 의류, 연료 등)로 피지배 계급에 돌아가거나 획득된다. 잔여 부분은 지배 계급에게 전유되어 지배 계급의 구성원은 생산 수단을 축적하거나 호화 맨션을 짓거나, 사치품을 사거나, 대규모의 군대를 유지하는 등 다양한 목적을 위하여 그것을 쓴다. 피지배 계급인 생산자를 위한 필수소비재(생물학적 생존 유지 수준에서 말하는 것은 아니다)를 생산하는 데 투여된 총 노동시간을 필요노동이라 한다. 그리고 잔여 부분은 잉여노동이며 지배 계급을 위하여 제공되는 용역 및 재화는 잉여생산물이라고 한다.
생산양식이란 생산이 조직되는 방식과 잉여노동 및 잉여생산물의 생산과 착취가 일어나는 방식을 의미한다. 이것에 기초하여 마르크스는 (유럽에 해당하는) 자본주의에 선행한 두 가지 거대한 생산양식을 분석하였는데 노예제와 봉건제가 그것이다. 노예제 생산양식에서 기본인 생산활동은 신체가 주인에게 소유되어 있으며, 권리나 자유가 없는 노예 계급에 의하여 이루어지고 있다. 봉건제 생산양식에서의 생산활동은 영주의 특별한 의무에 대한 대가로, 농노는 영주에게 여러 날의 노동(또는 그에 상응하는 화폐나 현물을)을 제공하고 있다. 두 가지 생산양식(노예제와 봉건제) 모두에서 직접 생산자로부터의 잉여노동의 착취는 직접적이고 명백하였으나, 자본주의 생산양식에서는 대부분의 경우 직접 착취가 일어나는 것이 아니라 간접적으로 일어나고 있다.
생산양식에서 착취가 일어나기 위해서는 두 가지 조건이 충족되어야만 한다. 첫째 노동생산성이 생명과 건강을 유지하고 인구의 재생산을 위하여 필요한 최저한의 수준을 넘어야만 한다. 생산기술이 원시적이어서 직접 생산자의 생계만을 간신히 유지할 수 있다면, 착취 계급이 존재할 가능성은 없다. 둘째 한 계급이 생산 수단의 최소한의 일부분이라도 소유하고 지배하여야 할 뿐 아니라, 잉여노동의 생산물에 대하여 권리를 요구할 수 있는 지위에 있어야 한다. 이 두 가지 조건은 생산양식이 노동 과정의 조직화와 이 과정에서의 계급 사이의 사회적 관계 양자의 구조적 관계를 보여 준다. 생산양식은 생산력과 생산 관계의 구조화된 통일(structured unity)을 의미한다. 생산양식 – 한 계급이 다른 계급으로부터 잉여노동을 추출하는 방식 – 은 궁극적으로 전체 사회구조의 성격을 결정한다. 이러한 점에서 볼 때 중요한 결론은 국가의 형태 – 그 성격, 구조와 역할 – 는 그 사회의 생산양식이나 착취의 성격에 의하여 규정받고 있으며, 국가의 복지 작용도 또한 그러할 것이다. 모든 구체적인 사회(또는 사회 구성체)는 대개 한 가지 이상의 생산양식으로 구성되어 있다. 어떠한 사회의 계급구조라도 다른 생산양식에 속하는 계급구조가 존재하고 있기 때문에 모든 생산양식에 공통되는 이러한 이분법적 단순모델보다는 실제로는 훨씬 더 복잡하다. 더욱이 자본주의적 생산양식에서는 임금노동자와 봉급노동자라는 중요한 분화가 일어나며, 이것은 노동 계급과 중간 계급의 분화라는 것으로 잘 알려져 있다. 그러나 어떤 특정한 사회구성체는 서로 체계적 관계에 있는 몇 가지 생산양식으로 구성되며 그중에서 하나의 양식이 지배적으로 작용하고 있다. 예컨대, 현대 프랑스를 소농 계급이 존재함에도 불구하고 자본주의 사회라고 부르는 이유는 지배적인 생산양식 때문에 그렇게 부르고 있다. 지배적 생산양식의 계급들이 그 사회 안의 모든 계급에게 영향을 주며, 지배적 양식에 독특한 계급갈등이 다른 형태의 계급갈등을 지배한다. 현대 자본주의 사회에서 지배적인 계급 갈등의 대표적인 형태는 노동 – 자본 간의 갈등이다(Marx, 1966: 791 – 792).

의 측면에서나 생산(거대공장이나 복합사무실, office complex)의 측면에서 좀 더 큰 단위로 집중된다. 좀 더 커진 생산 단위는 최신 기술과 관련된 많은 자본비용을 조달하기 위하여 더 큰 재정 단위를 필요로 한다. 세계에 걸쳐 있는 다국적 기업의 성장은 이 과정의 최후 단계이다. 예컨대, 구멍가게→수퍼마켓→대형 할인매장→다국적 기업이 경영하는 초대형 할인매장으로 바뀌는 것이 이러한 과정의 반증이다.

셋째, 생태 자본주의적 생산양식의 운동 그 자체는 그 사회의 이전 생산양식을 해체시킨다. 소농적 방식의 농업은 근대적인 자본집약적 농업으로 변모된다. 장인(匠人)이든 지방 소매상이든 자영업자는 공산품과 수퍼마켓에 의하여 점차적으로 대체되며, 법률가나 회계사 같은 전통적인 전문직업인은 점차 소규모적 독립기업으로 운영하기보다 대기업에 고용될 수밖에 없게 된다. 그 결과 노동인구의 많은 부분이 프롤레타리아화(월급쟁이로 전락)된다는 것이다. 더 많은 사람이 타인에게 고용되며, 생계를 자신의 노동력 판매에 의존하게 된다. 물론 이것은 모든 계급의 구별이 사라지게 된다는 것을 의미하는 것은 아니다. 근본적으로 경제적 의미에서 계급구조가 자본과 노동의 두 집단으로 구분되는 경향이 있으며, 노동자 측은 절대 다수의 인구로 구성된다.

생태 자본주의는 자본주의 이전 사회(전자본주의 사회)의 생산양식을 어느 특정 사회에서 해체시킨 것과 마찬가지로 전 세계적 규모에서도 역시 마찬가지의 논리가 적용된다. 글로벌 자본주의는 역사상 처음으로 세계적 규모의 경제체제를 창출하였다. 자본을 축적하고 팽창하려는 끝없는 운동력, 자본주의가 발생시킨 생산력 부문의 끝없는 발전 등 글로벌 자본주의의 운동은 다른 모든 경제체제가 생태 자본주의 앞에서 소멸 내지 용해된다는 것을 의미한다.

이것은 주도적인 자본주의 세력이 나머지 세계를 그 식민지로 분할하였던 19세기 말의 제국주의 발전에서 생생하게 볼 수 있다. 어떤 사람들은 이것을 자본주의가 군사력으로 세계 지배를 확립하였다고 오해할 수도 있으나, 좀 더 근본적인 의미에서 이것은 전 세계에 걸쳐 이전 생산양식(농업을 주업으로 하는 생산 방식)을 파괴한 가치 법칙 또는 시장의 경쟁력이 그렇게 만든 것이다. 예컨대, 인도의 방적기기는 군사력이 아니라 궁극적으로는 좀 더 생산적이고 비용이 적게 드는 자본주의적 산업에서 나오는 경제적 경쟁의 압력에 의하여 사라졌다. 이런 방식으로 세계 자본주의 체제가 19세기 말에 확립되었다. 이것 역시 여러 면에서 복지국가에 직접적인 영향을 미쳤다는 점에 주목하여야 한다.

생산력의 발달, 자본의 집중, 전(前)자본주의적 생산양식의 해체, 세계경제 체제의 확립 이 모든 것은 자본 축적이라는 운동력의 결과이다. 중요한 점은 이 모든 것이 그 자체의 자율성과 운동력을 가지고 있는 체제의 계획되지 않은 결과라는 것이다. 개인은 그가 자본가이든 노동자이든 생태 자본주의 경제체제 아래서 모두가 이윤 추구자가 되어야 한다는 것을 의미한다. 생태 자본주의의 비밀은 정치경제학자들이 파악하였던 바와 같이 아무도 그것을 계획하지 않고 있다. 계획하지는 않지만 자본주의 경제체제가 나가는 방향을 미루어 유추해 볼 수 있다. 생태 자본주의적 생산양식이 존속하는 한 그것들(자본주의적 운동 법칙)을 없앨 수는 없다. 우리가 염두에 두어야 할 점은 이러한 과정을 통하여 나타난 역사적 패턴이 주는 교훈이다. 국가・조직・집단・개인의 발전은 생태 자본주의의 거대한 물결의 흐름과 조응하여야 된다. 생태 자본주의의 흘러가는 물결을 정확히 직시하고 여기에 동승하지 않게 되면, 생태 자본주의의 운동 법칙에 의하여 방향을 잃고 미로를 헤매거나 점차 사라지게 된다.

다른 각도에서 고찰해 보면, 사회복지에 대한 국가의 개입 형태나 정책이 국가마다 달리 나타나는 이유는 대부분의 경우 생태 자본주의의 발전 과정이나 방향, 그리고 발전 속도가 국가(공동체)마다 다르기 때문이다. 원인이야 어떻든 자본주의라는 용광로 속에서 각 국가의 정책, 제도, 규정이 만들어지고 있지만, 여기에 영향을 미치고 있는 요인들 중의 하나가 모태문화(母胎文化)라는 사실을 눈여겨보아야 한다.

Ⅴ. 생태 자본주의의 발전과 복지정책

생태 자본주의의 자율적인 운동력은 복지국가(공동체)에 대한 분석의 출발점이 된다. 자본의 축적 과정은 복지정책의 새로운 영역에 필요(needs)와 요구(requirements)를 계속 발생시킨다. '필요'라는 말을 사용할 때 이것은 인간의 욕구(need)뿐만 아니라 특정 사회의 발전 단계에서 생태 자본주의적 생산양식이 반영되어야 한다는 것을 의미한다. '요구'는 복지정책은 노동자 계급의 주장이 반영되는 것이라는 개념만으로 단순히 설명되지 않고, 여러 가지 요소의 복합적인 상호 작용에 의하여 결정된다는 사실이다. 이러한 점을 고려해 여기서는 생태 자본주의 사회에서 복지제도[10]가 발달한 원인을 다양한 시각에서 살펴보기로 하자.

플로라(Peter Flora)는 생태 자본주의 사회에서 복지제도가 발달한 원인으로 ① 자본주의 경제, ② 산업사회, ③ 민족국가, ④ 대중 민주주의, ⑤ 인구 성장 등을 들고 있다(Flora, 1982: 366). 미쉬라(Rarnesh Mishra)는 ① 산업화, ② 자본주의의 발달, ③ 노동운동 등을 제시하며(Mishra, 1981: 110－119), 고흐(Ian Gough)는 ① 임금노동자 비율의 증가, ② 기술의 변화, ③ 노동분업과 교육 기회의 확대, ④ 도시화 등을 들고 있다(Gough, 1979). 여기서는 자본주의 사회에서 복지제도의 확립에 영향을 미친 요인을 첫째 산업화, 둘째 자본주의 경제체제의 발

10) 영국에서 사회복지는 social service라고 부르며, welfare는 welfare state로서 쓰이는 일이 많다. 영국은 사회보장제도를 확립하는 데 국가의 책임 아래 사회적 서비스를 제공하였기 때문에 스스로를 복지국가라 부르고 있다. 미국은 사회복지를 개인의 잠재력 개발에 초점을 맞추고 있으며, 개인에게 도움을 주는 사회적 서비스와 제도의 체계로 간주한다.
*사회복지와 사회보장과의 관계는 어떻게 설정되는가?
1. 목적 개념으로서의 사회복지: 인간의 삶의 질을 향상시킴, 즉 인간다운 생활을 영위하기 위한 인간의 복지
2. 목적을 달성하기 위한 현실적인 수단(실체)으로서의 복지
   1) 사회보장: 공적부조, 사회보험을 중심으로 하는 경제적 생활 보장
   2) 사회복지사업: 특수한 욕구(need) 문제에 대응하는 서비스, 예컨대 노인복지사업, 장애자 복지사업, 아동복지사업 등
   3) Case Work 및 Social Work: 사회보장 및 사회복지사업의 전문기술

전, 셋째 노동운동의 확산 등을 들고, 이것을 중심으로 기술하고자 한다.

1. 산업화

산업화는 생태 자본주의 발달에서 가장 두드러진 변화이다. 산업화란 새로운 과학기술과 지식의 발달이다. 에너지원의 전환(축력과 인력에서 기술 에너지로 전환) 및 에너지 형태와 응용의 전환이다. 이러한 과정이 자본주의의 발전과 매우 밀접하게 연결되어 있다(Etzioni-Halevy, 1981: 98).

산업화가 시작되기 400년 전만 해도 어떠한 변화가 생겨나지 않았다. 15~16세기에 수력 및 풍력 에너지 이용의 발명과 더불어 초기적인 변화가 나타났지만 이것의 영향력은 미미하였다. 대량의 급속한 변화가 일어난 것은 산업혁명이라 부르는 18세기 후반에서 19세기 초에 이르러서이다. 과학적 발전으로 나타난 결과의 활용 그리고 자본주의 기업조직과 해외무역을 통하여 거두어들인 막대한 자본으로 영국을 포함한 유럽 제국은 산업화의 중심국으로 등장하였다(Etzioni-Halevy, 1981: 98).

산업화가 진전되면서 나타난 특이한 현상으로 농업에 종사하던 사람들이 가족 단위의 생산구조에서 분리되어 노동시장으로 진출하게 되었다(Mishra, 1981: 110). 노동자와 가족들은 노동시장이 있는 공업도시로 유입됨에 따라 도시 빈민가가 새로이 형성되었다. 인구의 과잉 밀집, 불결한 급수 사정, 보건위생의 결여, 전염병 등으로 인하여 노동자들은 이곳에서 생활하기에 어려움을 겪었다. 생계비에 미달하는 임금으로 인하여 부녀자와 어린이들까지 일자리를 구하러 나서게 되었으며, 작업 조건 역시 열악하지만 직업 안정이나 실업수당 같은 것은 존재하지 않았다. 노령이나 작업 중 사고로 무능력해진 노동자는 보상받기는커녕 번번이 해고되었다(Etzioni-Halevy, 1981: 102). 이들은 실업과 질병, 산업재해 등의 위험에 무방비 상태로 방치된 채 노출되어 있었으므로 노동자들의 소득보장 및 생활 보장이 주요한 사회 문제로 등장하게 되었다(Mishra, 1981: 110).

산업화 시기를 특징짓는 또 다른 변화는 인구 성장과 도시화이다. 인구 성장 중에서도 노령인구의 증가는 산업화 과정의 대표적인 특성이다. 산업화가 진행됨에 따라 노인들의 생계 유지 문제가 자본주의 사회에서 큰 비중을 차지하게 되었다(Wilensky, 1975: 24−26). 산업도시의 급속한 성장은 도시지역의 활동에 대한 통제의 필요성과 함께 주택이나 오락시설, 사회간접자본 등을 국가가 직접 공급하여야 될 필요성을 증가시키게 되었다. 예컨대, 영국의 경우 도시계획에 대한 적극적인 법률인 주거 및 도시계획법(Housing and Town Planning Act)이 1909년에 제정되었고, 제1차 세계대전 이후에는 국가가 직접 주택을 공급하기 시작하였다(Gough, 1979). 이러한 사실로 미루어 볼 때 자본주의 사회는 산업화로 나타나는 여러 가지 문제점을 보완하는 제도적 장치로 사회복지제도의 발달을 가져오게 되었다.

2. 자본주의 경제체제의 발전

자본주의 경제체제의 보편적인 특징은 농부, 상인, 소상인, 전문직 등 자영업자의 비율이 줄어들고, 임금(봉급) 노동자의 비율이 증가되는 것을 말한다. 자본주의 경제체제에서 대부분의 사람은 독립적인 자영업자가 되기보다 다른 사람에게 고용되는 피고용자, 즉 노동자로 전락된다(Gough, 1979). 노동자는 자본가와는 달리 고통스럽거나 어려운 시기에 활용할 수 있는 자본을 소유하고 있지 못하기 때문에 노령이나 질병 같은 위험에 그대로 방치될 수밖에 없게 된다.

자본주의는 실업이라는 또 하나의 예견하지 못한 불의의 위험을 발생시킨다. 예컨대, 불완전 고용, 계절적 실업, 임시고용 등이 그것이다. 이러한 경우가 발생할 때 노동자들은 어떠한 생산활동에도 참여하지 못하게 된다. 이것은 자본주의가 가지고 있는 특이한 현상이다. 자본주의 사회에서 임금노동자(샐러리맨)가 되는 상태 그 자체는 어떤 이유에서든 임금을 받을 수 없는 위험한 상황에 처할 수 있다는 것을 말해 준다(Gough, 1979). 이러한 점을 고려해 볼 때 자본주의 사회에서 복지제도의 발달은 궁극적으로 자본주의 경제체제의 발전과 맥을 같이 하고 있음을 알 수 있다.

3. 노동운동

자본주의 사회에서 복지제도의 발달 과정이 국가마다 다른 점은 노동조합의 조직화 정도와 노동당(사회민주당)의 출현 과정의 차이 때문이다. 프리오(Frederic L. Pryor) 역시 복지제도의 발전에 크게 영향을 미친 것은 노동조합과 노동운동의 결과라고 본다(Pryor, 1968: 172-173, 473-475). 노동운동은 여러 가지 면에서 복지제도의 발달과 밀접하게 연관되어 있다. 첫째, 노동운동의 성장과 조직화에 대하여 기존의 지배 계급은 이를 자본주의 체제의 잠재적 위협으로 보고 개혁정책과 복지제도의 도입을 적극적으로 추진하게 되었다. 예컨대, 비스마르크(Otto E. L. von Bismarck)의 사회입법과 영국의 에드워디언(Edwardian) 사회법안이 그 실례이다. 둘째, 지배 계급은 복지입법을 사회주의에 대한 해독제로 보았다. 복지입법이 사회주의의 확산을 막는 데 도움이 되는 것으로 생각하였다(Mishra, 1981: 113). 셋째, 노동자들이 노동운동을 통하여 성취한 복지입법은 노동자들의 생활의 질을 향상시키는 데 기여해 왔다. 사회 민주주의의자들은 복지입법을 적극적으로 지지하고 있으며, 스웨덴, 영국, 뉴질랜드와 같은 사회민주당 정권은 복지입법을 통한 사회복지 서비스의 확대를 노동자들의 저항 의식을 잠재우는 사회 변화의 주요 전략으로 이용해 오고 있다(Satch, 1966: Ch.9-10; Hufford, 1973: 2-3; 19-22).

에치오니 할레비(Eva Etzioni-Halevy)는 강력한 노동운동의 압력과 함께 진보주의적인 중간 계급(계층)의 영향력이 노동자들의 작업 조건과 사회복지의 현저한 개선을 가져오는 데 기여해 왔음을 밝히고 있다. 그는 자본가 계급이 복지제도의 도입을 반대함에도 불구하고 점진적으로 노동시간을 단축시키고 아동노동을 제한하고 사회복지를 증진시키는 법률이 제정된 것은 노동운동과 진보주의적 중간 계급의 역할이라고 보고 있다(Etzioni-Halevy, 1981: 105).

영국의 경우 역사상 실효성 있는 공장법의 등장은 1833년 공장 규제법(Factory Act)과 더불어 시작되었다. 공장 규제법은 9세 미만의 아동은 방직공장에 고용할 수 없게 하였으며, 13세 이하의 아동은 하루 9시간 이상 노동을 시켜서는 안 된다는 법률을 시행하도록 감독관을 임명하였다. 이 법의 내용은 오늘날의 기준으로 보아서는 아주 미흡하나 당시로서는 획기적인 것이었다. 1844년, 1847년의 법령은 여성 노동자를 규제하기 위한 규제법이었다. 아동 고용을 제한하는 공장 규제법보다 더 중요한 것이 1870년경 교육법(Education Act)에 나타난 의무교육에 관한 규정이었다(Etzioni-Halevy, 1981: 106). 이러한 법이 제정되고 난 이후, 상당한 시간이 경과하고 나서 노동시간을 단축하는 법률이 유럽 전역에서 제정·실시되었으며, 그 결과 자본주의 사회에서 복지제도의 발전에 크나큰 진전을 보게 되었다.

Ⅵ. 복지국가(공동체)란 무엇인가?

1. 공동체의 의의

공동체의 사전적 의미는 같은 생각, 이념, 목적을 가지고 있는 단체나 집단을 말한다. 원래 공동체란 산업혁명 이후 산업사회의 폐해를 지적하는 과정에서 자연스럽게 농촌 공동체의 촌락을 지칭하는 개념으로 등장하였다. 그러나 최근 공동체의 개념은 환태평양 공동체, 남북경제협력 공동체, 동아시아 공동체, 복지 공동체 등 매우 광범위한 의미[11]로 사용된다.

---

11) 공동체는 동일한 이념이나 목적을 갖고 있는 1차 집단의 동질적인 구성원들이 모여 집단이나 단체를 만들어 같은 목표를 추구할 때 사용되는 개념이기도 하고, 반면 이질적인 구성원들이 모여 미래의 가치나 희망을 캐치프레이즈로 내걸면서 이러한 목표를 달성하기 위하여 단체나 집단을 결성할 때 사용한다. 전자의 경우에는 촌락 공동체, 후자의 경우에는 환태평양 공동체 등이 있다. 그런데 복지공동체는 전자 및 후자의 특성을 모두 포함하고 있다.

여기에서 이야기하는 복지 공동체의 개념은 농촌 공동체나 촌락 공동체처럼 1차적 집단의 특성을 갖고 있는 과거의 공동체를 말하는 것이 아니라 공동체의 가치, 참여, 협력적 행위, 아이덴티티, 그리고 내생적 자원의 활용 등의 특성을 갖고 있지만 그 범위는 광범위하게 정의되는, 즉 예컨대 동아시아 복지공동체, 남북한 복지공동체같이 어떤 경우에는 국가를 의미하고 다른 경우에는 국가의 범위를 넘어서는 측면까지 포함하는 공동체를 말한다.

2. 공동체의 특성

1) 공동체 가치

공동체 가치(community value)는 최고선(最高善, common good)이나 비전(vision)을 말한다. 최고선이나 비전은 공동체가 나아갈 방향을 제시해 주는 역할을 한다. 원래 구성원들은 서로 다른 생각이나 이념을 갖고 공동체 활동에 참여한다. 서로 다른 생각이나 이념을 갖고 공동체 활동에 참여하기 때문에 잘못하면 공동체는 방향을 잃고 미로를 헤맬 수 있다. 미로를 헤매는 공동체를 하나로 묶어 주는 버팀목이 최고선이나 비전이다. 최고선이나 비전을 통하여 구성원들은 동일한 생각을 갖게 된다. 다시 말해서 구성원들의 생각이 같은 방향으로 나아갈 수 있다. 최고선이나 비전은 공동체 구성원들의 명시적 · 묵시적 동의를 얻어 공동체 운영에 반영되며 내재화 과정을 거친다. 이러한 절차와 과정을 거친 최고선이나 비전은 공동체 구성원들의 심리적 내면으로 들어가고 구성원들은 이를 실현시키기 위하여 끊임없이 노력한다.

국가 발전에서 공동체 가치가 갖는 중요성은 아무리 강조하여도 지나치지 않다. 공동체 가치가 국가 발전의 버팀목으로 자리 잡고 있어야 정부가 흔들림 없이 국가 발전의 비전을 실현시킬 수 있다. 국가 발전의 비전이 국민들에게 스며들거나, 공동체가 지향하는 가치를 국민들이 내재적으로 체득하고 있으면 국가 발전에 대하여 자연스럽게 컨센서스를 마련한 것이나 마찬가지이기 때문에 정부는 국가 발전의 전략을 추진하기가 매우 용이하다.

2) 참여

참여(participation)는 공동체 발전의 중요한 요소이다. 공동체 발전의 중요한 요소인 참여는 구성원들이 자발적으로 어떤 카테고리 속에 들어와 문제를 해결하겠다는 의사나 의지를 행동으로 보여 주는 것이다. 공동체 구성원들의 참여가 없다면 공동체 속의 문제는 영원히 해결되지 않고 숙제로 남는다. 참여는 공동체 속의 내적인 문제 해결에도 기여하지만 공동체 밖의 집단과 집단 간에 나타나는 갈등 문제의 해결에도 이바지한다. 예컨대, 자본가와 노동자 간, 대기업과 중소기업 간, 그리고 중앙정부와 지방정부 간의 갈등 역시 참여를 통하여 해결할 수 있다. 집단 간의 대표자가 선출되고 집단을 대표하는 대표자 간의 참여 정신, 즉 대화와 타협을 통하여 문제를 풀어 가면서 원만하게 이를 해결할 수 있다.

국가(공동체) 발전에서 참여가 갖는 의미는 매우 중요하다. 지역주민들이 국가 발전에 자발적으로 참여하는 문화가 형성되어 있으면, 정부는 국가 발전을 추진할 수 있는 정당성의 근거나 힘을 갖게 된 것으로 생각할 수 있다. 이러한 정당성이나 힘을 바탕으로 정부가 국가 발전에 관한 정책이나 전략을 수립한다면 자연스럽게 공동체 구성원들의 참여로 이어져 국가 발전을 앞당기는 동인으로 작용할 것이다.

3) 협력적 행위

협력적 행위(cooperative action)란 단체나 구성원들이 목표를 향하여 나아가는 공동의 노력이다. 조직이나 단체가 만들어지면 구성원들 간에 가장 먼저 하여야 할 일은 공동의 노력, 즉 협력적 행위를 어떻게 이끌어 내느냐이다. 조직이나 단체의 목표를 달성해 가는 방법에는 여러 가지 수단과 전략이 있겠지만 그 중의 하나는 수직적 · 수평적 협력 행위를 만들어 낼 수 있겠느냐 하는 점이다.

공동체 발전의 필수 요소 중 하나인 협력적 행위는 조직에서 알파요 오메가이다. 협력적 행위가 수반되지 않는 조직이나 단체는 조직 발전의 가능성이 매우 낮게 나타날 가능성이 있다.

협력적 행위는 공동체의 목표 달성에 기여할 뿐 아니라 정부, 기업, 그리고 시민사회를 연결하는 매개체의 역할을 하기도 한다. 기관과 기관, 단체와 단체, 집단과 집단을 수평적으로 연결시키는 고리의 기능을 공동체 특성 중 하나인 협력적 행위가 하고 있다. 정부가 기업이나 시민사회를 도외시하고 어떤 일을 수행할 수 없는 것처럼 기업 역시 정부와 시민사회를, 그리고 시민사회 역시 정부와 기업을 협력적 행위자로 인정하지 않고서는 어떤 일도 진행시킬 수 없다. 이런 점에서 협력적 행위는 공동체의 내적인 발전뿐 아니라 외적인 발전을 위해서도 매우 중요한 요소이다.

국가(공동체) 발전에서 협력적 행위는 매우 중요하다. 국가 발전의 비전이 있고, 비전을 실현시키기 위하여 공동체 구성원들의 참여가 이루어지면 이를 하나로 묶어 내는 협력적 행위가 있어야 한다. 우리 속담에 구슬이 서 말이라도 꿰어야 보배라는 말이 있듯이 협력적 행위는 바로 꿰는 기능이나 역할을 한다. 따라서 협력적 행위는 비전이나 참여 못지않게 국가 발전의 중요한 요소로 자리 잡고 있다.

4) 아이덴티티

아이덴티티(identity)는 심리학에서 주로 나 자신의 특성을 지칭하는 말이다. 이것은 '나다움', '우리다움' 등 인간의 정신적·심리적 측면을 나타내는 용어를 의미하는데, 이제는 집단이나 단체, 도시나 국가 등 그룹이나 단체의 특성을 형상화시키는 용어로 이것이 사용되기도 한다. 공동체 발전에서 아이덴티티는 집단의식이나 정신, 혼(魂) 등 주로 공동체의 목표를 달성하기 위하여 집단적인 의식화 과정을 통하여 구성원들을 하나의 방향으로 몰아가는 의미로 사용된다. 따라서 아이덴티티가 갖고 있는 긍정적인 요소는 아이덴티티가 집단정신을 일깨워 이것이 조직구성원들에게 내적인 잠재 역량을 발휘해 공동체 발전에 이바지할 수 있는 기회 요인으로 작용한다는 점이다.

특히 공동체 발전에서 아이덴티티는 공동체의 정체성을 나타내는 용어로 사용된다. 공동체의 정체성이란 그 공동체의 문화·역사·전통의 토대 위에서 유형·무형의 자원을 가지고 과학기술의 접목을 통하여 만들어지는 추상적 이미지를 말한다. 다시 말해서, 추상적 이미지에다 과학기술을 접목시켜 새롭게 형상화시켜 놓은 것이다. 공동체의 정체성은 눈에 보이는 가시적 성과물일 수 있고, 단지 정신적 구조물일 수 있다. 예컨대, 눈에 보이지 않는 아이덴티티는 선비정신, 동양의 정신, 유교정신 등이 있으며, 눈에 보이는 아이덴티티는 민주광장, 에펠탑, 스페이스 니들(space needle: 타워 전망대) 등을 들 수 있다. 이런 아이덴티티를 만드는 작업이 가시적이든 아니든 관계없이 이루어져야 진정한 공동체 발전이나 공동체 발전의 철학이 존재하는 것이다.

5) 내생적 자원

내생적 자원(internal resource)이란 공동체 발전에 중요한 요소인 인적 자원과 물적 자원을 의미한다. 공동체가 어느 정도 발전할 가능성이 있느냐의 여부는 내생적 자원의 존재나 활용도에 달려 있다. 내생적 자원이 많이 존재하고 그 활용도가 높으면 공동체는 자연스럽게 발전한다. 공동체 발전 역시 마찬가지의 논리가 작용한다. 공동체 발전에서는 내생적 자원을 산업으로 연결시켜 나갈 수 있는 추진력과 아이디어가 있느냐가 매우 중요하다.

공동체 발전에서 내생적 자원을 활용하기 위해서는 첫째, 자원조사를 통하여 이것들이 지연산업(地緣産業)으로 바뀔 가능성이 어느 정도인지를 살펴보아야 하고, 둘째, 어느 정도의 산업 파급 효과(시장 수요, 고용 창출 및 전후방 산업 연관 효과)를 갖고 있는지를 탐색해 보아야 하며, 셋째, 공동체의 내생적 자원이 국가 전략산업으로 탈바꿈될 가능성이 높은지 등을 꼼꼼히 따져 보아야 한다. 이런 과정을 거쳐 공동체의 내생적 자원이 여러 가지 과정을 거쳐 국가 전략산업으로 바뀐다면 공동체를 위해서는 매우 바람직한 일이 될 것이다.

3. 복지국가(공동체)

복지국가(공동체, Welfare State, Welfare Community)에 대한 『옥스퍼드 영어사전(*Oxford English Dictionary*)』의 사전적 정의는 "국가(공동체) 구성원 모두의 적절한 생존과 제반 유리한 조건을 보장할 수 있도록 구성되어 있는 체제"라고 되어 있다. 복지국가(공동체)란 용어는 제2차 세계대전 중 1941년 영국 요크(York) 시의 주교(主教)였던 윌리엄 템플(William Temple)이 최초로 사용한 것으로 알려져 있다. 그는 국가활동의 절대 목표를 전쟁 수행에 집중시킨 나치 독일을 무력국가 또는 무력공동체(power state, power community)라고 부르면서, 그러한 국가(공동체)는 반드시 패망하여야 한다고 주장하였으며, 반면 인간의 가장 이상적인 국가(공동체)는 국민의 복지 향상을 국가 최고 목표로 생각하는 복지국가 또는 공동체(welfare state, welfare community)라고 말하고 있다. 복지국가(공동체)의 실천 내용에 관한 연구는 리처드 버틀러(Richard Butler), 윌리엄 베버리지(William H. Beverdige), 어나이린 베번(Aneurin Bevan)과 같은 학자들로 이어졌고, 그 결과물은 제2차 세계대전 후의 영국 노동당 집권 시 출범한 영국 복지국가(공동체)의 기초를 마련하는 데 도움을 주었다.

복지국가(공동체)란 말이 무엇을 의미하느냐에 대해서는 의견이 분분하다.

첫째, 복지국가(공동체)란 말이 지닌 가치 선택적 속성에 기인한다. 논자들은 제각기 자신의 가치관에 입각하여 복지국가(공동체)의 개념을 규정하려는 경향이 있다.

둘째, 복지국가(공동체)의 개념은 단일 개념으로 간주할 수도 있고 복합 개념으로 간주할 수도 있으며, 그에 따라 의미가 다소 다를 수 있다.

셋째, 복지국가(공동체)의 개념은 이데올로기적인 속성을 탈피할 수 없다. 이데올로기적인 속성이란 예컨대 자본주의의 틀 속에 사는 사람은 자본주의 체제와 관련하여 복지국가(공동체)의 개념을 규정한다.

넷째, 복지국가(공동체)의 개념은 실존 세계의 변동 과정을 반영하는 기술 개념으로 취급될 수도 있고, 미래의 상태를 표방하는 당위 개념으로 취급될 수도 있다.

다섯째, 복지국가(공동체) 개념은 편의에 따라 독립변수인 수단 개념으로 간주될 수도 있고 종속변수인 목적 개념으로 간주될 수도 있다.

이상과 같은 여러 가지 이유 때문에 복지국가(공동체)의 개념은 실로 다양하게 규정된다.

복지국가(공동체)의 개념이 오늘날 정치학, 행정학, 사회학, 사회복지학 등의 중심 개념으로 일반화되었지만 이에 대한 해석은 다양하다. 데이비드 매시(David C. Marsh)는 복지국가(공동체)란 많은 사람에게 물질적 혜택을 제공하여 주는 것을 목적으로 하는 체제라고 정의(Marsh, 1980: 1)하고, 애덤 브릭스(Adam Briggs)는 공인된 사회적 사고로부터 시민을 보호하기 위하여 직접 개입하는 국가(공동체)를 복지공동체로 본다(Briggs, 1961: 191). 토머스 마셜(Thomas H. Marshall)은 복지국가(공동체)는 자본주의의 시장경제를 부정하지 않고 다만 시장을 제한하거나 대치함으로써 획득할 수 있는 중요한 요소가 있기 때문에 인정된 것이라고 본다. 복지국가(공동체)의 특징은 개인주의와 집합주의이다. 전자는 개인이 복지를 받을 절대적 권리를 말하는 것이고, 후자는 국가(공동체)가 전체 공동사회를 형성하고 안전하게 하기 위한 의무를 지고 있다는 것을 나타낸다(Marshall, 1963: 246-284).

손(Peter Thones)도 이와 유사한 견해를 피력하고 있다. 그는 복지국가(공동체)란 이전의 자유주의 공동체와 사회주의 공동체의 혼합된 새로운 사회 형태라고 간주한다(Thones, 1966: 127). 이것은 또한 사회복지의 파시스트와 공산주의 형태와도 구별된다. 왜냐하면 복지국가(공동체)는 민주주의의 특징을 갖고 있지만 집단주의를 덜 강조하고, 자본주의의 수정 형태를 받아들이면서도 사유재산과 이윤 동기라는 두 가지 기본적 요인을 갖고 있기 때문이다. 자본주의 사회에서 복지활동은 자본주의 체제의 생존을 위한 필수 조건이다. 복지국가(공동체)란 자본주의의 생산체제를 유지하면서 시민에게 집단적 사회 보호를 보장하고, 민주정부가 지원하는 복지제도에 의하여 특징지어지는 것이다. 여기에서 국가(공동체)라는 말의 사용은 사회적 측면에서 공동체에 의하여 행하여지는 능동적 부분을 인정한 것이다. 따라서 그는 복지국가(공동체)를 민주정부의 복지 체계에 의하여 틀 지어진 사회의 형태로서 자본주의의 생산 체제의 유지와 더불어 시민들에게 집합적 사회 보호의 보상을 제공하는 것으로 보고 있다(Thones, 1966: 125-143).

모리스 브루스(Maurice Bruce)는 복지국가(공동체)는 사회주의, 공산주의의 정치제도가 아닌 개인과 공공복지의 최저 수준을 위한 사회적 책임의 체계로서 사회보장국가의 수준에서 취급되고 있다고 보고 있으며(Bruce, 1961: 293), 윌리엄 롭슨(William Robson)은 복지국가(공동체)란 어느 특정한 계층의 이익이 아닌 전체 사회의 행복에 전념하는 것이라고 정의하면서 그 범위를 부의 분배, 소득 수준, 환경 문제, 직업의 만족도, 여가와 오락, 건강, 교육, 주택 등의 문제를 포괄적으로 다룬다고 한다(Robson, 1967).

이처럼 복지공동체의 개념은 실로 다양하게 규정될 수 있지만 개념상의 공통성이 전혀 없는 것도 아니다.

첫째, 복지국가(공동체)는 마르크스주의처럼 자본주의 체제를 부정하는 혁명을 통하여 이루어지는 것이 아니고, 자본주의가 갖고 있는 구조적 모순을 제거하여 이를 시정하고자 하는 수정 자본주의의 입장이며, 더 나아가 민주사회주의를 지향한다.

둘째, 복지국가(공동체)는 단지 어떤 특정한 계층에게만 혜택을 베풀어 주는 것이 아니라 전체 국민에게 혜택을 공평하게 나누어 주려고 하기 때문에 절대빈곤의 퇴치, 최저 소득의 보장을 넘어서 불평등 문제까지도 관심을 갖는다.

셋째, 자본주의의 모순을 극복할 수 있는 주체는 비공식조직, 사조직 등과 같이 사적(私的)인 이해 관계를 갖고 있는 조직이 아니라 공적(公的)인 이해 관계를 가지고 있는 국가(공동체)이다. 브릭스는 현대 산업 사회에서 사회복지가 가족, 교회, 박애사상, 상호부조 정신, 근린 사회 등에 의하여 이루어지기보다 복지국가(공동체)에 의하여 수행되는 것이 바람직하다고 주장하면서 복지 분야에 대한 국가(공동체) 개입의 정당성을 주장한다. 그 이유로서 첫째, 국가(공동체)는 경제력과 사회력을 조화시킬 수 있는 힘(strength)이 있고, 둘째, 유용한 자원에 대한 적절한 평가와 전문지식에 입각하여 효과적 기술(technology)을 사용할 수 있으며, 셋째, 국가(공동체)는 비능률적인 요소를 제거하여 능률적인 사회를 형성할 수 있는 능력(capacity)을 갖추고 있기 때문이다(Briggs, 1961).

이상의 논거를 토대로 복지국가(공동체)는 자본주의의 틀 속에서 이의 구조적 모순을 해결하기 위한 공동체 개입의 정당성이 부여되며, 빈곤의 퇴치, 불평등의 완화, 인간다운 생활을 누릴 수 있는 권리 등 사회구성원들의 복리 증진을 위한 공식적이고 명확한 책임을 사회보다 복지국가(공동체)에 요구하는 것이 제도적으로 보장된 체제라고 규정해 볼 수 있다.

문•제•풀•기

1. 생태 자본주의의 특성을 설명하시오.
2. 생태 자본주의와 인간의 본성 간의 관계를 설명하시오.
3. 생태 자본주의의 운동 법칙을 설명하시오.
4. 생태 자본주의 사회에서 복지정책이 발전한 이유를 설명하시오.

제 6 장

글로벌 거버넌스와 창조경제: 문화산업을 중심으로

I. 들어가는 말

글로벌 거버넌스에서 창조경제(creative economy)의 개념이 화두로 등장하였지만 이것이 무엇을 의미하는지는 논자에 따라 의견이 분분하다. 창조경제란 무엇인가? 매우 어려운 질문이지만 단순하게 생각해 보자. 창조경제란 창조(creative)와 경제(economy)의 합성어이다. 먼저, 창조의 개념 속에는 여러 콘텐츠가 내재되어 이것이 창조이다 하고 똑 부러지게 이야기하기 어렵다. 이유는 창조경제는 철학적이면서도 실용적 개념을 모두 함축하고 있으므로 어디에 초점을 맞추느냐에 따라 다양한 해석이 가능하기 때문이다. 그러나 상식적인 수준에서 생각해 보자. 창조란 무언가 새로운 것을 만드는 개념이다. 무언가 새로운 것을 만들어야 하기 때문에 이것은 아무래도 창의성[1]과 자연스럽게 연결된다. 그

1) 창의성이란 여러 분야에서 회자되는 용어이지만 이것 역시 똑 부러지게 설명하기 어렵다. 그렇지만 창의성 개념 자체가 파악되지 않는 것은 아니다. 창의성이란 용어를 가장 많이 사용하는 분야는 아무래도 교육학 분야일 것이다. 이유는 창의성은 인성과 더불어 인재 양성의 하나의 축으로 커다란 역할을 하기 때문이다. 따라서 창의성을 갖고 있는 인재가 많으면 많을수록 여러 분야에서 특별한, 기발한, 그리고 생각지도 않은 새로운 어떤 것을 만들어 낼 수 있기 때문에 이것은 원천적으로 탁월한 아이디어와 연결된다. 창의적 인재는 탁월한 아이디어를 갖고 있는 사람일 가능성이 있다. 탁월한 아이디어를 갖고 있는 사람이 과학기술의 도움을 받거나 또는 과학기술과의

런 이유로 창조의 개념이 종종 창의성과 동일하게 사용되기도 한다. 다음으로 경제는 우리가 너무 잘 알고 있는 개념이기 때문에 더 이상 언급하지 않았으면 한다. 따라서 창조경제란 좁게는 기존의 틀을 벗어나 새로운 경제 패러다임을 만들어 국가 발전에 기여하자는 것이며, 넓게는 국가의 새로운 성장 동력을 정치·경제·사회·문화·과학 기술·디자인·스포츠 등 다양한 분야에서 찾아내 이것을 일자리 창출로 연결시켜 국민 개개인이 행복한 삶을 영위하는 데 초점을 맞추는 것이다(Howkins, 2007).

사실이 이렇다면 창조경제가 내포하는 철학적·실용적 개념이 가장 잘 적용될 수 있는 분야는 어느 곳인가? 실제로 창조경제의 적용가능성이 가장 높은 분야는 어디인가? 적실가능성(feasibility)의 측면에서 살펴보면 아무래도 창조경제의 개념과 특성이 가장 유사한 분야를 찾아내면 해결책이 나올 것이다. 그것은 다름 아닌 문화산업 분야이다. 이유는 무엇인가? 첫째, 문화산업은 창의성(creativity)이란 개념을 바탕으로 성립하거나 기능하므로 창조경제의 개념과 유사성이 가장 높기 때문이다. 둘째, 디지털 시대인 21세기 국가 발전은 문화산업에서 비롯된다는 미래학자의 예측 때문이다.

미래학자들은 21세기 세계사적인 변화의 흐름 속에서 가장 두드러진 특징은 문화산업의 발전이라고 말한다. 이것이 내포하는 의미는 21세기 국가 발전은 문화산업의 발전과 맥을 같이하여야 한다는 말이다. 문화산업이 발전할 수 있느냐, 없느냐에 따라 국가 발전의 미래가 달려 있다는 의미를 암시한다. 문화산업의 발전은 21세기 문화의 시대와 조응하면서 더욱 세차게 몰아칠 전망이다. 이유는 21세기 국가 발전의 원동력이 제조업 중심의 물질적 자원으로부터 생태·환경·지식·정보·문화 콘텐츠가 중심이 되는 정신적·문화적 자원으로 전환되고 있는데, 여기에 핵심적 역할을 하는 것이 문화산업이기 때문이다.

이런 논거를 중심으로 이 연구는 창조경제를 통한 문화산업 발전의 필요·

접목을 통하여 인간의 삶의 질 향상에 기여한다면 국민 개개인의 행복은 증진된다.

충분 조건에 관한 이론적·탐색적 연구이다. 먼저 문화산업의 발전을 위한 이론을 검토하고, 다음으로 선행 연구를 살펴보고, 그리고 연구모형을 통하여 다양한 차원에서의 발전 가능성을 탐색해 본다.

Ⅱ. 이론적 논의

1. 창조경제와 문화산업의 개념

1) 창조경제의 특성과 개념

글로벌 거버넌스에서 경제란 무엇이며, 이것이 어떤 의미를 갖고 있는지에 대한 의견 역시 논자들 사이에서 분분하다. 창조경제란 매우 복합적 개념이면서 여기에 담을 콘텐츠도 다양해 한마디로 이것을 이야기하기 어렵다. 그렇기 때문에 직접적으로 접근하기보다 간접적인 방법, 즉 이것의 특성을 통하여 우회적 방법으로 창조경제의 개념에 접근하기로 한다.

(1) 내재적 특성

창조경제의 특성으로는 첫째, 창의성(creativity)이다. 창의성이란 말 역시 이해하기 쉽게 개념을 정의할 수 없다. 그러나 아주 단순하게 생각해 보자. 창의성이란 기초과학이나 공학 분야에서 새로운 아이디어나 기술을 만들어 내거나, 아니면 다른 사람(기초과학이나 공학 분야에서)이 만들어 놓은 아이디어나 기술을 한데 모아(assembly) 이를 실제 생활에 응용해서 적용하는 것을 말한다. 빌 게이츠는 전자의 경우에 해당하고, 스티브 잡스는 후자의 경우에 해당한다. 원천 기술을 개발하는 기초과학이나 공학 분야는 전자의 창의성에 해당하고, 반면 인문학이나 사회과학은 후자의 창의성에 해당된다. 그런데 문화와 예술 분야는 전자와 후자의 창의성을 모두 아우르는 경우에 해당된다.

둘째, 혁신(innovation)이다. 이것 역시 창의성과 직결된다. 혁신은 유연적 전문화(flexible specialization)이다. 유연적 전문화란 환경의 변화에 탄력적 대응을 하면서 도전과 실패, 즉 시행착오(trial and error)를 통하여 학습하는 조직으로 변화되어 가는 것을 말한다. 예컨대, 대규모 조직은 효율성을 추구하기 때문에 유연적 전문화를 기대하기 어려우며, 벤처기업 같은 소규모 조직은 유연적 전문화를 통하여 생존의 길을 찾는다. 따라서 창조경제로 나아가기 위해서는 혁신적 토양, 즉 학습조직의 문화가 필요하다.

셋째, 융합(convergence)과 통섭(consilience)이다. 전혀 이질적인 분야라 생각되는 전공들이 거버넌스를 이루어 내야만 비로소 복잡한 현실 세계의 문제를 설명하거나 해결할 수 있는 상황이 발생하였기 때문에 여기서 융합이나 통섭이라 말이 생겨났다고 보면 된다. 융합과 통섭 모두 교차학문적 연구(inter-disciplinary study), 즉 학제적 융합 또는 융합연구이지만 그중에서도 가장 먼 학문 영역인 인문사회과학 분야와 자연과학 분야 간의 융합은 초학제적 연구(super inter-disciplinary study)라는 의미로 통섭이 더 적절한 단어라 생각한다. 융합과 통섭은 상아탑 속의 학문 분야, 즉 아카데믹한 측면에서만 일어나는 것이 아니라 산업 현장에서 더 왕성하게 일어난다. IT산업과 예술·디자인의 접목이 융합과 통섭의 대표적 사례이다.

(2) 인프라적 특성

창조경제를 뒷받침하는 인프라적 특성으로는 첫째, 교육 내용과 제도 변화이다. 창의적 인재를 양성할 수 있는 교육 내용 및 이를 보완해 주는 제도의 변화가 수반되어야 한다. 어린 학생들을 잘하는 사람(best one)으로 양성하기보다 창의성을 갖춘 사람(only one)으로 성장할 수 있도록 교육 내용과 제도가 마련되어야 한다. 또한 어린 학생이 창의성에 자주 접할 수 있는 기회가 많아져야 한다. 그래야 창의적 인재가 양성되며, 결국 창의적 인재가 많아져야 창조경제도 만들어질 수 있다.

둘째, 창조경제에 맞는 행정제도의 변화이다. 민간부문에서 창조경제를 선도하기 위해서는 공공부문에서도 창조경제가 활성화될 수 있도록 행정제도의 변화가 수반되어야 한다. 특히 관료의 사고의 유연성(flexibility)이 요구된다. 규제개혁이나 인·허가 과정에서 기업의 입장에서 업무를 처리하는 사고의 유연성을 말한다. 이런 사고의 유연성은 관료조직을 감사하는 감사원에 적용되어야 어느 정도의 성과를 낼 수 있다. 감사원의 감사가 합법성보다 합목적성에 초점을 맞추어야 사고의 유연성이 일어날 수 있다. 사고의 유연성이 관료조직에 물 흐르듯 흘러가야 창조경제가 살아날 수 있다.

셋째, 창조경제란 리스크가 수반되는 벤처산업이 주도하여야 소기의 성과를 낼 수 있다. 대기업은 효율성을 추구하기 때문에 창조경제에는 그렇게 도움이 되지 못한다. 따라서 창조경제가 활성화되기 위해서는 벤처산업이 성장·발전할 수 있는 제도와 토양이 마련되어야 한다. 2000년대 벤처 붐이 불었을 때 대학생들의 60%가 졸업을 하면 창업을 하겠다는 생각을 갖고 있었다. 그런데 2013년 대학 졸업생 중 10%만이 창업을 하겠다는 생각을 갖고 있고 나머지 50~60%의 학생은 대기업에 입사하거나 공무원이 되겠다는 생각을 갖고 있다. 대학생의 직업 선택이 창업으로 방향을 선회하게끔 제도적 유인책이 필요하다. 그래야 창조경제 역시 시간이 문제이지만 활성화될 수 있을 것이다.

(3) 개념

창조경제란 인간의 창의적 아이디어를 바탕으로 이것을 기초과학기술·IT(information technology)·ICT(information communication technology)와의 접목을 통하여 인간의 삶의 질을 향상시키면서 부와 일자리를 동시에 창출하는 것을 말한다. 따라서 창조경제의 핵심은 인간의 창의성이다. 즉, 창조적 인간이다. 예컨대, 스티브 잡스 같은 한 사람의 아이디어에 의하여 앱이 개발되어 이것이 파급 효과를 일으켜 전 세계적으로 십억 명 이상의 사람이 과학기술 생태계를 통하여 직업을 얻어 삶을 영위한다는 사실이 이를 단적으로 말해 준다.

그렇다면 한국의 경우는 어떠한가? 케인스 이론에 의한 압축 성장을 통하여 국민소득 2만 달러를 달성한 한국은 아날로그 창조경제의 모델이라 할 수 있을 것이다. 그런데 진정한 창조경제는 디지털 시대에서 가능하다. 창조적 이이디어가 기초과학기술 · IT · ICT와의 접목을 통하여 시너지 효과를 낼 수 있는 토양이 디지털 기술이기 때문이다. 이런 맥락에서 살펴보면 한국은 IT와 ICT 분야에서 세계적으로 톱 클라스에 속해 있기 때문에 창조경제를 통한 국가 발전의 가능성은 항상 열려 있다. 문제는 창의적 이이디어를 어떻게 도출할 것인가의 문제이다. 창의적 아이디어가 도출될 수 있는 토양이나 문화, 즉 이것은 앞으로 상당히 많은 시간 논의를 필요로 하는 문제이기에 더 이상 논의하지 않기로 한다. 또한 창조경제에 가장 적합한 분야는 문화산업이다. 이유는 문화산업 자체가 창의적 아이디어를 토대로 기능하기 때문이다. 여기서는 문화산업에 대한 논의에 한정하기로 한다.

2) 문화산업의 개념

문화산업[2]은 문화상품[3]을 만들어 내는 분야의 산업을 말하지만 이 용어는 제조업과 같이 처음부터 그 자체로 산업을 지칭하는 말은 아니었다. 이것은 표준화되고 의사(擬似) 개별화된 문화적 실체들을 지칭하는 개념이었는데, 현대에 들어와서 자본주의의 내재적 속성인 상품성을 강조하다보니 자연스럽게 제조업과 같은 성격을 가진 산업으로 탈바꿈되었다. 문화상품은 현대인들의 의식과 생

2) 독일의 아도르노(Theodore W. Adorno)와 호르크하이머(Max Horkheimer)는 대중문화(상품)에 대한 폭넓은 비판을 전개하였다. 대량생산 체제가 만들어 낸 상품으로서의 문화에 대하여 대중문화라는 용어 대신 문화산업이라는 용어를 사용하였다. 이것은 대중문화의 옹호자들이 주장하는 해석, 즉 대중문화가 대중 자체로부터 자발적으로 생겨나는 문화라는 시각을 처음부터 배제하려고 하였기 때문이다. 문화산업이라는 용어 속에는 대중문화에 대한 강한 부정과 비판, 그리고 사회적 통제의 의미가 함축되어 있다.

3) 문화상품은 문화의 영역이 경제적 영역과 결합함으로써 산업적 생산 및 소비의 대상물로 나타나게 되는 결과물을 말한다. 이것은 문화적 요소가 체화되어 경제적 부가가치를 창출하는 유 · 무형의 재화(문화 관련 콘텐츠 및 디지털 콘텐츠를 포함)와 서비스 및 이들 의 복합체를 말한다. 여기서 콘텐츠라 함은 부호 · 문자 · 음성 · 음향 및 영상 등의 자료 또는 정보를 말하며, 디지털 문화콘텐츠는 문화적 요소가 체화되어 경제적 부가 가치를 창출하는 디지털 콘텐츠를 말한다.

활을 지배하고 있다고 할 수 있을 만큼 커다란 영향력을 발휘한다. 우리는 하루 24시간, 1년 365일 신문, 방송, 출판, 영상, 게임, 애니메이션, 책, 음반 등 문화와 관련된 상품을 접하고 있다. 문화상품은 사람들의 물질적 필요가 아니라 정신적 욕구를 충족시켜 주기 때문에 단순히 물질적 필요에 따라 사용하고 버리는 제조업의 상품 생산과는 성격이 전혀 다르다. 사람들은 문화상품을 향유하는 가운데 그것이 전달하는 정신적 메시지에 어떤 형태로든 영향을 받지 않을 수 없다. 문화상품(cultural products)의 소비 주체는 불특정 다수이므로 사람들에게 특정의 정신적 영향을 미칠 때 그것의 사회적 효과는 매우 크다고 할 수 있다.

자본주의 사회의 문화산업 역시 자본주의의 속성인 대량생산 체제와 관련이 있다. 대량생산 체제는 원가 절감 및 이윤 증대를 수반한다. 이것은 문화산업에도 그대로 적용된다. 자본주의 사회에서는 대중매체를 통하여 동일한 작품이 동시적으로 대량생산된다. 대량생산은 한 작품을 만들 때 더 많은 자본을 필요로 하지만 그만큼 이윤도 클 수밖에 없다. 이 때문에 문화산업은 제조업에서 상품을 만들어 내는 것과 같은 성격과 기능을 갖게 되지만, 다른 한편으로 문화산업은 단순한 상품을 만들어 내는 제조업 이상의 의미를 지니고 있게 된다. 그런 이유로 문화상품에 대해서는 늘 정치적 통제와 영향력이 작용한다. 상품화된 문화의 생산 과정에는 최대 이윤을 창출하려는 경제 논리와 사회적 영향력을 통제하려는 정치 논리가 함께 작용한다.

문화산업은 매우 다양한 의미가 내포되어 있다(John, 2001; MacMillan, 2013). 첫째, 영화, 만화, 애니메이션, 게임, 그리고 비디오 등 오락이나 즐거움 같은 엔터테인먼트(entertainment)의 요소가 상품의 부가가치 형성에 커다란 역할을 하는 산업을 의미하기도 하며, 둘째, 이윤 추구를 목적으로 하든 그렇지 않든 문화와 예술 분야에서 창작되거나 상품화되어 유통되는 모든 것을 말하기도 한다. 전자든 후자든 문화산업의 개념과 범위는 문화라는 말 그 자체가 갖는 모호성을 그대로 간직한 채, 그리고 각 국가의 상황 논리에 따라 개념과 용어가 서로 달리 정의된다.

Price Waterhouse Coopers[4]는 문화산업을 오락·미디어 산업(entertainment and media industry)이라 표현하고 있으며, 여기에는 영화, 텔레비전, 라디오, 음반, 인터넷, 서적 출판, 잡지 출판, 신문 출판, 광고, 테마 파크(놀이공원), 스포츠, 그리고 정보서비스 등을 포함시킨다(Greco, 1999; Price Waterhouse Coopers, 2003; Plunkett, 2004). 영국에서는 문화산업이라는 개념 대신 크리에이티브 산업(creative industry)이라는 용어를 쓰고 있다. 이유는 크리에이티브라는 개념 속에는 새로운 어떤 것을 앞에서 적극적으로 만들어 낸다는 의미를 내포하고 있기 때문이다. 크리에이티브 산업에는 영화, 음악, 공연예술, 출판, 방송, 광고, 건축, 예술 및 골동품, 공예, 디자인, 디자이너 패션, 그리고 인터액티브 소프트웨어 등 13개 산업이 들어 있다(Caves, 2002). 미국, 캐나다, 그리고 멕시코는 정보산업(information industry) 분야[5]에 우리가 말하는 문화산업을 포함시키고 있다. 정보와 문화상품의 배포와 관련되는 산업이 이 부문의 주요 산업에 포함된다. 영화 및 비디오 프로덕션, 영화 및 비디오 배포, 영화관, 프리 프로덕션 및 포스트 프로덕션 서비스, 기타 영화 및 비디오 산업, 레코드 프로덕션 및 배포, 사운드 레코딩 스튜디오, 라디오 네트워크, 라디오 방송국, 텔레비전 방송, 케이블 텔레비전 네트워크, 기타 케이블 및 프로그램 배포, 도서관 및 기록보관업(archive), 데이터 프로세싱, 온라인 프로세싱, 신문 출판, 신문 이외의 정기 간행물, 출판, 서적 출판, 기타 출판, 그리고 기타 정보서비스 등이 정보(information)라는 산업 분류에 속해 있다(Tardiff & Alampel, 1999; OMB Executive Office, 2002).

우리나라는 지난 1999년 2월 「문화산업기본법」이 제정되었고, 2002년 1월

---

4) Price Waterhouse Coopers(PWC)는 세계적 산업 동향을 분석하여 필요한 클라이언트들(public 또는 private에 관계없이) 자문해 주는 기업이다. 세계 139개국의 120,000명 이상의 전문가를 고용하여 22개 산업, 크게 세 분야, 즉 Audit and Assurance Service, Advisory Service, 그리고 Tax and Human Resource Service를 해 주는 컨설팅 자문기관이다. 매년 각 분야의 많은 자료가 발간되지만 대표적인 것이 *Global Annual Review* 및 *Global Entertainment and Media Outlook 2004-2008*이다.

5) 북미산업분류체계(North American Industry Classification System: NAICS)는 산업 분류상 정보산업 분야에 문화산업을 포함시킨다. 이유는 문화산업 역시 콘텐츠, 즉 어떤 정보(스토리텔링이나 아이디어 등)를 기초로 만들어지기 때문이다.

전문 개정된 「문화산업진흥기본법」에 문화산업의 개념이 잘 나타나 있다. 이 법에서 문화산업이란 "문화상품의 개발 · 제작 · 생산 · 유통 · 소비 등과 이에 관련된 서비스를 행하는 산업"이라고 정의하고 있다. 또 문화상품은 "문화적 요소가 체화되어 경제적 부가가치를 창출하는 유 · 무형의 재화(문화 관련 콘텐츠 및 디지털 문화 콘텐츠 포함)와 서비스 및 이들의 복합체"라고 규정한다. 「문화산업진흥기본법」은 디지털 기술의 광범위한 적용으로 문화산업 환경의 변화[6]를 잘 반영하고 있다는 평가를 받는다. 여기서 문화산업이란 문화상품의 개발 · 제작 · 생산 · 유통 · 소비 등에 관련된 서비스를 행하는 산업뿐 아니라 유형 · 무형의 문화 발전에 기여하는 산업 역시 이 분야에 포함시키기도 한다. 그렇게 되면 영화, 음악, 출판(도서 · 출판, 신문 · 잡지, 만화 등), 방송 영상, 애니메이션 등 유형의 문화상품뿐 아니라 메가 이벤트, 연극 등 시각적 효과를 통하여 스토리텔링을 보여 주는 무형의 문화상품까지 이 분야에 포함된다.

2. 문화산업 발전을 위한 여러 가지 논의

1) 문화산업의 특성

문화산업(culture industry)은 문화와 예술을 상품의 소재로 삼아 그것을 시장에서 교환 · 거래하는 산업활동이다. 이것은 생산 · 유통 · 소비의 과정이 독특할 뿐 아니라 전문화된 창작 과정 및 예술적 완성도 추구 등 제조업과는 완전히 다른 특성을 내포한다. 따라서 문화산업은 문화산업 그 자체만이 갖고 있는 내재적 특성과 기술적 · 조직적 특성으로 나누어 볼 수 있다.

---

6) 2002년 개정안에는 '디지털 문화 콘텐츠(digital culture contents)'라는 개념이 들어 있다. '디지털 문화 콘텐츠는 문화적 요소가 체화되어 경제적 부가 가치를 창출하는 디지털 콘텐츠를 말한다. 또 디지털 콘텐츠(digital contents)는 부호 · 문자 · 음성 · 음향 및 영상 등의 자료 또는 정보로서 그 보존 및 이용에 효용을 높일 수 있도록 디지털 형태로 제작 또는 처리한 것을 말한다. 디지털(문화) 콘텐츠와 관련되는 개념으로서 '멀티미디어 콘텐츠'라는 개념이 있는데, 이것은 "부호 · 문자 · 음성 · 음향 및 영상 등과 관련된 미디어를 유기적으로 복합시켜 새로운 표현 및 저장 기능을 갖게 한 콘텐츠"라고 정의하고 있다.

(1) 내재적 특성

첫째, 창의성(creativity)[7]이다. 문화산업의 본질이나 핵심은 창의성이다. 창의성은 인간 영혼의 자유로움과 시행착오를 거치는 도전정신 속에서 발현된다. 그렇기 때문에 인간의 상상력이나 아이디어를 바탕으로 문화와 예술 분야에서 새로운 아이템이 계속 만들어지는 것이다. 어떤 결과물을 화폐가치로 환산하기보다 이것을 만들었을 때 성취감이나 행복감이 더 큰 경우 그 사람은 시행착오를 거치는 도전정신과 영혼의 자유로움을 추구하기 때문에 창의적 재능을 잠재적으로 갖고 있을 가능성[8]이 있다. 예컨대, 어떤 결과물을 만드는 데 들어가는 비용이 크고 결과물을 완성하였을 때 화폐가치로 치환된 상품가치가 적은 경우에 해당된다. 물론 이 점에 대하여 또 다른 논의가 필요하다.

둘째, 독점성(monopoly)이다. 문화산업은 승자독식 현상 때문에 독점성이 나타난다. 그 하나는 IT와 ICT 때문이다. IT와 ICT가 보편화된 현재의 글로벌 세계에서는 이런 현상이 더욱 가속화된다. 주라기 공원이나 싸이의 경우만 보아도 승자독식 현상이 얼마나 크게 전 세계적으로 나타나는지를 알 수 있다. 권영경・김양미(1997)는 문화와 기술에서 정보처리와 정보전달 기술의 발전이 승자독식을 초래하여 독점성으로 나아간다고 지적하였다. 다른 하나는 문화산업 소비자들이 특정한 재능에 대한 선호가 너무 강하다는 것이다. 문화예술이나 스포츠 분야에서 특정한 인물에 대하여 마니아층이 만들어지는 것이 이를 단적으로

---

7) 창의성이란 무엇인가? 이를 한마디로 정의하기 어렵기 때문에 창의성의 구성 요소를 중심으로 간접적으로 살펴보아야 한다. 창의성의 구성 요소는 첫째, 호기심(curiosity, inquisitiveness, why)이다. 둘째, 시행착오(trial and error)를 거친 도전정신(challenge mind)이다. 셋째, 사랑과 열정(love and aspiration or energetic)이다. 넷째, 집중력(concentration)이다. 다섯째, 집념과 끈기(deep attachment and steady or tenacity)이다.

8) 1997년 두 여성 기업인이 다음과 같은 현상금을 내걸었다. 정부자금이 아닌 순순 민간자본으로 만들고, 세 명의 우주인이 고도 100km까지 여행하고, 귀환 2주일 후에 같은 우주선으로 다시 우주여행에 성공하면 100만 달러를 주겠다. 수십 팀의 벤처팀들이 달려들었다. 승자는 빌 게이츠(Bill Gates)와 함께 마이크로소프트(MS)를 공동 창업하였던 폴 앨런(Paul Allen)이 투자한 벤처였다. 그는 상금 1,000만 달러를 거머쥐기 위하여 2,600만 달러를 썼다. 수지타산을 따지면 헛장사였다. 그가 추구한 것은 불가능하다고 여긴 기술의 벽(壁, wall)을 돌파하였을 때의 성취감이었을 것이다. 이것이 바로 창의성의 원천이다.

말해 준다. 이런 현상이 문화산업에서 승자독식으로 이어져 독점성을 가져온다.

셋째, 복제성(copy)이다. 프로그램이나 정보의 형태로 만들어진 문화상품은 추가 비용을 지불하지 않고도 무한히 복제할 수 있다. 세계인의 사랑을 받고 있는 게임 프로그램의 경우 아주 저렴한 비용으로 무한정 공급할 수 있다. 이런 현상은 문화산업이 승자독식으로 이어져 독점성을 가져온다.

넷째, 윈도 효과(window effect)[9]이다. 하나의 문화상품이 여러 가지 용도로 사용되는(one source is used multiple) 경우이다. 예컨대 어떤 게임이 제작되면 이것이 PC방에서 사용되기도 하면서 동시에 비디오 게임으로도 출시되는 경우이다. 또한 영화가 제작되면 극장 상영, 항공기 기내 상영, 홈 비디오, 유료상영(PPV 방영), 로컬 TV 방영 등 다양한 곳에서 순차적으로 또는 동시다발적으로 사용된다.

(2) 기술적 · 조직적 특성

첫째, 문화산업의 생산구조는 중소 규모 사업체의 조밀한 네트워크로 조직되어 있다. 생산 네트워크에 참여하는 대기업을 찾기란 쉽지 않다. 단 LA의 할리우드나 뉴욕의 대규모 출판업체들은 예외적일 뿐이다.

둘째, 네트워크 형태의 산업단지 군집은 노동시장에 큰 영향을 미치며 숙련된 노동력을 필요로 한다. 문화산업에서 고용 관계는 매우 유연하며 구인과 구직의 순환이 빠르다. 생산단지의 규모가 커질수록 고용주와 노동자의 부담이 줄어든다.

셋째, 문화산업의 생산단지는 지역적 집적(cluster)을 통하여 외부경제를 충족시킨다. 집적은 서로에게 배우는 문화적 학습 효과(learning effect)를 가져오고 그것은 다시 집적을 강화한다. 문화적 창조는 혼자만의 심사숙고로 나타난 산출물이 아니라 관계된 행위자들 간의 상호 작용이나 네트워크의 결과물이다.

---

9) 문화산업에서 윈도 효과는 하나의 문화상품이 문화산업의 개별 영역에서 창조된(만들어진) 후 부분적인 기술 변화를 거쳐 문화산업 영역 내부, 혹은 다른 산업의 상품으로서 활용이 지속되면서 그 가치가 증대되는 효과를 말한다.

넷째, 공간적 집적은 생산자 간의 연계와 전반적인 서비스 제공, 정보의 흐름 촉진, 신뢰의 형성에 의하여 문화산업의 경쟁력 강화에 기여한다.

다섯째, 기술과 노동 과정은 유연적 컴퓨터 기술에 의존하는 정도가 점차 커지고 있다.

이런 맥락에서 문화산업의 발전은 특정 분야에서 높은 안목과 창의성을 가진 전문가들과 중소 규모 전문 생산업체들이 서로 지역적·공간적으로 집적하여 네트워크를 형성하여야 한다. 이런 연계 관계 속에서 새로운 정보를 주고받으며 새로운 실험을 추구하는 과정에서 창의성이 증진된다. 기술적 수준 향상과 창의성은 기존 문화의 학습과 상호 모방에서 시작한다. 문화산업에서 집적이 중요한 것은 상호 학습을 통하여 시너지 효과가 나타나기 때문이다.

2) 문화산업 발전을 위한 다양한 접근

(1) 유연적 네트워크 접근

문화산업의 특성이 유연성과 네트워크라 할 때 문화산업 발전의 핵심 논리는 유연적 네트워크를 구축할 수 있느냐에 달려 있다. 유연적 네트워크란 시장의 순수한 교환 관계보다는 장기적이고 의지적 관계를, 그리고 조직적 위계(hierarchy)보다는 탄력적 체계를 의미한다. 즉, 유연적 네트워크는 시장과 위계라는 양쪽 극단의 중간에 위치하는 경제적 관계의 형태들이다. 예컨대, 외주 체제, 하청 계약, 프랜차이즈 등 다양한 형태로 나타날 수 있는데, 이들의 공통점은 네트워크에 참여하는 각 행위자가 서로 다른 자신의 이해를 추구하면서도 다른 행위자와 협력한다는 것이다. 각 유형의 네트워크는 호혜성(reciprocity), 영향력(power), 유연한 결합(loose coupling), 상호의존성(interdependence)을 특성으로 한다(Grabher, 1993).

유연적 네트워크 접근은 문화산업 같은 유연적 생산체계의 지리적 현상을 분석하면서 문화산업 활동의 구조(조직, 네트워크, 시장)의 변화가 기업 입지와 산업공간의 형태에 변화를 주었다고 해석한다. 즉, 새로운 전문기업은 유연적 네트워크가 중시되는 산업환경에서 성장하며 본질적으로 네트워크의 원리에 따라 조직되었다는 것이다. 따라서 유연적 네트워크 접근은 문화산업의 공간 내에서 물적·거래비용의 절감을 넘어서 신기술을 개발하는 학습 과정을 통하여 혁신의 시너지 효과를 높이게 된다.

(2) 학습을 통한 혁신적 접근

문화산업 발전의 또 다른 핵심 요인은 학습을 통한 혁신적 접근이다. 그러면 학습을 통한 혁신적 접근이 활성화될 수 있는 방안은 무엇인가?

첫째, 신뢰성 있는 정보 교류이다. 학습을 통한 혁신적 접근이 좀 더 원활하게 또는 긴밀하게 이루어지기 위해서는 개인이든 조직이든 참여자 간의 신뢰성 있는 정보 교류가 교환될 수 있느냐가 중요한 관건이다. 참여자 간의 신뢰성 있는 정보 교류가 교환되지 않으면 학습을 통한 혁신이 일어나지 않는다.

둘째, 신뢰성 있는 네트워크 구축이다. 학습을 통한 혁신적 접근은 개인이나 개별 조직이 어떤 성과를 이끌어 내기보다 서로 다른 능력을 갖고 있는 개인이나 개별 조직이 신뢰성 있는 네트워크를 구축하였을 때 비로소 어떤 성과를 낼 수 있다.

셋째, 공간의 근접성이다. 신속한 정보 교환을 통한 시간과 비용의 절감을 위해서는 개인이든 조직이든 서로 대면 접촉하기 수월한 또는 신속하게 접근하기 편한 같은 공간에 모여 있는 것이 가장 바람직하다. 그렇지 않을 경우 학습을 통한 혁신이 잘 일어나지 않는다(Monge & Contractor, 2003).

(3) 문화산업 클러스트적 접근

문화산업 클러스트란 유사한 속성을 지니거나 상호 의존적 관계에 있는 산업과 기업, 그리고 기구의 집합체이다. 따라서 이것은 전문화된 기업의 집적공간을 형성하고 있으며 기업이나 산업활동이 긴밀한 네트워크에 의하여 연계되어 있다. 문화산업 클러스터 내에서는 거래비용이 저렴하며, 새로운 제품이 구상되고, 또 신속하게 제작되어 상품화될 수 있는 기능적 장점을 갖고 있다. 이런 기능적 장점은 집적경제와 독특한 공간 구성에서 비롯된다. 이곳에 집적된 전문화된 중소기업은 생산의 전체 과정을 내부화 하기보다(혼자서 짊어지기보다) 생산 단계의 극히 일부만을 전문적으로 취급하고 있다. 전문화된 중소기업은 서로서로 생산 단계의 일부만을 책임지는 네트워크 형태로 운영되기 때문에 매우 탄력적으로 운영되며, 상품과 생산공정을 신속하게 변화해 변화무쌍한 시장의 환경에 매우 유연하게 대처한다. 따라서 기업 규모의 양적 확대를 지양하면서 관련 업체 간의 신뢰성 있는 네트워크를 구축하여 질적으로 우수한 제품을 생산해 낸다(Amin & Thrift, 1992: 571－578).

3. 선행 연구

문화산업에 관한 연구는 몇 가지 흐름으로 나뉜다. 첫째, 월드컵, 엑스포, 올림픽 등 메가 문화산업을 연구하는 것이다. 둘째, 문화산업을 관광과 연결시켜 이것의 문제점, 처방책, 그리고 활성화 방안 등을 연구하는 것이다. 셋째, 문화산업을 정책과 연결하여 정책을 중심으로 하는 정책적 평가에 대한 연구이다.

첫째, 메가 문화산업, 즉, 올림픽, 월드컵, 엑스포(BIE의 공인 엑스포) 등에 관한 연구이다. 이러한 연구 경향도 두 가지로 나누어 볼 수 있다. 하나는 메가 문화산업의 경제적 파급 효과에 초점을 맞추고 있다. 고숙희(2001)는 자치단체 문화행사의 지역경제 및 지방재정의 파급 효과를 분석하였으며, 이춘근(1998, 1999)은 경주 세계문화 엑스포의 경제적 파급 효과 및 월드컵 대구 경기의 경제적 파급 효과를 각각 분석하였다. 신윤창 외(2003)는 세계 동굴 엑스포의 경제적 파급 효과를 분석하였다. 이들 연구의 공통점은 산업 간 상호 연관 관계[10]를 나타내

10) 산업연관분석 또는 투입산출분석은 생산 활동을 통하여 각 산업 간에 이루어지는 원재료의 매매 거래를 토대로 한다. 이를 위해서는 일정 기간(보통 1년) 동안 한 나라에서 생산되는 모든 재화와 서비스의 산업 간 거래 관계를 일정한 원칙과 형식에 따라 체계적으로 기록한 종합적인 통계표인 산업연관표의 작성이 필요하다. 산업연관표가 작성되면 우리는 어떤 산업의 최종생산물 증가가 전 산업에 직·간접적으로 유발하는 생산 유발 효과, 부가가치 유발 효과, 취업 유발 효과,

는 산업연관분석(Interindustry analysis) 또는 투입산출분석(Input－Output analysis)을 가지고 경제적 파급 효과를 산출하였다.

다른 하나는 메가 문화산업의 내용에 관한 연구이다. 행사관리가 적합하였는지, 프로그램이 시의적절하였는지, 전시연출이 잘 되었는지, 지역주민들이 파트너십을 발휘하여 행사에 적극적으로 참여하였는지에 대한 연구이다. 이러한 연구로 신윤창 · 김장기(2003)는 관람 시 질서 유지, 국내 · 외 전시물, 관람시설 규모, 전시관 내 동선, 전시 서비스 형태 등 17개의 독립변인을 갖고 행사관리의 적합성을 분석하였다. 또 약간 시각을 달리하지만 신윤창 외(2002)는 문화관광박람회의 내재적 요인들, 즉 환경 · 생태적 요인, 사회 · 문화적 요인, 교육적 요인, 그리고 지역사회의 참여 요인이 지속 가능한 발전으로 연결되면서 이것이 도시 발전에 긍정적 영향을 미친다는 연구이다.

둘째, 문화산업을 관광사업과 연결해 이것의 문제점, 처방책, 그리고 활성화 방안을 제시하는 것이다. 심상도(1998)와 정광렬(2001)은 문화산업(문화관광사업)의 활성화 방안에 초점을 맞추어 연구하였다. 이들은 문화산업(문화관광사업)이 활성화되기 위해서는 뚜렷한 목표가 설정되어야 하며, 홍보, 행사장 관리의 효율성, 그리고 연계 상품 개발에 이르기까지 모든 것이 체계적으로 이루어져야 함을 강조한다. 이러한 연구 경향은 약간 시각을 달리하지만 파트너십, 대응성, 신뢰성, 체험과 참여의 유지를 강조하는 서휘석 외(2002)까지 이어진다.

셋째, 문화산업을 관광사업과 연결하여 이것의 집행 과정을 중심으로 하는 정책평가에 대한 연구이다. 이러한 연구로는 정근식(1999)과 김도현(2008) 등을

수입 유발 효과 등을 알 수 있다. 예컨대 자동차를 생산하기 위하여 엔진, 타이어 등 수 많은 부품이 필요하고 그 엔진이나 타이어 등의 생산에는 다시 철관, 고무 등의 원재료가 투입되어야 한다. 자동차는 다시 엔진, 타이어 공장이나 택배회사의 운송 수단으로 사용된다. 이처럼 산업 상호 간의 관계는 그물과 같이 복잡하게 얽혀 있다. 어느 한 산업에서 생긴 변화는 크든 작든 다른 산업에 영향을 미친다. 즉, 한 산업에서 생산된 상품이 다른 산업의 상품 생산을 위한 원재료로 투입되는 등 각 산업은 직접 또는 간접으로 연관 관계를 맺고 있는 것이다. 한 나라의 국민경제에서 각 산업 간의 상호 연관 관계를 수량적으로 파악하고 분석하는 방법이 산업연관분석 또는 투입산출분석이다. 산업연관분석은 국민경제의 구조 변화 분석, 경제 예측과 경제정책의 효과 측정 및 각종 경제 파급효과 분석이 유용하게 사용된다.

들 수 있다. 이들 연구의 대체적인 흐름은 과정 중심의 종합적인 연구의 필요성을 제기하고 있다. 기획 과정의 성공을 위해서는 시장 변화에 대한 적절한 대응, 이벤트 창출, 그리고 통합성·차별성을 강조하고 있다. 집행 과정의 성공을 위해서는 충분한 예산 확보, 행사조직의 효율성, 그리고 마케팅의 중요성을 들고 있다. 그리고 평가 과정으로는 매너리즘을 어떻게 극복할 것인가, 생산성·반응성을 들고 있다.

따라서 문화산업과 관광사업이 접목되는 이러한 선행 연구와는 달리 이 연구는 창조경제 핵심 개념의 특성을 갖고 있는 문화산업 그 자체를 발전시키기 위한 필요·충분 조건이 무엇인가에 관한 연구이다. 이를 위하여 첫째, 창조경제의 특성과 개념을 살펴본다. 둘째, 문화산업의 특성과 개념에 대하여 알아본다. 셋째, 문화산업 발전의 다양한 접근과 연구모형을 제시한다. 넷째, 문화산업 발전의 필요·충분 조건에 관하여 살펴본다. 다섯째, 결론 및 함의를 제시한다.

4. 연구 모형

다음 [그림 6-1]의 연구 모형은 창조경제를 통한 문화산업 발전의 필요·충분 조건에 관한 서술이다. 창조경제의 내재적 특성으로는 창의성, 혁신, 융합과 통섭이며, 인프라적 특성으로 교육 내용과 제도의 변화, 그리고 행정제도의 변화이다. 문화산업 역시 창의성, 독점성, 윈도 효과뿐 아니라 네트워크 조직, 숙련된 노동력, 지역적 집적, 공간적 집적, 그리고 노동 과정의 유연성이라는 특성을 아울러 갖고 있다. 따라서 창조경제가 갖고 있는 특성과 문화산업이 갖고 있는 유사한 특성의 접목을 통하여 문화산업 발전의 접근 논리, 즉 유연적 네트워크, 학습을 통한 혁신, 그리고 문화산업 클러스트의 접근 논리를 선별적으로 잘 활용하면 문화산업 발전의 필요·충분 조건이 제시될 수 있을 것이다.

창조경제의 특성

▼

내재적 특성	인프라적 특성
– 창의성(creativity) – 혁신(innovation) – 융합과 통섭	– 교육 내용과 제도의 변화 – 행정제도의 변화

▼

문화산업 발전의 다양한 논의

▼

문화산업의 특성

▼

내재적 특성	기술적 · 조직적 특성
– 창의성(creativity) – 독점성(monopoly) – 윈도 효과(window effect)	– 네트워크 조직 – 숙련된 노동력 – 지역적 집적(cluster) – 공간적 집적(cluster) – 노동 과정의 유연성(flexibleity)

▼

문화산업 발전의 접근 논리
– 유연적 네트워크 접근 – 학습을 통한 혁신적 접근 – 문화산업 클러스트적 접근

▼

창조경제를 통한 문화산업 발전의 필요 · 충분 조건

[그림 6–1] 연구 모형

Ⅲ. 문화산업 발전의 필요 · 충분 조건

1. 필요 조건

문화산업 발전의 필요 조건으로 이 연구에서는 인간이 갖고 있는 재능, 즉 DNA와 한국인만이 갖고 있는 특이한 기질에 초점을 맞추어 필요 조건을 설명하기로 한다.

첫째, 창의성 생태계이다. 분야에 관계없이 창의성은 아무리 강조하여도 지나치지 않다. 다만 한국 민족이 다른 민족과 달리 창의성이 뛰어난 민족인가 하는 점에 대해서는 분명치 않다. 그러나 산업혁명을 일찌감치 경험한 영국과 프랑스를 포함한 서유럽이 200년간에 걸쳐 이룩해 놓은 경제 발전을 한국은 40년이나 50년 만에 압축 성장(epitomization growth)을 통하여 이를 따라잡았다(catch up)는 점에서 창의성과 유사한 DNA 인자를 한국 민족은 갖고 있지 않았겠느냐 하는 점에서 한국 민족은 창의성 사촌 정도 되는 DNA를 갖고 있을 가능성이 높다고 조심스럽게 유추해 볼 수 있다. 창의성은 하루아침에 만들어지지 않는다. 가정교육, 학교교육, 사회, 국가, 문화적 토양, 과학기술, 그리고 리더십의 기능적 상호 조화가 이루어져야, 즉 창의성 생태계가 만들어져야 창의성이란 유전인자가 형성 · 개발 · 성장 · 발전한다.

한국의 경우 창의성이란 유전인자가 발현될 수 있는 완전한 조건을 갖추었느냐 하는 점에서는 의문이 든다. 그렇지만 창의성이 발현될 수 있는 완전한 조건을 갖추지 못하였다 하더라도 국가와 기업을 누가 경영하느냐 하는 리더십 형태에 따라 창의성 사촌 정도의 DNA가 기능하거나 발현될 수 있다. 한국이 바로 이런 경우에 해당된다. 한국의 드라마와 아이돌 음악에서의 한류 열풍, 그리고 가수 BTS의 음악 세계는 한국 문화산업의 미래가 밝다는 반증이지만 그럼에도 불구하고 한국의 문화산업이 세계 문화산업의 흐름을 주도해 지속적으로 발전하기 위해서는 창의성이라는 DNA 인자가 발현될 수 있도록 여러 분야(가정교육,

학교교육, 사회, 국가, 문화적 토양, 과학기술, 그리고 리더십 등) 간의 기능적 상호 조화가 이루어져야 한다.

둘째, 기호 욕구이다. 기호 욕구는 문화상품의 상징을 의미한다. 이것은 문화상품이 갖고 있는 눈에 보이지 않는 이미지나 스토리를 통하여 욕구가 충족되는 것을 말한다. 인간의 의식주 문제가 어느 정도 해결되면 이제는 상징, 즉 기호 욕구를 충족하는 방향으로 인간의 욕구가 변화된다. 이런 욕구 변화가 한국인이 갖고 있는 감정의 역동성(dynamic)과 접목되면 기호 욕구의 충족으로 바로 이어질 가능성이 매우 높다. 예컨대, K－Pop과 월드컵 열풍 등은 모두 문화상품의 기호 욕구를 충족시키려는 한국인의 독특한 성향의 반영이라고 보아야 한다. 또한 2013년 6월 5일 개봉한 한국 영화 「은밀하게 위대하게」는 개봉 36시간 만에 100만 관객, 72시간 만에 200만 관객, 그리고 120시간(5일) 만에 300만 관객을 돌파하는 흥행 기록을 보면 한국인의 기호 욕구 충족에 대한 갈망이 어느 정도인지 우리는 짐작할 수 있다. 누가 기호 욕구를 충족하면 자신의 경제 상황이나 여건 등 수단과 방법을 가리지 않고 빠른 시간 내에 나 역시 기호 욕구를 충족하려는 성향을 한국인은 갖고 있다. 한국인의 이런 독특한 기호 욕구 충족 성향은 문화상품 구매로 이어지면서 한국 문화산업 발전의 필요 조건으로 기능한다.

셋째, 스토리텔링이다. 스토리텔링은 이야기하기이다. 어떤 주제(스토리)에 관하여 등장인물이 관객을 대상으로 이야기하는 것이다. 문화산업은 이런 스토리를 배경으로 드라마, 영화, 게임, 애니메이션 등 다양한 장르를 만들어 가는 것이다. 여기에서 가장 중요한 것이 스토리이다. 스토리의 풍부성이 문화산업 발전의 필요 조건으로 기능할 수 있다는 말이다. 한국은 단군신화부터 시작하여 설화, 전래동화, 창작동화, 위인전, 웹툰, 그리고 5천 년을 이어온 역사 등 스토리텔링을 만들 수 있는 문화적 소재나 원작이 매우 다양하면서 풍부한 국가이다. 문화적 소재나 원작의 다양성과 풍부성이 문화산업 발전의 필요 조건으로 기능한다.

넷째, 리더십이다. 리더십이 문화산업 발전에서 가장 중요한 요소일 수 있다.

무(無, nothing, naughty, zero)에서 유(有, all, everything, existence, being)를 창조할 수 있기 때문이다. 한국과 같이 창의적 생태계가 형성되지 못한 현실에서 문화산업의 발전은 벤처기업 오너의 리더십에 달려 있다고 하여도 과언이 아니다. 전부 아니면 전무(All or Nothing)로 틀이 짜진 문화산업의 현장에서 생존하기 위해서는 신속한 의사 결정을 통하여 도박 같은 과감한 선제 투자를 하여야만 결과를 얻을 수 있는 구조 속에서 오너의 리더십은 문화산업 발전에서 어쩌면 가장 중요한 요소일 수 있다.

2. 충분 조건

문화산업 발전의 충분 조건으로는 기술적 요인과 제도적 요인에 초점을 맞추기로 한다.

첫째, 디지털 기술의 발전(digital technology development)이다. 문화산업 발전의 핵심은 디지털 기술이다. 디지털 기술에 의한 정보처리, 제작, 그리고 서비스 지원 등에 힘입어 문화산업은 성장·발전한다. 고품질, 다기능, 쌍방향, 그리고 지능형이라는 장점을 갖고 있는 한국의 디지털 기술은 세계적으로 우수성을 이미 인정받고 있다(신윤창 외, 2007). 따라서 세계적으로 우수성을 인정받고 있는 한국 디지털 기술이 우리 문화산업 발전의 초석으로 작용할 가능성이 매우 높다.

둘째, 방송, 통신, 그리고 컴퓨터의 융합(fusion of broadcasting, communication, and computer)이다. 방송, 통신, 그리고 컴퓨터의 융합이 이루어지는 트라이앵글의 핵심 사업이 TV－Commerce인 디지털 위성방송이다. 그런데 이것이 문화산업 발전의 가장 중요한 요소이다. 디지털 위성방송이 어떤 콘텐츠로 최종 소비자에게 다가가느냐가 문화산업 발전의 중요한 관건이다(신윤창 외, 2007). 한국은 2008년 3월 26일 방송통신위원회가 발족되어 일찌감치 문화산업이 발전할 수 있는 구조적 틀을 만들어 놓았다. 이런 구조적인 틀에서 한 발 더 나아가 2013년 지상파에서 디지털 위성방송이 본격적으로 시작되었으며, 2014년부터 초고

선명(Ultra High Digital: UHD) 방송을 상업화할 것이라는 내용을 미래창조과학부에서 발표하였고(전자신문, 2013. 6. 20), 2017년 5월 31일 세계 최초로 초고화질의 지상파 UHD 방송을 시작하였다. 이 모든 것은 방송·통신·그리고 컴퓨터의 융합이라는 디지털 위성방송의 결과이면서 동시에 한국 문화산업 발전의 중요한 동인으로 작용할 것이다.

셋째, 혁신의 제도화(institutionalization of innovation)이다. 혁신의 제도화는 문화산업 발전에서 또 다른 중요한 요인 중의 하나이다. 혁신의 제도화가 이루어지기 위해서는 학습조직이 활성화되어야 한다. 학습조직의 활성화는 공개적인 토론과 비판 및 시행착오를 받아들일 수 있는 문화적 토양이 존재하여야 한다(신윤창 외, 2007). 이런 맥락에서 문화산업 발전을 살펴보면 학습조직은 대기업보다는 중소기업, 중소기업보다는 벤처기업에서 활성화될 수 있는 조건을 갖추고 있다. 한국의 경우, 게임산업은 세계 4위, 그리고 음악산업은 세계 7위이다. 글로벌 엔터테인먼트 세계 톱 20위 속에 한국의 기업이 게임산업 및 음악산업에서 각각 3개 기업이 포함되어(http:daum.net/AromagardeN/F6Z4) 있는 것이 모두 혁신의 제도화가 이루어졌기 때문에 가능한 일이라 생각한다. 따라서 그만큼 혁신의 제도화는 문화산업의 발전에서 매우 중요한 요인이라는 것을 알 수 있다.

넷째, 제도의 변화이다. 정치·행정·경제·교육·인력 양성·사회·문화 등 제도의 변화가 수반되지 않으면 문화산업 발전은 이루어질 수 없다. 문화산업 발전이 이루어질 수 있는 제도의 변화가 각 분야에서 선행되어야 한다는 말이다. 문화산업은 민간부문에서 활성화되는 것이고 공공부문은 단지 지원하는 역할을 담당하는 것이다. 지원하는 역할을 담당하는 관료조직이 너무 경직되어 사고의 유연성을 갖지 못하면 문화산업의 발전은 요원해진다. 관료조직에서 사고의 유연성이 기능할 수 있는 제도의 변화가 여러 분야에서 반드시 일어나야 한다. 이것이 문화산업 발전의 지름길로 작용할 것이다.

Ⅳ. 나오는 말

글로벌 거버넌스에서 창조경제란 무엇인가? 창조경제는 일자리 창출, 국부(國富)의 증가, 그리고 삶의 질을 개선하는 것이다. 창조경제의 핵심은 창의성이다. 창의성이 창조경제의 운영 원리이다. 창조경제는 창의성을 통하여 일자리 창출, 국부의 증가, 삶의 질이 개선되는 것을 말한다. 따라서 창조경제의 창의성과 가장 유사한 분야는 무엇인가? 이것이 바로 문화산업이다. 문화산업은 창의성을 핵심 원리로 작동된다.

이 연구가 갖는 함의는 첫째, 문화산업은 21세기 국가 발전의 가장 중요한 성장 동력이다. 둘째, 문화산업의 발전은 창조 생태계가 형성되어 있느냐, 그렇지 않느냐에 달려 있다. 셋째, 문화산업 발전의 조직 형태는 유연적 전문화를 통한 학습조직이다. 넷째, 문화산업의 발전은 대기업보다는 중소기업, 그리고 중소기업보다는 벤처기업에 의하여 주도된다.

이 연구가 갖는 한계점으로는 첫째, 창조경제의 핵심인 창의성이 무엇인지에 대하여 정확한 정의를 제시하지 못하였다는 점이다. 둘째, 탐색적 연구가 갖는 한계점으로 좀 더 심층적인 연구를 하지 않았다는 점이다. 셋째, 이 연구는 실증적인 연구를 하지 못하였다는 점이다.

문·제·풀·기

1. 창조경제의 개념을 설명하시오.
2. 창조경제의 특성을 설명하시오.
3. 문화산업의 개념을 설명하시오.
4. 문화산업의 특성을 설명하시오.
5. 문화산업 발전에 관한 유연적 네트워크 접근을 설명하시오.
6. 문화산업 발전에 관하여 학습을 통한 혁신적 접근을 설명하시오.
7. 문화산업 발전의 필요 조건을 설명하시오.
8. 문화산업 발전의 충분 조건을 설명하시오.

제 7 장

글로벌 거버넌스와 폐광지역 발전: 경제적 효과의 손실분석을 중심으로 한 폐특법 연장의 논리

Ⅰ. 들어가는 말

폐특법[1)]은 10년간 한시법으로 1995년 제정되었으며, 2005년 7차 개정을 통하여 2006년 1월 1일부터 2015년 12월까지 10년간 적용 시한이 1차 시효 연장되어 현재에 이르고 있다. 폐특법 1차 시효 연장의 배경에는 각종 개발사업 추

1) 1995년 11월 30일 오후 「폐광지역 개발 지원에 관한 특별법(이하 폐특법)」이 국회를 통과하였다. 폐특법 통과는 2011년 11월 현 시점에서 정확하게 16년 전 일이다. 이날 고한 사북지역 대표자 30여 명이 국회 본회의장 방청석을 찾았으며 국회의장이 방망이를 두드리는 순간 박수와 감격적인 포옹으로 방청석의 열기는 뜨겁게 달아올랐다 일순간 차분함으로 바뀌었다. 1993년 초부터 시작된 지역살리기운동이 이제 결실을 보게 될 수 있다는 안도감 및 그동안의 투쟁에 대하여 만감이 교차되는 그들만이 갖고 있는 희망과 허탈감 때문이었다. 국회 본회의장을 찾은 고한·사북지역의 대표자 대부분은 1960년대와 1970년대부터 폐광지역에서 일하면서, 폐광 이후까지 이곳에 살고 있는 사람들이다. 언제, 어떻게, 무엇 때문에, 왜 이들이 이곳에 와서 살게 되었는지 분명치 않지만 추측해 보건대 1960년대부터 시작된 한국의 경제 발전이나 산업화 과정에서 나타난 우연이 아닌 필연적 결과가 아닌가 싶다. 폐광지역에 살고 있는 사람 대부분은 인생의 마지막 꿈을 안고 이곳에 들어왔다. 하지만 꿈과 희망 모두 잃어버리고, 남은 것은 병들고 아픈 육신뿐이라는 자조 섞인 말을 이들은 가끔 내뱉고 있는 것으로 보아 이들이 폐광지역에 살고 있는 이유를 어림짐작할 수 있다. 이 말 속에는 열악한 작업 조건 속에서 한국의 경제 발전과 에너지 문제 해결에 크나큰 역할을 하였는데 돌이켜 보면 진폐증으로 건강은 망가지고 몸과 마음은 병들어 가는 폐광지역에서의 삶이 너무 고달프다는 무언의 한(恨)이 담긴 메시지가 들어 있다. 한맺힌 사람들이 함께 뭉쳐 일궈낸 것이 1995년 11월 폐특법 통과이다.

진 성과의 미흡을 들 수 있다. 공공사업의 경우에는 예산 부족으로 당초 계획사업을 100% 추진하지 못하고 있었다. 민자사업은 IMF 등 여건 변화에 따라 사업 추진이 매우 어려운 상태에 있어 폐광지역의 고원관광휴양지로의 탈바꿈이 불가능한 상황이었다. 예컨대, 충남 보령시의 경우 2001년 10월 폐광지역진흥지구로 지정되어 사업 추진기간을 고려하면 가시적 효과를 얻기 힘든 상황이었다.

그런데 2015년 1차 폐특법 연장 시효 만료 4년 전인 2011년 11월 현 시점에서 다시 2025년까지 폐특법 2차 연장을 시도할 수밖에 없었던 이유는 첫째, 폐특법이 달성하고자 하였던 원래의 목적, 즉 고원광광휴양지구로의 변화에 대한 구체적 성과가 없었으며, 둘째, 폐특법이 연장되지 않으면 폐특법 특례의 적용을 받지 못하여 대규모 민자개발사업 추진이 현실적으로 어렵기 때문이고, 셋째, 매년 발생되는 하이원리조트 카지노 이익금에 대한 관리 배분 및 이로 인한 해당 사업 추진에 대한 기준이 없기 때문이며, 그리고 넷째, 일본[2]은 폐특법을 40년간 시행하여 폐광지역을 전국 최고의 관광지로 개발하는 데 성공하였다. 1960년대, 70년대, 그리고 80년대 한국 경제 발전의 크나큰 기여를 하며 번성하였던 폐광지역[3]을 되살리는 데 10년, 아니 20년은 턱없이 짧은 시간이기 때문에 폐특법 2차 연장은 반드시 이루어져야 한다. 일본이 40년의 시간과 재원을 폐광지역에 투입하여 성공한 사실을 우리는 타산지석으로 삼아야 한다. 현 시점에서 우리는 겨우 일본의 절반에도 미치지 못하는 시간과 재원이 폐광지역에 투자된 상황이다. 여기서 폐특법 연장을 포기한다면 폐광지역은 여전히 황폐한 버려진 도시로 전락할 뿐이다. 이것은 효율적인 국토 이용이라는 측면에서 보더라도 국가적 손실일 수밖에 없다.

폐특법 연장은 사회적 시각(social perspective)이라는 렌즈를 통하여 현실을

2) 일본은 폐광지역 경제를 살리기 위하여 1961년 「산탄지역진흥임시조치법」을 제정하여 10년 한시법으로 시행하였다. 처음 1차 및 2차 연장에도 불구하고 지속되는 인구 감소와 사업 실패로 재정난만 가중되었다. 그러나 일본 정부는 포기하지 않고 이 법을 40년간 시행한 끝에 결국은 폐광지역을 전국 최고의 관광지로 개발하는 데 성공하였다.

3) 이 연구에서 폐광지역이라 함은 강원도의 삼척, 태백, 정선, 영월, 충남의 보령, 전남의 화순, 그리고 경북의 문경을 포함하여 7개 시군(市郡)을 말한다.

정확히 직시하고 또한 따뜻한 마음을 가지고 폐광지역의 문제를 접근하여야 이를 해결할 수 있다. 그렇지 않고 신자유주의적 시각의 논리만을 갖고 폐광지역의 문제를 접근하면 폐특법 문제는 영원히 해결할 수 없다. 사람과 사람이 서로 양보하며, 다른 사람을 배려하고 아주 적은 것조차 서로 나누어 갖는 사회적 시각이나 입장에서 문제의 본질과 핵심을 바라보아야 폐특법 문제를 해결할 수 있다는 사실이다.

따라서 이 연구는 폐특법 연장의 문제를 철학적 · 인간적 · 사회적 성찰로 직시하려는 마음의 자세를 기본 전제 조건으로 하면서 폐특법이 연장되어야 한다는 논리를 경제적 효과성의 손실분석을 중심으로 설명하려고 한다. 즉, 폐특법이 2차 연장되지 않을 경우 폐광지역의 발전이 얼마나 심각한 어려움에 직면하는지를 경제적 효과성의 손실분석을 중심으로 알아보는 데 연구의 초섬을 맞추기로 한다.

어떤 문제나 현상을 설명하는 데 직접적인 인과 관계를 밝힐 수 없을 때 간접적인 방법으로 인과 관계를 설명하는 것도 하나의 과학적인 분석 방법이나 설명 방법일 수 있다. 여기서는 전자(직접 인과 관계를 밝힘)보다 후자(간접적 인과 관계를 밝힘)의 방법을 통하여 폐특법이 2차 연장되지 않을 경우 폐광지역이 당면하는 경제적 효과성의 손실분석에 주안점을 두어 설명하기로 한다. 그렇게 하기 위하여 첫째, 폐특법은 왜 만들어졌는지, 즉 폐특법의 대두 배경을 알아본다. 둘째, 폐광지역 발전에 관한 다양한 이론과 논의를 살펴본다. 셋째, 폐특법이 연장되어야 한다는 논리를 폐광지역의 경제적 효과성의 손실분석을 중심으로 살펴본다. 넷째, 나오는 말로 끝을 맺는다.

Ⅱ. 이론적 논의와 선행 연구 검토

1. 폐특법의 대두 배경 및 연장에 관한 다양한 논의

1) 대두 배경

폐특법의 대두 배경은 1993년 초 지역살리기운동으로부터 시작되었다. 1993년 2월 20일 사북 청년회의소(JC)가 임시총회에서 자체사업으로 지역살리기운동을 추진하기로 공식 의결하고, 청년회의소 내에 특별위원회를 구성하여 활동한 것을 본격적인 시작으로 삼는다. 특별위원회는 3월 18일 및 19일 이틀 동안 12,782명의 서명을 받아 상공부와 문화체육부 등 중앙부처에 지역주민들의 지역 발전에 관한 주장을 담은 청원서를 제출하고, 1993년 7월 19일 고한종합고등학교 운동장에서 생존권찾기 총궐기대회를 개최[4]하였다.

잠시 소강 상태를 보이던 지역살리기운동의 새로운 점화는 조직 개편으로부터 시작되었다. 조직 개편은 지역살리기 추진위원회를 발전적으로 해체하고 사북과 고한의 사회단체를 포괄하는 양대 번영위원회를 중심으로 명칭 역시 '고한·사북지역 살리기운동 공동 추진위원회'로 바꾸고, 조직을 대폭 강화[5]하는 방향에서 새로운 틀을 만들었다. 새로운 공추위 조직의 특징은 지역살리기 조직

---

4) 1993년 7월 19일 고한종합고등학교 운동장에 모인 지역주민들의 생존권 찾기운동은 약 2천 명의 주민이 참여하였으며, 이들은 탄광근로자와 가족을 위한 처우 개선, 대안 없는 폐광 반대, 화력발전소 건립, 제천-삼척 간 고속도로 조기 착공 등의 내용을 주장하였다. 궐기대회 후 성희직 도의원, 정선지역발전연구소 관계자, 진폐 및 산재 환자들은 곧바로 상경 시위에 나서 1주일 동안 종로 일대에서 '탄광촌 바로 알기 범국민 캠페인'을 벌였다. 종묘공원, 명동성당, 기독교회관을 오가며 벌인 이 캠페인은 국민에 대한 직접적인 설득을 목표로 탄광촌에 대한 관심을 불러오기 위하여 이루어졌는데 당시 중앙 언론과 많은 국민의 큰 관심을 불러일으켰다.

5) 1994년 12월 7일 '고한·사북지역 살리기운동 공동 추진위원회'(이하 공추위)가 출범한 날이다. 고한 의료보험조합 3층에서 열린 공추위 총회에서 초대 위원장은 심을보(사북)와 박효무(고한)를 초대 공동대표로 출범하였으며, 부위원장 4명, 감사 2명, 사무국 3명으로 구성된 조직을 발족하였다. 사북지역을 대표하여 김영범(동원노조위원장), 이복규(사북번영회 부회장)와 고한지역을 대표하여 박종한(삼탄노조위원장), 김기수(고한번영회 부회장)를 부위원장으로 선임하고, 이대춘과 정창모를 감사로 임명하여 조직을 구성하였다.

의 강화에 있었다. 기존의 지역살리기운동이 느슨한 연대조직이었던 반면, 공추위 창립총회에서는 지역단체와 탄광노조가 적극 결합한 밀도 있는 형태로 구성되었다. 지역별로 안배된 네 명의 부위원장은 철저하게 이러한 특성이 반영되어 임명되었으며, 여성계와 종교계를 포괄하는 조직 구성을 완료함으로써 향후 대정부 투쟁을 벌이는 데 명실상부한 전체 지역주민의 투쟁 역량이 결집되는 효과[6]를 가져왔다.

정부의 가시적인 대책이 없자 지역주민들은 1995년 2월 들어 본격적인 대정부 투쟁을 공공연히 밝히며 투쟁 의지를 대외적으로 천명하였다. 이와 병행하여 중앙정부를 상대로 요구 사항에 대한 건의문, 호소문, 공개 제안서를 시시각각 발표하여 압박을 가하는 방법을 택하였다. 대통령에게는 경제회생 호소문, 건교부에는 국유지 이용 규제 철회 공문, 환경부에는 토지 이용 규제 철회, 과학기술처에는 핵폐기물 처리장 유치 공문을 보냈지만 회신 내용 모두 불가 또는 형식적인 답변뿐이었다.

1차 궐기대회를 통하여 지역주민들의 단합된 의지를 확인한 투쟁 지도부는 바로 다음 날 2차 총 궐기대회를 개최하였다. 오전 11시부터 시작된 궐기대회는 이른 시간임에도 대회장을 가득 메운 지역주민들이 구호를 외치고 투쟁 가요를 부르는 것으로 시작되었다. 투쟁위원장, 도의원, 군의원 등 투쟁지도부의 경과보고 및 대정부 성토 연설이 있었으며, 2차 집단 삭발식이 거행되었다. 이날은 어제의 충돌을 우려하여 시위대 및 전투경찰 모두 일정한 거리를 유지하고 있었으며, 투쟁지도부 역시 시위대의 격한 감정을 억누르고 평화적인 집회로 유도하였다. 2차 총궐기대회 해산 이후 투쟁지도부는 동원복지회 2층 강당에서 투쟁 평가회의를 갖고 무기한 단식 농성에 들어갔으며, 시내 곳곳에는 지역주민들에 의한 시위가 벌어져 폭풍 전야 같은 분위기[7]로 흐르고 있었다.

---

6) 이날 총회에서는 대정부 투쟁의 요구 사항이 좀 더 구체적으로 제시되었다. 첫째, 핵폐기물처리장 유치, 둘째, 무연탄 전량 수매, 셋째, 개발촉진지구 조기 지정 등이었으며, 이들 요구 사항을 관철하기 위하여 전체 주민 서명운동 돌입과 대통령께 드리는 건의문을 채택하였다.

7) 1차 및 2차 총 궐기대회가 강력한 대 정부투쟁으로 바뀌자 중앙 언론사들이 생생한 현장을 취재

이런 사태의 심각성을 깨달은 박우병 국회의원은 정부 관계자와 접촉을 갖고 3월 1일 정부와 공추위 대표단의 심야 협상을 제안하였다. 정부에서는 주무장관인 박재윤 통상산업부 장관이 김영삼 대통령의 해외 순방에 동행하기로 되어 있는 만큼 그 이전에 문제를 해결하여야 한다는 압박감을 갖고 있었다. 특히 김영삼 대통령이 1980년 사북사태를 거론하며 조기 타결을 말하면서 정부와의 협상은 급물살을 타기 시작하였다. 대표단은 당일 오후 통상산업부로 올라가 심야까지 협상을 하다 새벽에 돌아왔다.

3월 2일 새벽에 돌아온 협상 대표단으로부터 별다른 진전 소식이 없자 농성장의 분위기는 강경 일변도로 흐르기 시작하였다. 투쟁지도부는 그동안 진행되었던 평화적인 투쟁 방식에서 강경 투쟁 방침으로 급선회하기로 결정하였다. 정부와 언론, 정보기관에서도 이러한 사태 추이를 매우 심각하게 바라보았으며, 급기야 3월 3일 정부 관계자가 직접 현장에 내려와 협상을 하겠다고 알려오기에 이르렀다. 3월 3일 오전 11시 사북읍사무소에서 열린 정부와의 협상은 2시간 만에 극적으로 타결[8]되었다. 이렇게 신속하게 협상이 타결될 수 있었던 이면에는 알려진 것과는 달리 정부가 3월 1일 특별법 제정 및 카지노 설치 등 주요 협상안에 대한 기본 골자를 어느 정도 마련하였으며, 이의 구체적인 내용에 대해서는 정부와 협상단 모두 검토하여야 될 시간이 필요하였기 때문이다. 3 · 3 합

하기 위하여 대거 급파되었다. 80년 사북사태 이후 이곳이 다시 전국적인 관심사로 떠오르기 시작하였다. 중앙 언론의 연이은 보도로 정부에서는 사태의 긴박함을 느끼고 있었다. 특히 제2의 사북사태로 번질 수 있다는 안기부, 경찰 정보 계통, 그리고 정선군의 급박한 보고는 사태의 심각성을 알 수 있었다. 28일 저녁부터 다시 자생적인 횃불시위가 일어남에 따라 일촉즉발의 상황이 연출되는 폭풍 전야의 분위기가 감지되었다.

8) 1995년 3월 3일 타결된 협상문에는 첫째, 탄광지역을 지역균형 개발 및 중소기업 육성에 관한 법률에 의한 개발촉진지구로 지정한다, 둘째, 폐광지역을 관광지로 개발하기 위하여 폐광지역개발촉진에 관한 특별법(폐특법)을 제정하고 통산부에 폐광지역개발촉진단을 설치하여 구체적인 사업계획을 수립하여 추진한다. 셋째, 현재 추진하고 있는 탄광지역 6개년 계획(1992~1997)을 보완하여 남은 기간 동안 집중적으로 투자하여 차질 없이 추진한다. 넷째, 석탄 감산은 불가피하나 그 속도를 적절하게 조절하면서 적정 생산 규모는 계속 유지해 나간다, 다섯째, 주요 탄광지역에 대체산업 창업을 촉진하기 위하여 투자비의 50% 수준을 장기 저리로 융자하는 지원제도를 마련한다.

의 당일 대표단은 서로를 격려하였고, 이상용 강원도지사는 지역주민들의 힘이 이렇게 큰 성과를 낼 줄은 예상하지 못하였다고 치하하였으며, 주민들 모두 서로 얼싸안으며 기쁨을 감추지 않았다.

2) 폐특법 연장에 관한 다양한 논의

(1) 폐특법 연장에 관한 개정(안) 발의[9)]

2015년 폐특법 1차 연장 시한을 약 4년 앞둔 2011년 11월 현재, 폐특법 적용 시한의 10년 추가 연장 건을 중심으로 일부 개정 법률안이 여러 의원에 의하여 발의된 상태이다.

첫째, 폐광기금에 대한 납부 한도 상향 조정 건에 대하여 최연희 의원과 최종원 의원 모두 현행 강원랜드 법인세 차감전 당기 순이익의 20%를 폐광기금으로 출연하고 있는데, 이를 30%로 상향 조정하는 개정안을 발의한 상태이다.

둘째, 관광기금에 대한 납부 한도 하향 조정 건에 대하여 최연희 의원은 현행 카지노 사업자 총 매출액의 10% 범위 내에서 행해지는 관광기금 납부를 강원랜드에 대해서는 10%를 5%로 하향 조정하는 개정안을 발의한 상태이다.

셋째, 도박 중독 예방 및 치유사업에 대한 지출의무화 건에 대하여 한선교 의원은 현행 강원랜드 도박중독관리센터 10년 예산이 영업이익의 0.58%를 사용하는 것을 강원랜드 폐광기금 납부 금액의 5% 이상 사용하는 개정안을 발의한 상태이다.

넷째, 국민안전체험테마파크의 국유재산화에 관한 특례 마련 건에 대하여 최종원 의원은 현행 공유재산 및 물품 관리법은 국가로의 공유재산 양여가 불가한 상태를 태백시가 조성 중인 국민안전체험테마파크 소유권을 국가에 양여할 수 있도록 개정안을 발의한 상태이다.

다섯째, 폐특법 적용 시한을 2025년까지 재연장하는 건에 대하여 최연희 의

9) 폐특법 연장에 관한 개정(안)의 발의는 국회 내부 자료를 참고하여 이 논문에 맞게 다시 구성하였음.

원은 현행 폐특법 적용 시한 2015년 12월 31일을 2025년 12월 31일로 10년 추가 연장하는 개정안을 발의한 상태이다.

이처럼 폐특법 연장에 대하여 여러 국회의원들이 다양한 개정안을 발의한 상태이다. 그러나 2011년 11월 현 시점에서 폐특법 개정의 다양한 의견에 대한 논의를 한 곳으로 집중하여야 할 필요성이 제기된다. 이유는 우선 폐특법을 2025년 12월 31일까지 10년 연장하는 안에 대하여 중점 논의하고, 그 다음에 폐광기금, 관광기금, 도박 중독 및 치유사업, 그리고 국민안전체험테마파크 등에 대한 논의를 진행시키는 단계별 전략이 더 유효하기 때문이다.

(2) 폐특법 연장에 대한 찬반 논의

폐특법 2차 연장에 대하여 강원도, 강원랜드, 폐광지역 시군들, 그리고 지식경제부 등은 적극 찬성인 반면 기획재정부는 반대 입장을 표명하고 있다. 폐특법 시효 재연장을 주장하는 지식경제부의 논거[10]는 첫째, 2004년 이후 강원도 폐광지역 지역내 총생산(GRDP) 성장률이 마이너스 성장 상태이며, 2006년 이후에도 강원도 폐광지역의 GDP 성장률은 전국 GDP 성장률보다 낮다는 사실이다.

둘째, 2차 산업 사업체 및 종사자 수가 3차 산업 대비 매우 낮은 등 폐광지역에 대한 성과는 아직 미흡하다. 이것은 폐광지역을 견인할 수 있는 대체산업의 정착이 미흡하다는 사실의 반증이다.

셋째, 폐특법 연장의 중요한 논거 중 하나는 강원랜드가 아직 세계적 리조트 종합단지로 도약하지 못하였으므로 이의 도약을 위하여 강원랜드 카지노사업의 독점적 지위를 조금 더 유지하여야 할 필요성이 있기 때문이다. 강원랜드는 창사 이래 총수입의 33%를 국세, 지방세, 기금재원 등으로 국가 및 지방경제에 직접 기여하였으며, 아울러 폐광지역 경제 활성화에 7,893억 원 등을 지출한 것으로 나타났다. 이것은 강원랜드가 국가 및 지방경제에 대하여 지속적 기여를 해왔으며, 앞으로도 기여를 더 하여야 한다는 사실을 말하는 것이고, 또한 지역경

10) 폐특법 2차 연장에 찬성하는 지식경제부의 논거는 지식경제부 내부 자료를 참고하였음.

제 공동화 현상 방지 등을 위해서는 폐특법 연장을 통하여 강원랜드가 지역을 위하여 더 많이 기여할 수 있는 근거를 마련하여 주어야 한다는 이야기이다.

반면, 폐특법 연장에 반대하는 기획재정부의 논거[11]는 다음과 같다.

첫째, 1989년 석탄합리화정책 시행 이후 2010년까지 폐광지역에 약 8조 9,160억 원이 지원되었으며, 이를 구체적으로 살펴보면 탄광지역개발사업비와 폐광기금 등 폐특법에 따라 2조 1,358억 원, 그리고 석탄가격안정대책비와 폐광대책비 등 석탄 관련 지원금으로 6조 7,802억 원이 지원되었다. 폐광지역에 대한 지금까지의 지원 액수로 보아 더 이상의 재정 지원은 어렵다는 입장이다.

둘째, 2010년 기준 폐광지역 실업률[12]이 전국 평균(3.7%) 대비 낮은 수준으로 10년간 시효 재연장을 통한 추가 지원은 다른 지자체와의 형평성에 반할 우려가 있다. 기획재정부의 폐특법 연장에 대한 반대 입장은 단호하다. 다른 지자체와의 형평성을 고려하면 폐특법 연장으로 인한 더 이상 국가재정 지원은 곤란하다는 분명한 입장을 밝히고 있다.

2. (폐광)지역 발전에 관한 이론

지역 발전을 어떻게 이해하고 개념화할 것인가는 매우 중요하다. 이유는 지역은 단순한 정태적 요인들로 구성되는 것이 아니라 끊임없이 생성·발전·쇠퇴해 가는 역동성과 동태적 요소를 갖고 있기 때문이다. 역동성과 동태적 요소 속에서 변화무쌍한 지역 발전을 이해하고 개념화하기 위해서는 지역에 대한 인식 및 접근 방법이 기존의 인식 및 접근 방법과 달리 총체적으로 지역을 이해하고 또한 포괄적으로 지역을 설명해 낼 수 있어야 한다. 이런 맥락에서 지역 발전을 이해하거나 개념화하면 지역 발전이란 단순히 경제적 측면의 양적 발전뿐 아니라 사회·문화·환경·복지·교육이 중시되는 질적 발전까지 고려됨을 의

11) 폐특법 2차 연장에 반대하는 기획재정부의 논거는 기획재정부 내부 자료를 참고하였음.
12) 2010년 폐광지역 실업률을 보면 태백 2.4%, 삼척 2.0%, 영월 1.6%, 정선 2.9%임.

미한다. 따라서 진정한 의미의 지역 발전이란 사회·문화·환경·복지·교육적 요소와 지역의 아이덴티티의 접목을 통한 지역주민의 삶의 질의 본질적 변화를 의미한다.

전통적 측면의 지역발전이론은 지역의 내부자원보다 외부자원과 외부의 발전 모델에 의존한 지역 발전을 지향해 왔다. 지역이 갖고 있는 문화적·사회적·환경적·복지적 요소를 포함한 지역의 아이덴티티와 정신, 그리고 혼 등이 철저히 배제된 채 공간 중심의 경제적 측면이 강조되는 지역 발전을 추구해 왔다. 이런 공간 중심의 경제적 측면에서의 지역 발전은 환경·문화·복지·교육이 중요시되는 시대에 더 이상 유용한 전략으로 활용할 없는 많은 문제점을 드러냈기 때문에 새로운 지역 발전 전략을 만들어 내야 한다. 새로운 지역 발전 전략의 핵심은 양적 성장을 추구하는 것이 아니라 질적 성장을 추구하여야 한다는 점이다.

또한 기존의 주류 중심적 지역발전론은 국가 단위에서나 지역 단위에서 총량적 성장에 한계점을 나타냈기 때문에 1980년대와 1990년대 이후 비주류 이론으로 명명되는 정치경제학적 지역발전이론은 지역 간 불균등(불균형)을 해소하는 방향으로 나아가게 되었으며, 또한 (포스트)포드주의적 생산 방식을 강조하는 조절이론 역시 주류 중심적 공간주의 지역 발전에 대응하여 나타난 이론이다. 더욱이 지역혁신이나 학습을 중시하는 유연적 전문화와 신산업지구론 역시 공간 중심의 지역 발전의 대안으로 제시된 이론이며, 2000년대 이후 거버넌스이론 역시 국가 발전이나 지역 발전과 관련한 정부 운영의 방식에 관한 새로운 패러다임이다.

<표 7-1>은 과거·현재·미래로 이어지는 지역발전 패러다임의 변화를 나타낸 것이다. 목표·자원 의존도·실천 방법·주민 참여·발전 주체에서 과거·현재·미래의 지역 발전이 어떤 모습으로 어떻게 변해 왔는가를 보여 준다. 그런데 특이한 점은 폐광지역의 발전에서는 지역주민과 지역 공동체가 크나큰 역할을 하였다는 점이다. 폐광지역의 발전에 대한 의식 전환은 1993년 2월부터

〈표 7-1〉 지역발전이론의 패러다임 변화

구분	과거(1960~1990)	현재(1991~2011)	미래(2012 이후)
목표	물량적 · 경제적 성장 하향식 · 중앙집권적	질적 · 사회적 성장 하향식 및 상향식 혼합 · 약간의 지방분권적	질적 · 문화적 · 복지적 성장 · 상향식 · 철저한 분권
자원 의존도	외부 자원	외부 · 내부 자원	주로 내부 자원에 의존
실천 방법	대기업 중심	대기업 · 중소기업	중소기업과 시민사회
주민 참여	배제	일부 참여	적극적 참여
발전 주체	중앙정부 및 관료	중앙정부 및 NGO	지방정부 및 시민사회

지역 내부에서 청년회의소(JC)가 중심이 되어 자발적으로 일어난 지역살리기운동으로부터 시작되어 마침내 1995년 11월 폐특법 통과로 이어졌다는 사실이다. 폐특법이 통과되기 전 카지노를 중심으로 한 지역 발전에 대한 로드맵이 상당 부분 만들어졌는데, 여기에서 핵심적인 역할을 지역주민들이 하였음을 우리는 알 수 있었다. 따라서 폐광지역의 발전에서 우리가 얻을 수 있는 교훈은 지역 발전은 지역주민들의 적극적 참여가 없으면 이루어지기 어렵다는 사실이다. 더욱이 지역주민의 적극적 참여 모티브가 지역 발전의 원동력이라는 사실을 폐광지역을 통하여 다시금 확인할 수 있었다.

3. 기존의 연구 및 분석 틀

1) 기존의 연구

폐광지역의 발전 또는 폐특법 연장에 관련된 논문은 주로 카지노사업을 하는 하이원리조트의 경제적 효과 분석에 초점을 맞추고 있다. 이유는 첫째, 폐광지역의 빠른 발전을 위해서는 카지노사업을 하는 하이원리조트가 지역 발전의 중추 역할을 담당할 수밖에 없기 때문이며, 둘째, 하이원리조트 수익 창출의 많고 적음이 삼척, 태백, 정선, 그리고 영월 등 폐광지역 발전 속도에 큰 영향을 미치고 있기 때문이다. 이런 이유로 폐특법 연장이나 폐광지역의 발전 문제가 나오면 자연스럽게 하이원리조트 카지노의 이윤 창출이나 효과분석과 연결될 수밖에 없다.

1930년대 미국에서 대공황이 발생하였을 때 미국 정부는 네바다 주 사막도시 라스베이거스에 다국적 기업이 운영하는 민간자본의 유치를 통하여 대규모 카지노를 설립하여 지역개발정책을 아주 멋지게 성공시켰다. 1980년대 이후 미국은 장기 경제 침체를 극복하고 지역 발전을 촉진시키기 위하여 카지노를 활용하였다. 카지노 활용 방안은 이곳에 먼저 대규모의 관광객 유치를 통하여 호텔업 및 식음료 산업의 고용 창출을 유도한다. 다음으로 관광객 증가는 새로운 빌딩(호텔 포함)의 신축으로 이어지기 때문에 시중의 유동자금이 새로운 투자처인 카지노에 몰려올 수밖에 없다. 그 다음으로 카지노에 유입된 투자 재원은 새로운 엔터테인먼트 산업을 부흥시키는 데 일조를 한다(Wicks & Norman, 1996). 이렇게 선순환의 경제 사이클을 이어가는 카지노는 분명 지역 발전의 긍정적 효과를 갖고 있다. 따라서 인디언 보호구역(Indian Reservation), 뉴저지 주(州)의 애틀랜타, 그리고 일리노이 주(州)의 선상 카지노 등을 통하여 미국 정부는 카지노를 지역 발전의 하나의 전략으로 활용하고 있다(Eadington, 1996; Long, 1996; Perdue, et al., 1999).

그러나 카지노가 도박 및 향락산업이기 때문에 자칫 잘못하면 가정을 파탄으로 몰아가는 사회적 비용의 증대만을 가져올 수 있다는 주장도 있다. 이것은 카지노가 실제적으로 지역 발전의 경제적 파급 효과에 약간의 도움은 되지만 사회적 비용 때문에 크게 도움이 되지 않는다는 이야기이다(Carmichael, et al., 1996; Long, 1996). 이들은 일시적 또는 단기적으로 카지노의 고용 유발 효과는 있을 수 있지만 범죄, 정신적 건강의 손상 등 사회적 비용을 감안하면 오히려 카지노가 지역 발전에 부정적 효과를 가져올 수 있다고 말한다. 이러한 결과는 피잠과 포켈라(Pizam & Pokela, 1985)의 연구에서도 비슷하게 나타난다. 카지노 산업의 유치는 관광업에 종사하는 사람들의 고용 창출에 아주 작은 도움이 되겠지만, 약물의 오용과 남용으로 인한 중독 현상, 그리고 범죄율 상승으로 인한 사회적 비용의 증가가 경제적 파급 효과를 넘어서기 때문에 결과적으로 지역 발전에 크게 도움이 되지 않는다고 한다.

2000년 강원랜드가 설립된 이후 카지노가 지역 발전에서 차지하는 경제적 파급 효과는 대체로 긍정적인 것으로 나타난다. 한경희(2001)는 강원랜드 건설 사업비 중 지역과 연관된 업체가 292억 원의 공사를 수행하였으며, 호텔 식품과 재료 24억 중 21억 원을 강원도를 포함하여 지역 업체로부터 구매하고 있다. 또한 고용 효과 면에서 860명의 전체 직원 중 삼척 · 태백 · 정선 · 영월을 포함한 폐광지역 주민이 24.65%인 212명이고, 강원도 주민이 34.3%인 294명이므로 어느 정도 고용 창출 효과는 거두었다고 본다. 이충기 · 이봉구(2003) 역시 강원랜드가 고용 효과의 측면에서 가장 큰 성과를 보여 주었다고 한다. 전체 직원 중 36.7%가 강원도에 거주하는 사람이고, 더욱이 음식 · 숙박 · 택시 · 주유소 등 카지노와 관련된 업체의 매출액 증가율이 상승하고 있다는 사실은 강원랜드가 지역경제 발전에 어느 정도 기여하고 있는 반증이라 할 수 있다. 또한 이충기(2010)는 산업연관표를 이용하여 강원랜드가 폐광지역 발전에 미치는 경제적 파급 효과를 분석하였는데, 분석 결과 생산 파급 효과, 소득 파급 효과, 부가가치 파급 효과, 취업 파급 효과에서 모든 지표가 폐광지역 발전에 긍정적 기여를 한 것으로 나타났다. 이로 미루어 짐작컨대 강원랜드 카지노는 폐광지역 발전에 없어서는 안 될 중요한 사업부문이라는 것을 알 수 있다.

그러나 최성락 · 황혜선(2006)은 강원랜드 설립 이후 카지노는 폐광지역 전체의 발전에 크게 기여하지 못한 것으로 평가하고 있다. 이유는 기존의 연구가 주로 강원랜드의 내부적인 측면, 즉 강원랜드 자체의 인력 충원, 강원랜드와 관련된 지역의 음식과 숙박 등 아주 좁은 범위의 연구에서 긍정적 효과를 거두었지만 범위를 약간 넓혀 삼척 · 태백 · 정선 · 영월 등의 폐광지역 전체를 보면 폐광지역의 인구가 여전히 감소하고 있으며, 사업체 종사자 수, 재정자립도 등 환경적 여건이 별로 좋아지지 않은 것으로 나타나기 때문이다. 이처럼 국내 · 외적으로 카지노 산업이 지역 발전에 미치는 영향에 대한 연구는 항상 이중적 측면,

즉 긍정적 효과와 부정적 효과를 함께 갖고 있는 것으로 나타난다.

그렇지만 이 연구는 폐광지역의 발전에 카지노 역할이 긍정적이냐 부정적이냐의 논의보다 폐특법 연장의 핵심이 되는 하이원리조트 카지노의 효과분석을 통하여 폐특법이 연장되지 않을 경우 받게 될 폐광지역의 경제적 손실을 통하여 폐특법 연장의 논리를 설명하려고 한다. 폐특법이 연장되지 않을 경우 하이원리조트 카지노사업이 가장 어려운 경영을 하여야 될 가능성이 높다. 이유는 하이원리조트 카지노사업은 폐특법에 따라 내국인만 입장할 수 있는 독점적 사업의 운영이 불가능해지고 외국인을 상대로만 카지노 영업을 하여야 하기 때문이다. 따라서 폐특법이 연장되지 않는다면 내국인 카지노 독점권은 자연스럽게 소멸되고, 외국인만 카지노에 입장할 수 있는 것으로 바뀌게 되어 하이원리조트 카지노 매출액은 급격하게 감소할 것이다. 이런 맥락에서 이 연구는 하이원리조트 매출액의 감소는 국세와 지방세의 감소뿐 아니라 폐광지역개발기금의 감소로 이어져 국가경제 차원 및 지역경제 차원의 생산 유발 효과의 상실, 부가가치 유발 효과의 상실, 그리고 고용 유발 효과의 상실로 나타난다는 사실을 논리적으로 설명하는 데 초점을 맞출 것이다.

2) 분석 틀

[그림 7-1]의 분석 틀에서 보듯이 폐광지역 개발기금, 탄광지역 개발사업비, 폐광지역진흥지구 개발사업비 등 폐광지역 투자재원의 효과가 아직 나타나지 않았기 때문에 2015년까지 폐특법이 2차 연장되지 않는다면 2016년 이후 하이원리조트 매출액이 감소할 것이고, 이로 인하여 국세와 지방세의 감소로 시작되어 생산 유발 효과의 상실, 부가가치 유발 효과의 상실, 그리고 고용 유발 효과의 상실로 이어질 것이라는 점을 그림으로 설명하였다.

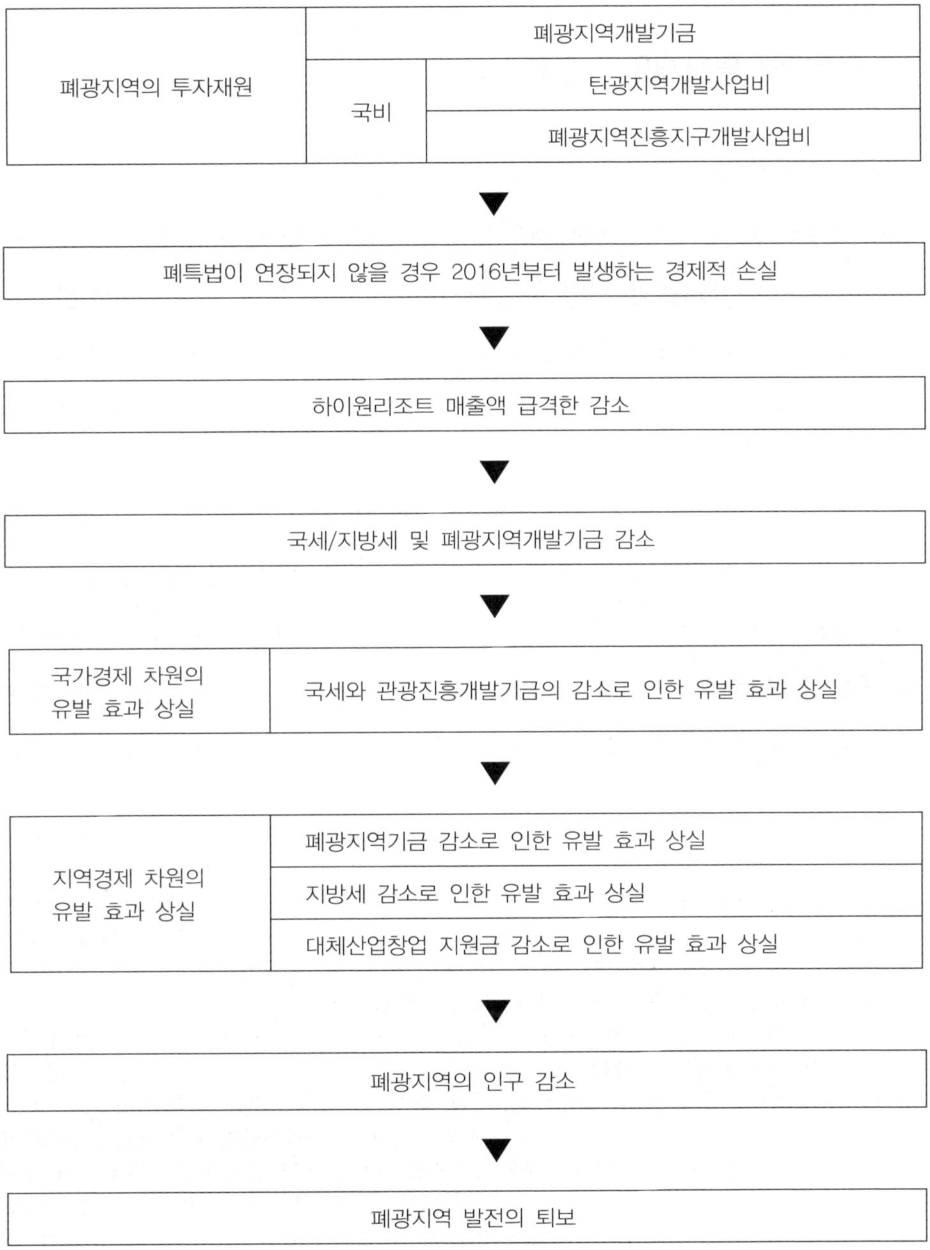
폐광지역의 투자재원
폐광지역개발기금
국비
탄광지역개발사업비
폐광지역진흥지구개발사업비
폐특법이 연장되지 않을 경우 2016년부터 발생하는 경제적 손실
하이원리조트 매출액 급격한 감소
국세/지방세 및 폐광지역개발기금 감소
국가경제 차원의 유발 효과 상실
국세와 관광진흥개발기금의 감소로 인한 유발 효과 상실
지역경제 차원의 유발 효과 상실
폐광지역기금 감소로 인한 유발 효과 상실
지방세 감소로 인한 유발 효과 상실
대체산업창업 지원금 감소로 인한 유발 효과 상실
폐광지역의 인구 감소
폐광지역 발전의 퇴보

[그림 7-1] 연구 모형

Ⅲ. 폐광지역의 투자재원 현황 및 경제적 효과의 손실분석

1. 폐광지역 투자재원[13] 현황

1) 폐광지역개발기금

2001년부터 2011년까지 폐광지역 7개 시 · 군(삼척, 태백, 정선, 영월, 보령, 화순, 문경)에 총 694,002백만 원이 투자되었다. 사업 유형별 폐광지역개발기금 투자 실적을 살펴보면 생활환경사업 270,602백만 원(39%), 관광레저사업 180,283백만 원(26%), 지역특화사업 122,582백만 원(18%), 공공기반사업 120,535백만 원(17%) 순으로 투자되었다.

그런데 2005년을 기준으로 이전과 이후의 시계열별 폐광지역개발기금 투자 비중 추이를 살펴보면, 2005년 이전 5개년간 평균 투자 비중은 공공기반사업(37%), 생활환경사업(28%), 관광레저사업(25%), 지역특화사업(10%) 순으로 나타났다. 또한 2006년 이후 6개년간 평균 투자 비중은 생활환경사업(40%), 관광레저사업(25%), 지역특화사업(21%), 공공기반사업(14%) 순으로 변화하였다. 즉, 투

13) 1995년 폐특법 제정 이후 1997년부터 2011년까지 폐광지역 7개 시군에 투자된 주요 재원은 폐광지역개발기금, 탄광지역개발사업비, 그리고 폐광지역진흥지구개발사업비로 구분할 수 있다.
첫째, 폐광지역개발기금은 폐특법 11조 5항에 근거하여 강원랜드 카지노업에서 발생되는 법인세 차감 전 순이익의 100분의 20 범위 이내에서 폐광지역 지원을 용도로 조성되었다. 기간은 2001년부터 2015년까지 폐광지역 7개 시군의 관광레저사업, 지역특화사업, 공공기반사업, 그리고 생활환경사업에 투자되었으며, 앞으로 투자될 예정이다.
둘째, 탄광지역개발사업비는 폐특법 15조 3항, 동 시행령 탄광지역개발사업비는 폐특법 제15조 제3항, 동법 시행령 제19조 제2항, 정부와 태백시 주민 대표 간 합의문에 의거하여 마련되었다. 2001년부터 2010년까지 태백, 삼척, 영월, 정선, 화순, 보은, 상주 7개 지역의 도로 등 기반시설 정비, 대체산업단지 조성, 지역주민 소득 증대 및 후생복지, 관광휴양지 조성 사업에 투자되었다.
셋째, 폐광지역진흥지구개발사업비는 폐특법 제3조, 제4조, 제15조 내지 제19조에 의거, 침체된 폐광지역의 경제 활성화를 위하여 기반시설 조성사업을 정부가 지원함으로써 지역경제 진흥 및 민자 유치를 촉진하기 위하여 마련되었다. 1997년부터 2005년까지 폐광지역 7개 시 · 군의 도로 등 기반시설 정비, 대체산업단지 조성, 지역주민 소득 증대 및 후생복지, 관광휴양지 조성사업에 투자되었다. 단 여기서는 재원 출처의 공통점에 의거하여 탄광지역개발사업비와 폐광지역진흥지구개발사업비를 묶어 국비로 표현하기로 한다. 또한 이 논문에서 폐광지역 투자재원 현황에 대해서는 현대경제연구원(2011)의 자료를 인용하여 이 논문에 맞게 재구성하였다.

자 초기에는 공공기반사업의 비중이 상대적으로 높았으나 투자, 후기에는 같은 분야 비중이 감소한 반면 지역특화사업과 생활환경사업 비중이 증가함을 알 수 있다. 단 관광레저사업은 약 25% 수준의 투자 비중을 꾸준히 유지하는 것으로 나타난다.

2) 국비(탄광지역개발사업비 + 폐광지역진흥지구개발사업비)

1997년부터 2011년까지 폐광지역 7개 시・군에 총 1,355,380백만 원이 투자되었다. 사업 유형별 국비 투자 실적을 살펴보면, 도로 등 기반시설 정비사업 801,743백만 원(59%), 관광휴양지 조성사업 268,784백만 원(20%), 대체산업단지 조성사업 152,889백만 원(11%), 소득 증대 및 후생복지사업 131,964백만 원(10%) 순으로 투자되었다. 2003년을 기준으로 시계열별 국비 투자 비중 추이를 살펴보면 도로 등 기반시설 정비사업은 지속적으로 평균 약 60% 투자 비중을 유지하고 있으며, 관광휴양지 조성사업은 2003년 이전 7개년간 평균 투자 비중이 11%였으나 2004년 이후 8개년 간은 24%로 확대되었다. 대체산업단지 조성사업과 소득 증대 및 후생복지사업은 각각 평균 투자 비중(1997~2011)이 15%, 8%로 상대적으로 낮은 비중을 차지하고 있다. 그러나 소득 증대 및 후생복지사업은 2004년 이후 평균 투자 비중이 11%로 그 이전 평균 투자 비중 6% 대비 확대되었다.

3) 폐광지역 투자재원에 대한 함의

폐광지역개발기금과 국비(탄광지역개발사업비, 폐광지역진흥지구개발사업비)를 합할 경우, 폐광지역 7개 시・군에 투자된 총 공공재원은 2,049,382백만 원으로 산정되었다. 공공재원[14] 투자 실적을 사업 유형별로 살펴보면, 공공기반 사업

14) 국비의 투자 사업 유형인 관광휴양지 조성사업, 대체산업단지 조성사업, 도로 등 기반시설 정비사업, 소득 증대 및 후생복지사업을 그 속성의 유사성에 기반, 각각 폐광지역개발기금의 투자사업 유형인 관광레저사업, 지역특화사업, 공공기반사업, 생활환경사업에 속하는 것으로 계산하였다.

922,278백만 원, 관광레저사업 449,067백만 원, 생활환경사업 402,566백만 원, 지역특화사업 순으로 투자되었다. 1997년 이후 폐광지역 개발을 위하여 투입된 공공재원의 절반에 가까운 약 45%는 도로 개설 및 도로확포장, 상하수도 정비 등 지역 개발을 위한 기반시설 사업에 투자되었다. 그 다음으로 전체 공공재원의 약 22%는 폐광지역 관광 개발 관련 사업에 투자되었으며, 주거환경 개선, 각종 후생복지사업 등 생활환경 관련 사업에 약 20%가 투자되었다. 반면, 대체산업 유치 등 지역주민의 고용, 소득, 지역 상권의 활성화 등과 관련성이 높은 지역특화사업에는 전체 공공재원 중 가장 낮은 18%가 투자되었다. 이러한 사실로부터 공공재원의 투자에 대한 다음과 같은 함의를 얻을 수 있다.

첫째, 1997년 이후 폐광지역의 경제 회생 및 지역주민 삶의 질 향상을 위하여 약 2조 이상의 공공재원을 투입하였고, 이 중 약 절반은 도로, 상수도 등 기반시설, 22%는 관광휴양지시설, 20%는 생활환경사업에 투자, 즉 총 공공재원의 약 80% 이상이 지역 개발을 위한 하드웨어 측면에 집중 투자되었다.

둘째, 1989년 석탄산업합리화정책 시행 이후 급속하게 황폐화가 진행된 폐광지역 7개 시 · 군 지역의 경제 회생을 위해서는, 낙후지역 개발 관점에서 사회간접자본(SOC) 등 하드웨어 측면의 기반 조성이 우선 필요하였음을 알 수 있다.

셋째, 이러한 기반시설 조성 등에 투자가 집중된 나머지 지역주민 취업, 소득 등 실질적 생활 수준 향상과 연관성이 높은 대체산업 유치 등 콘텐츠 또는 소프트웨어 측면의 투자는 미흡한 상황이다.

넷째, 폐특법의 제정 목적인 지역 간 균형 발전과 지역주민 생활 향상을 위해서는 소프트웨어 측면의 투자 규모 및 비중이 비약적으로 증가되어야 한다.

2. 폐특법이 연장되지 않을 경우 발생하는 경제적 효과의 손실분석

폐특법의 효과분석은 폐특법이 연장되지 않을 경우 국가와 지역에서 발생하는 경제적 효과의 손실에 대한 분석[15]이다. 손실의 변화를 예측하여 폐특법 연장의 논거로 활용한다.

첫째, 폐특법이 연장되지 않을 경우 발생하는 손실은 하이원리조트의 매출액이 급감할 것이며, 이로 인하여 국세·지방세 및 폐광지역개발기금 납부액이 감소할 것이다.

둘째, 폐특법이 연장되지 않을 경우 국가경제의 측면에서 발생하는 손실은 국세와 관광진흥개발기금 납부액이 감소될 것이며, 이로 인하여 생산 유발 효과, 부가가치 유발 효과, 그리고 취업 유발 효과의 상실이 발생할 것이다.

셋째, 폐특법이 연장되지 않을 경우 지역경제의 측면에서 폐광지역개발기금 중단, 지방세의 감소, 그리고 대체산업창업지원금이 축소될 것이다. 그 하나는 폐광지역개발기금의 중단으로 인한 지역경제 차원에서 유발 효과의 상실을 들 수 있다. 다른 하나는 지방세의 감소로 인한 지역경제 차원에서 유발 효과의 상실을 들 수 있다. 또 다른 하나는 대체산업창업지원금의 감소로 인한 지역경제 차원의 유발 효과의 상실을 들 수 있다.

넷째, 폐특법이 연장되지 않을 경우 폐광지역의 인구는 감소할 것이다.

1) 하이원리조트의 매출액 감소

내국인들의 카지노 출입을 독점적으로 허용하는 폐특법이 연장되지 않을 경우 시효가 만료되는 2016년 이후부터 하이원리조트의 카지노에 내국인 방문객들의 매출이 발생하지 않게 되며, 순수 외국인들의 매출에 의존할 수밖에 없을 것이라는 것을 <표 7-2>는 보여 준다. 2008~2010년 하이원리조트 카지노 입장객 중 내국인 방문객 비중은 99.0%로 향후에도 이와 같은 매출 비중이 개선되지 않을 경우, 하이원리조트 카지노의 매출액 급감을 고려하지 않을 수 없다. 외국인들의 평균 지출액이 내국인들의 지출액과 같다고 가정할 경우 매출액은 1/100로 감소하게 되며, 내국인들의 지출액보다 두 배 정도 많이 지출한다고 가

15) 폐특법이 연장되지 않을 경우 발생하는 경제적 효과의 손실분석에 관해서는 현대경제연구원(2011)의 자료를 인용하여 이 논문에 맞게 재구성하였다.

〈표 7-2〉 하이원리조트 매출액 추이 및 추산

(단위: 백만 원)

연도	2008년	2009년	2010년	2011년	2012년	2013년
매출액	1,149,283	1,206,659	1,313,683	1,404,502	1,501,600	1,605,410
연도	2014년	2015년	2016년	2017년	2018년	2019년
매출액	1,716,397	1,835,057	27,526	29,429	31,463	33,638

자료: 강원도청 내부자료.

* 2010년 이전 데이터는 실측값이며, 2011년 이후 매출액은 최근 3년(2008~2010)의 연 평균성장률을 반영한 추정값(3년 연 평균성장률 6.9%)

** 폐특법이 연장되지 않았을 경우 내국인 관광객의 제한으로 내국인들의 매출액이 발생하지 않은 것으로 가정하였으며, 외국인들의 방문객 비중(2008~2010 3개년 평균 1.0%)과 1인당 지출비용(내국인 평균 지출비용의 2배 지출)을 가정하여 산출하였음.

정할 경우에도 1/50에 불과한 매출이 발생하게 된다.

현재 하이원리조트는 카지노 부문이 주된 수익원으로 골프와 카지노를 제외한 여타 사업부문은 적자 운영 중이다. 2010년 하이원리조트 매출액의 95.5%는 카지노 부문에서 발생한다. <표 7-3>을 보면 카지노 매출액 비율이 가장 높다는 것을 알 수 있다.

〈표 7-3〉 강원랜드 사업부문별 매출액(2010)

(단위: 백만 원)

구분	카지노	강원랜드호텔	하이원 호텔	골프장	스키장	하이원 콘도	총매출액
2010년	1,255,007	16,276	3,979	4,644	20,346	13,431	1,313,683
비율	95.5%	1.2%	0.3%	0.4%	1.5%	1.0%	100%

자료: 강원도청 내부자료.

2) 국세/지방세 및 기금납부액 감소

하이원리조트의 매출액이 급감함에 따라 기존에 납부하던 국세 및 기금(관광진흥개발기금과 폐광지역개발기금)이 큰 폭으로 감소하거나 중단될 것으로 예상된다. <표 7－4>를 보면 폐특법 만료 이후(2016년) 전년(2015년) 대비 4,200억 원의 세금납부액(국세 2,300억 원, 지방세 1,900억 원) 감소가 예상된다.

〈표 7-4〉 세금납부액 추이 및 추산

(단위: 백만 원)

연도	2008	2009	2010	2011	2012	2013
국세	161,653	148,079	155,761	178,813	191,175	204,391
지방세	115,799	128,858	142,979	148,121	158,361	169,309
연도	2014	2015	2016	2017	2018	2019
국세	218,521	233,628	3,504	3,747	4,006	4,283
지방세	181,014	193,528	2,902	3,104	3,318	3,548

자료: 강원도청 내부자료.

* 2010년 이전 데이터는 실측값이며, 2011년 이후 납부금은 강원랜드 매출액 추정값과 세금 납부 비율을 반영하여 추산한 값임.

** 최근 3개년(2008~2010)의 매출액 대비 세금 납부액 비율은 평균 국세 12.75%, 지방세 10.5%이며, 2011년 이후 납부액 추산 시 적용함.

〈표 7-5〉 기금납부액 추이 및 추산

(단위: 백만 원)

연도	2008	2009	2010	2011	2012	2013
관광진흥개발기금	106,054	115,640	125,116	132,657	141,828	151,633
폐광지역개발기금	99,353	111,452	124,603	128,120	136,977	146,477
연도	2014	2015	2016	2017	2018	2019
관광진흥개발기금	162,116	173,324	2600	2,700	2,972	3,177
폐광지역개발기금	156,571	167,395	지원 중단			

자료: 강원도청 내부자료.

* 2010년 이전 데이터는 실측값이며, 2011년 이후 납부금은 강원랜드 매출액 추정값과 기금납부액 비율을 반영하여 추산한 값임.

** 관광진흥법 제30조 1항 및 시행령에 따라 강원랜드 매출액의 10%에 해당하는

금액을 관광진흥개발기금으로 납부하여야 함.

*** 상기법에서의 매출액은 카지노 영업 관련으로 고객에게서 받은 송금액에서 지불 금액을 공제한 금액으로서 강원랜드의 영업 매출액과 다소 차이가 있음.

**** 최근 3개년(2008~2010)의 매출액 대비 기금납부액 비율은 관광진흥개발기금 평균 9.4%, 폐광지역개발기금 9.1%이며, 2011년 이후 기금납부액 추산 시 적용함.

<표 7-5>를 보면 폐특법 만료 이후(2016년) 관광진흥개발기금은 2016년에 전년(2015년) 대비 1,700억 원의 관광진흥개발기금 감소가 예상된다. 강원랜드 매출액의 10%가 기금으로 지불되며, 동일한 기준을 적용할 경우 관광진흥개발기금은 1,730억 원에서 30억 원으로 1/50 수준으로 감소가 예상된다.

3) 국세와 관광진흥개발기금의 감소로 인한 국가적 차원에서 경제적 효과의 손실

2016년 국가 예산에서 감소되는 부분은 국세에서 2,300억 원, 관광진흥개발기금에서 1,700억 원 정도일 것으로 추산된다. <표 7-6>에서 2,300억 원의 국세 감소로 인하여 4,456억 원의 생산 유발 효과, 1,533억 원의 부가가치 유발 효과, 3,216명의 고용 유발 효과가 상실될 것으로 추산된다. 또한 1,700억 원의 관광진흥개발기금 감소로 인하여 2,912억 원의 생산 유발 효과, 1,517억 원의 부가가치 유발 효과, 1,992명의 고용 유발 효과가 상실될 것으로 추산된다. 이미 기술한 타격 효과는 연간 전국에서 발생되는 파급 효과이며, 폐특법 지원이 연장되었을 경우 매년 유지되었을 경제적 효과가 상실됨을 의미한다.

〈표 7-6〉 2016년 국세와 관광진흥개발기금의 감소로 인한 유발 효과 상실

(단위: 십억 원, 명)

<table>
<tr><td rowspan="2">국세 감소
230</td><td>생산 유발 효과 상실</td><td>부가가치 유발 효과 상실</td><td>고용 유발 효과 상실</td></tr>
<tr><td>445,6</td><td>153,3</td><td>3,216</td></tr>
<tr><td rowspan="2">관광진흥개발기금 감소
170</td><td>생산 유발 효과 상실</td><td>부가가치 유발 효과 상실</td><td>고용 유발 효과 상실</td></tr>
<tr><td>291,2</td><td>151,7</td><td>1,992</td></tr>
</table>

자료: HRI 추산 자료.

* 국세 및 관광진흥개발기금의 감소분은 폐특법이 연장되지 않을 경우 2016년에 발생할 것으로 예상되는 전년 대비 기금 감소분임.
** 관광진흥개발기금 파급 효과 추산은 2016년 이후 기금의 항목 지출이 2010년의 지출 내역과 유사하다는 가정 하에 추산
*** 기타 가정들은 HRI가 자체적으로 추산

4) 폐광지역개발기금의 중단, 지방세의 감소, 그리고 대체산업창업지원금의 축소로 인한 지역경제 차원에서 경제적 효과의 손실

(1) 폐광지역개발기금의 중단으로 인한 지역경제 차원에서 유발 효과의 상실

1,674억 원 규모의 폐광지역개발기금 예산 중단으로 인하여 2,105억 원의 생산 유발 효과, 1,009억 원의 부가가치 유발 효과, 2,042명의 취업 유발 효과가 상실될 것으로 추산된다.[16] 태백, 삼척, 영월, 정선, 보령, 화순, 문경 각각의 효과는 <표 7-7>과 같다.

〈표 7-7〉 폐기금 중단으로 인한 7개 시 · 군의 경제적 영향

(단위: 백만 원, 명)

구분	지원 중단금	생산 유발 효과	부가가치 유발 효과	고용 유발 효과
태백	30,432	38,000	17,542	969
삼척	28,012	34,370	19,041	374
영월	27,414	33,982	17,474	306
정선	30,592	38,730	17,446	376
보령	16,318	20,328	9,495	201
화순	10,951	14,154	5,799	118
문경	23,316	30,962	14,078	296
소계	167,395	210,585	100,865	2,042

자료: HRI 추산 자료.

* 2016년을 기준으로 하여 전년(2015년) 대비 감소분(중단)을 기준으로 함.

16) 상기의 효과는 지역경제에 미치는 파급 효과로서 지역산업 연관분석의 해당 지역만을 대상으로 산출한 값으로서, 해당 지역 외 다른 지역까지 고려할 경우 파급 효과는 대략 30% 큰 값으로 증가함.

** 2010년 데이터를 바탕으로 2015년까지 추정하였으며, 강원랜드 매출액 추정값과 폐기금 납부 비율을 반영하여 추산한 값임.

*** 한국은행, 2005년 지역산업연관표 활용

**** 산업연관계수(생산 유발 효과, 부가가치 유발 효과, 고용 유발 효과)는 지역산업연관계수 중 자기 지역 계수만 반영하여 산출함.

***** 해당 지역 외 다른 지역에 대한 파급 효과 결과는 생략하였음.

(2) 지방세 감소로 인한 지역경제 차원에서 유발 효과의 상실

1,900억 원 규모의 지방세가 감소로 인하여 2,420억 원의 생산 유발 효과, 1,006억 원의 부가가치 유발 효과, 2,813명의 취업 유발 효과가 상실될 것으로 추산된다(<표 7-8> 참조).

〈표 7-8〉 지방세 감소로 인한 강원지역의 경제적 영향

(단위: 십억 원, 명)

구분	지방세 감소분	생산 유발 효과	부가가치 유발 효과	고용 유발 효과
	190.6	242.0	100.6	2,813

자료: HRI 추산 자료.

* 2016년을 기준으로 하여 전년(2015년) 대비 감소분(중단)을 기준으로 함.

** 2010년 데이터를 바탕으로 2015년까지 추정하였으며, 강원랜드 매출액 추정값과 폐기금 납부 비율을 반영하여 추산한 값임.

*** 한국은행, 2005년 지역산업연관표 활용

**** 산업연관계수(생산 유발 효과, 부가가치 유발 효과, 고용 유발 효과)는 지역산업연관계수 중 자기 지역 계수만 반영하여 산출함.

***** 해당 지역 외 다른 지역에 대한 파급 효과 결과는 생략하였음.

(3) 대체산업창업지원금 감소로 인한 지역경제 차원의 유발 효과 상실

100억 원의 지원금에 대하여 대략 138억 원의 생산 유발 효과, 47억 원의 부가가치 유발 효과, 133명의 고용 유발 효과가 있는 것으로 추산되며, 대체산업융 지원금 감소는 이와 같은 효과가 상실됨을 의미한다. 2006~2010년까지 지원금을 받아 활용한 52개 업체를 대상으로 지원금의 효과를 분석한 결과 <표 7-9>를 보면, 연평균 58억 원의 지원금에 대하여 80억 원의 생산 유발 효과, 27억 원의 부가가치 유발 효과, 77.6명의 고용 유발 효과가 있었음이 확인되었다.

〈표 7-9〉 폐광지역 52개 기업 대상 대체산업 융자 지원의 효과

(단위: 백만 원, 명)

구분	지원금	생산 유발 효과	부가가치 유발 효과	고용 유발 효과
태백, 삼척, 영월, 정선 (강원도)	684	886	344	8.2
보령(충남)	508	682	196	5.8
화순(전남)	1,482	2,204	582	15.0
문경(경북)	3,147	4,266	1,592	48.6
소계	5,822	8,038	2,713	77.6
산업연관계수 유추		1.38	0.47	1.33

자료: 한국광해관리공단, 대체산업융자지원사업 성과분석, 2011.

5) 폐특법이 연장되지 않을 경우 도시의 기능을 유지할 수 있는 인구 수 감소 및 인구 유출 속도의 가속화 우려

폐광지역은 과거 도시의 기반이었던 석탄산업이 붕괴되어 노동자들이 일자리를 상실하면서 해당 도시의 주민들이 다른 지역으로 급속히 이탈함에 따라 도시 기반이 위협받았던 지역이다. 폐특법 제정과 1차 시효 연장 이후 정부의 지역 개발에 대한 적극적인 지원으로 인구 유출 속도는 다소 늦춰지고 있으나 현재도 인구 감소는 삼척[17]을 제외하고 지속적으로 진행 중이다. 지역기반산업이 다양하게 발전하지 못하고 현재까지도 정부의 육성·지원정책에 많은 부분을 의존하고 있는 폐광지역들은, 폐특법이 2025년까지 2차 연장되지 않을 경우 도시 기능에 대한 주민들의 기대심 하락과 상실감으로 인구 유출이 가속화할 것으

17) 삼척은 폐광지역임에도 불구하고 LNG 및 종합발전단지 등 21세기 신성장 동력산업인 에너지산업과 강원도 도계캠퍼스의 활성화 등으로 인하여 인구가 증가하고 있다.

로 예상된다.

Ⅳ. 나오는 말

지금까지 폐특법 연장에 관한 다양한 논의를 통하여 폐특법이 반드시 연장되어야 한다는 논리를 살펴보았다. 폐특법이 연장되지 않는다면 국가적 차원뿐 아니라 지역적인 차원에서도 상당한 손실이 있을 것이라 추론할 수 있다. 폐광지역의 경제는 이제 걸음마 단계를 막 벗어나려는 시점이다. 도시기반시설이 어설프게나마 구축되려는 현 시점에서 폐특법이 연장되지 않는다면 폐광지역의 경제는 다시 어두운 터널 속으로 들어가 영원히 회생할 수 없는 어려운 상황에 처할 수 있다.

폐광지역 경제를 활성화시킬 수 있는 다양한 산업이 좀 더 뿌리를 내리려면 폐특법 연장 이외에 대안이 없다. 일본의 폐광지역 역시 40년간의 시간과 재원을 투입하여 성공하였다는 사실을 타산지석으로 삼아야 한다. 또한 도시 발전의 성장 과정 역시 오랜 시간이 지나야 인프라가 구축되고 여기에 수반하여 도시 경제가 활성화된다는 사실은 이미 오래전에 동서양을 막론하고 많은 학자가 공감해 왔다. 더욱이 도시 발전은 대체로 4단계 과정을 거쳐 진행된다. 첫 단계는 기반 구축기, 두 번째 단계는 기반 확충기, 세 번째 단계는 도약기, 그리고 네 번째 단계는 성숙기 등 4단계를 거쳐 성장 및 발전한다. 도시 발전이 반드시 이런 단계로 진행되는 것은 아니지만 국내·외적인 도시 발전의 추세를 살펴보면, 이런 단계를 거치는 것이 일반론적인 과정으로 알려져 있으며, 또한 도시 발전의 각 단계는 약 10년 내외의 시간이 소요된다.

이런 과정을 눈여겨보면 우리는 폐광지력 7개 시·군(삼척, 태백, 정선, 영월, 문경, 화순, 보령)은 이제 겨우 기반 구축기(1996~2005년)를 지나 아직도 초기 단계인 기반 확충기(2006~2015년)의 중간 지점에 겨우 도달하였다는 것을 알 수 있다. 도시에 사는 사람들의 자족적인 삶이 풍요롭게 이루어지거나 도시 자체가 도시로 기능하기 위해서는 적어도 도약기(2025년)에는 와 있어야 한다. 도약기에 오기도 전에 폐특법이 연장되지 않음으로 인하여 도시 발전이 중단된다면 도시 발전은 그야말로 사상누각이 될 수밖에 없다. 삼척, 태백, 정선 영월, 문경, 화순, 보령 등 폐광지역의 7개 시・군이 현재 그런 상황에 놓여 있다. 도시 발전에서 하여야 할 일이 산더미처럼 많은데 폐특법이 2차 연장되지 않아 지역개발사업의 다양한 프로그램이 중단되면 폐광지역의 7개 시・군은 스스로 고사할 수밖에 없다.

폐특법이 2025년까지 2차 연장되지 않는다면 특히 하이원리조트의 카지노는 내국인 독점적 사업 지위가 없어져 외국인만 출입하는 카지노로 전락되어 매출액의 급격한 감소와 이것이 국세와 지방세의 감소로 이어져 폐광지역 7개 시군에 도움을 줄 수 있는 길이 영구히 막혀버리게 된다. 물론 카지노는 도박산업이기 때문에 카지노가 갖고 있는 부작용도 만만치 않다. 카지노의 부작용을 최소화할 수 있는 다양한 프로그램을 만들어서 이를 보완해 나가면 카지노 자체의 문제점은 상당 부분 해소될 수 있을 것이다.

이 연구는 폐광지역 발전을 위한 폐특법 연장의 논리를 경제적 효과의 손실분석을 중심으로 살펴보았다. 그렇지만 이 연구의 저변에 흐르는 밑바탕은 신자유주의적 시각보다 사회적 시각에서 이 연구를 진행해 왔다는 사실이다. 폐특법 2차 연장 역시 사회적 관점에서 접근하여야 문제의 본질과 해결책을 찾을 수 있다는 점을 다시금 강조하고 싶다. 서로 배려하며, 적은 것도 서로 나누어 갖는 사회적 시각이나 관점에서 접근하는 것이 폐특법 2차 연장의 올바른 길이라는 사실을 기획재정부 정책결정자에게 알려 주고 싶은 마음 간절하다.

문•제•풀•기

1. 폐특법의 대두 배경을 설명하시오.
2. 폐특법 연장에 관한 다양한 논의를 설명하시오.
3. 지역발전이론의 패러다임 변화를 설명하시오.
4. 폐광지역개발기금에 대하여 설명하시오.
5. 폐광지역 투자재원에 대한 함의를 설명하시오.
6. 폐특법이 연장되지 않을 경우 발생하는 경제적 효과의 손실분석을 설명하시오.

제 8 장

글로벌 거버넌스와 사회갈등: 담론의 구조와 해결 기제

Ⅰ. 들어가는 말

인류 역사의 발전에서 사회갈등이 어떤 역할을 하였느냐? 사회갈등이 인류 역사의 발전에 순기능의 역할을 하였느냐, 아니면 역기능의 역할을 했느냐? 보는 관점, 시각, 접근 방법에 따라 다양한 해석이 가능하다. 인류 역사의 발전이 갈등에 의하여 이루어진다는 갈등론자의 입장에서는 갈등의 순기능을 주장할 것이고, 그렇지 않다는 입장을 견지하는 기능주의자들은 갈등의 역기능을 이야기할 것이다.

인류 역사는 많은 갈등과 긴장 속에서 연속적으로 또는 단절적으로 사회 발전의 진퇴를 거듭해 왔다. 발전 과정에서 기존 질서에 대한 불만과 갈등은 새로운 질서를 향한 사회적 긴장과 전환의 계기를 마련하고, 이러한 에너지의 결집은 다시 사회 발전의 추동력을 생산해 내기 때문이다. 동시에 발전의 전환점에서는 기존의 갈등이 또 다른 갈등과 분열을 증가시켜 역으로 사회 발전을 저해할 수 있다. 역사적인 맥락에서 발전에 성공한 경우보다 실패한 경우가 조금 더 일반화된 상황임을 고려할 때, 최근의 한국 사회는 급격한 사회 변동 속에서도 사회 발전을 향하여 대단히 중요한 국면에 놓여 있는 것이다. 갈등의 완전한 해결이 불가능하고, 갈등이 없는 사회가 존재하지 않는다는 사실에도 불구하고 현재 상황에서 갈등 현상에 대한 이해와 성찰적 자세를 가다듬는 것은 실제적 차원에서 좀 더 의미 있는 작업이라 할 수 있다(서문기, 2004: 196).

이런 맥락에서 한국 사회의 갈등 문제를 우리는 어떻게 진단하고 해결할 것인가? 원인이 무엇이고, 이를 어떻게 처방할 것인가?

한국 사회는 1962년 제1차 경제개발계획 이래 20~30년 동안 연 평균 7~10% 내외의 빠른 경제 성장으로 사회구조의 변화를 경험하면서 점차 다양하고 심각한 사회적 갈등에 노출되어 왔다. 특히 권위주의적 정치체제 하에서 잠재적으로 심화되어 오던 사회갈등은 2000년대 이후 민주화, 세계화, 정보화로 인하여 갈등의 양상이 다양해지면서 복잡해졌다. 이런 현상은 문민정부, 국민의 정부, 참여정부, 박근혜 정부, 이명박 정부, 그리고 문재인 정부에 이르기까지 심화되는 상황이다.

한편 사회갈등으로 인하여 국민 전체가 부담하여야 될 사회적 비용도 상상할 수 없을 정도로 크게 증가된다. 정치, 경제, 사회, 문화, 노동 등 사회 전반적인 측면에서 나타나는 가시적 또는 비가시적 비용 또한 만만치 않다. 가시적 비용으로는 첨예한 갈등으로 인한 정책의 지연이나 생산의 중단 등에 따르는 경제적 비용, 재산 및 인명의 손실 등을 들 수 있고, 비가시적 비용으로는 갈등 당사자 간의 상호 불신으로 인한 공동체의 사회적 자본의 잠식, 복지부동과 같은 소극적 정책 태도 등을 들 수 있다.

여기에서는 갈등에 관한 이론적 논의를 토대로 사회갈등에 대한 다양한 양상, 즉 계층갈등, 지역갈등, 이념갈등, 세대갈등, 그리고 노사갈등 등의 문제를 진단하고, 탐색적 연구를 통한 해결 방안을 모색한다.

Ⅱ. 이론적 논의

1. 갈등의 의미

사회갈등이란 무엇인가? 무엇을 사회갈등이라 하며, 그 의미는 무엇인가? 이런 문제에 대하여 아직 합의를 도출하지 못한 상태에서 사회갈등이란 용어를 많은 학자가 사용하곤 한다(Susskind, 1999). 사회갈등이란 용어가 학계에서 명확하게 정립되지 않았다는 것은 이 문제에 대한 이론적 · 경험적 연구가 아직 적다는 것을 말해 주는 반증이기도 하다.

갈등이란 조직 내적 · 외적인 관점에서 다양하게 접근할 수 있다. 인간이 모여 사는 곳에 갈등이란 필연적 현상이요, 보편적 현상이다. 수많은 개인이나 소집단이 복합적 단위로 공식적 대규모 조직에서 서로 모이게 될 때 이들 간의 갈등과 긴장은 불가피하다. 개인 대 개인으로서, 개인 대 조직으로서, 조직 대 조직으로서 수많은 갈등이 계속해서 일어나고 있으며, 이런 갈등은 지속적으로 계속된다. 갈등은 부정적 측면에서 조직을 해치는 행위로 인식되는가 하면, 긍정적 측면에서 조직 발전에 필요한 행위로 인식되기도 한다. 다시 말해서 갈등은 양면의 칼날이다. 이를 어떻게 활용하느냐에 따라 결과가 달라질 수 있다는 의미이기도 하다. 그런데 갈등은 인식(perception)의 대상이 되어야 하며, 인식되지 않은 갈등이란 갈등이라 할 수 없다. 갈등은 양립할 수 없는 목표를 추구라 할 때 일어난다. 예컨대, 하나의 목표의 성취는 다른 목표의 희생을 전제로 한다. 이런 갈등은 인간이 존재하는 곳에는 어디에서나 발견된다.

또한 갈등은 당사자 간의 동의 여부, 이해관계의 양립가능성, 실제와 인식 간의 차이, 세계관 및 행위양식의 불일치 등으로도 일어난다. 갈등의 분석적 차원은 인지, 정서, 행위의 차원으로 세분될 수 있다. 세 차원은 다시 주관적 상황 및 객관적 상황과 연계되어 복잡해지면서 서로 이율배반적 양상으로 흘러간다. 갈등의 유형을 분석하는 작업과 관련하여 인지 차원에서는 통합과 분배, 과정과 결과, 예방과 사후 대응, 단편적 접근과 전체적 접근 등의 상치되는 개념이 혼재되어 있다. 정서 차원에서는 열정과 혐오, 그리고 폭발성과 내폭성의 개념이 대립하고 있으며, 행위 차원에서는 복종과 지배 또는 위협과 화해 등의 반대되는 개념을 포함할 수 있다(서문기, 2004: 198).

갈등의 인지적 차원은 주로 개인 자신의 욕구나 필요성 또는 이해 관계나 가치관 등의 타인과 양립 불가능하다는 지각으로부터 출발하며, 정서적 차원은 행위 차원보다 일반적으로 갈등으로 인한 영향이 크지만 상호 교환 관계의 원리를 중심으로 갈등의 다양한 차원이 복합적으로 작용함으로써 그 결과가 나타난다고 하겠다. 행위적 차원으로서 갈등의 전개 양상은 인지 또는 정서 차원의 이해관계와 접목되면서 다시 폭력적 또는 설득적 지향으로 구분되기도 한다. 그러나 세 가지 차원이 서로 복합적으로 영향을 미친다고 하더라도 반드시 비슷한 결과를 초래하지는 않는다. 예컨대, 갈등 당사자들이 갈등의 존재와 성격을 이해하는 정도가 높을수록 갈등의 정서적 차원은 줄어들 수 있다. 이런 갈등의 복합성은 경우에 따라 갈등 현상의 전개 과정에서 왜 비합리적인 행위가 사회적으로 예측 불가능하게 발생하는가를 설명해 준다. 특히 사회적 단위에서는 갈등 현상에 대한 구성원들의 인지, 정서, 행위, 차원이 정치지도자에서 일반 구성원에 이르기까지 다양하기 때문에 갈등의 성격을 구명하는 데 어려움이 많다고 하겠다(Muller, 1997; 서문기, 2004: 198 재인용).

이런 맥락에서 사회갈등은 자원 배분, 이념(가치관 포함), 정책적 대안, 환경문제 등을 둘러싸고 사회 각 집단이 벌이는 갈등의 양상을 말한다. 이런 사회갈등의 문제를 합리적으로 해결하지 못하면 각 집단 간의 첨예한 대립으로 사회는 파국으로 치닫게 된다. 한국 사회에서 나타나는 대표적 사회갈등은 계층갈등, 지역갈등, 이념갈등, 세대갈등, 그리고 노사갈등 등이다.

2. 사회갈등의 기능

사회갈등은 마르크스(Karl Marx)나 다렌도르프(Ralf Dahrendorf)로 대표되는 변증법적 갈등이론의 관점에서 접근하든, 코저(Lewis Coser)의 (갈등)기능주의이론의 관점에서 접근하듯 단기적으로는 역기능적이지만 장기적으로는 순기능으로 귀결된다(Turner, 1978: 180-187; 정근식·김해식 역, 1999). 단기적으로 보면, 사회갈등은 기존 질서의 안정과 효율성을 파괴하고 체제의 경직성만 조장할 뿐 민주주의 이념의 실천적 구현에는 별로 기여하지 못한다. 그러나 장기적으로 보면 사회갈등의 동력은 개혁과 변화의 촉매제로 작용하게 되고, 그 여파로 갈등의 모체인 낡은 질서와 체제는 새로운 질서와 체제로 대체되며, 그것은 대부분 발전적 모습을 띠게 되는 것이 일반적인 경향이다. 새로운 질서와 체제가 나타내는 발전적 모습이란 거시 수준에서 보면 사회부문의 자율성과 통합성, 정치체제의 민주성과 효율성, 분배의 형평과 복지의 증진을 반영하며, 미시 수준에서 보면 개인의 자유와 권리 및 생활 수준의 향상을 함축할 수 있다.

물론 기존 정권이 사회갈등을 정치적으로 역이용하여 민중 억압을 강화하는 방향으로 체제 변혁을 시도한다거나 군부 또한 사회갈등에 편승하여 쿠데타를 일으킬 수 있다. 그러나 사회갈등이 초래할 수 있는 이러한 정치적 역전 현상이란 사실 역사의 긴 안목에서 보면 과도기적 현상에 불과하며, 그것 또한 새로운 갈등을 잉태함으로써 종국적으로 체제는 발전 지향적인 변화를 추구하게 되는 것이다. 따라서 갈등의 누적은 체제의 변화를 촉진하며, 갈등 누적과 체제 변화가 악순환을 반복하는 가운데 체제는 결국 갈등의 제도화를 실현하여 갈등수용성을 제고하게 된다. 갈등의 제도화로 갈등 수용성이 증대된 체제란 갈등관리와 해소의 기제가 발달된 체제이며, 그것은 곧 정치적으로 발전된 체제인 것이다.

이상의 논거에서 본다면, 변증법적 갈등이론이든 갈등기능주의 이론이든 단기적 측면보다 장기적인 입장에서 접근하면 사회갈등은 창조와 발전의 원천이며, 결코 죄악시될 필요는 없는 것이다. 사회집단과 조직이 자기의 목적과 이익을 관철하기 위하여 국가 또는 여타의 대상 집단을 상대로 갈등을 야기하는 것은 원론적 수준에서 볼 때 일단 긍정적으로 받아들여질 수 있다(한상진, 1985: 149). 그러나 이러한 행동이 독단적 편견에서 비롯되었다거나 편협한 분열주의 및 파괴적 모험주의에 기초한 것이라면 그것은 위험한 일이다. 이러한 행위는 사회갈등을 역기능적으로 확대 재생산시켜 이해 당사자는 물론 사회 전체에 엄청난 비용과 희생을 치르게 할 뿐만 아니라 자칫하면 역사의 흐름마저 오도할 우려가 있기 때문이다.

3. 선행 연구

사회갈등에 대한 초기의 연구는 사회학 분야에서 주로 이루어졌다. 심영희(1984)의 “사회갈등과 사회통제: 이론적 조망”, 이효선(1984)의 “학원의 갈등: 그 성격과 대응”, 문석남(1984)의 “지역격차와 갈등에 관한 연구: 영 · 호남 두 지역을 중심으로”, 김성국(1984)의 “노사갈등 구조와 역사적 전개”, 김일철(1984)의 “사회 발전과 갈등” 등의 논문이 중심이었다. 이러한 논문은 이론적인 차원에서 갈등의 개념을 소개하거나, 학원이나 지역, 그리고 노사갈등의 문제를 다루는 경우에도 해당 문제를 이론적 차원에서 조망해 보고자 하는 서설적 · 탐색적 성격이 강조되었을 뿐 아니라 거시적 차원에서 분석이 이루어지는 특징을 보여 준다.

이런 맥락에서 신명순(1986)의 “사회갈등과 폭력”, 장상환(1997)의 “한국 자본주의의 위기와 사회갈등의 본질”, 박길성(2003)의 “외환위기의 사회적 비용: 삶의 질, 사회갈등, 신뢰구조”, 이영희(2004)의 “민주화와 사회갈등: 공공정책을 둘러싼 사회갈등의 이해” 등의 연구 결과물에서도 대체로 비슷하게 나타난다. 물론 1990년대 후반 이후의 연구 성과물은 이전의 연구와 비교하였을 때 분석의 수준이 훨씬 더 정교해지고 있으며, 사회갈등의 해결이나 관리를 위한 대안을 모색하고 있다는 점에서 차별성을 보이기도 한다. 그러나 분석이 매우 거시적 차원에서 이루어지고 있으며, 대안 역시 대체로 규범적 차원에서 제시되고 있다는 점에서 이전의 연구와 유사한 맥락에 놓여 있는 것이라 판단된다. 한편 송복(1997)은 『한국사회의 갈등구조』라는 저서를 통하여 한국 사회의 갈등을 구조적 차원에서 조망하였으며, 한국 사회가 갈등사회로 진입하였다는 점을 밝히고 있다. 그는 한국 사회의 갈등을 권력갈등, 계급갈등, 노사갈등, 이념갈등, 윤리갈등, 지역갈등의 차원으로 구분하여 그 원인과 극복 방안을 제시하고 있다.

이와 같은 이론적 소개나 논의, 거시적 분석과 규범의 대안적 제시라는 특징을 지닌 사회학적인 접근의 연구와 차별성을 지니면서 사회갈등에 대한 연구 성과물이 축적된 분야는 행정학 분야라 할 수 있다. 정책이라는 수단을 통하여 사회 문제 혹은 사회갈등을 해결하고 관리할 수 있는 대안을 모색하는 것을 학문의 중심으로 삼고 있는 행정학 분야에서 갈등의 문제는 당연히 구체적 정책의 문제로 다루어지고 있는 특징을 보여준다. 강민(1974)이 "한국 공공정책결정의 갈등 모형 시론"에서 정책 결정의 구조에서 갈등의 위상에 대한 이론적 논의를 정리 · 소개한 이후 행정학 분야에서 갈등을 연구의 대상으로 하는 다양한 논문들이 발표되었다.

이런 논문들은 갈등의 수준을 조직 내의 갈등(김영평 · 신신우, 1991), 조직 간의 갈등(이원일, 1998; 주재복, 2001; 박천오 · 서우선, 2004), 민간조직과 행정조직 간의 갈등(김도희, 2001)으로 구분하거나, 정책 영역의 수준에서 환경정책(김상구, 2002; 유해운, 2001; 이선우 외, 2001), 사회정책(박상필, 2000) 등에서의 갈등 등을 분석하거나, 그리고 구체적인 정책의 영역에서 갈등의 문제를 조망하거나(소영진, 1999; 최연홍 · 오영민, 2004; 김길수, 1995), 새로운 갈등 해결 기제를 연구하거나(권해수 · 서순복, 1996; 박찬우, 1998; 박종화, 2001; 유경옥, 2003; 김경배, 2005; 김두환, 2005), 좀 더 구체적으로는 새로운 거버넌스의 구상을 제시하거나(사득환, 1997; 안성민, 2000; 배응환, 2005), 갈등을 둘러싼 규범적 가치의 문제를 다루는(박재환, 1992, 김영평, 2002) 등의 다양한 학문적 시도를 보여 주고 있다. 이런 논문들 대부분은 사례연구 등의 방법을 통하여 해당 주제에 대하여 비교적 심도 있게 분석하고 있다는 점에서 공통점을 지닌다.

그러나 행정학적 연구들에서는 많은 경우, 심리적 요인을 비롯한 미시적 차원에서 갈등의 원인에 대한 구명이나, 정책 과정에서 갈등이 미치는 영향, 그리고 협상을 비롯한 특정 사례에 적용된 갈등의 해결 방안 등에 관한 논의에 초점이 맞추어지는 경향이 나타난다. 즉, 이런 연구의 성과들은 분석의 정교함이나 갈등보다 정확하게는 정책 결정이나 집행에 관한 다양한 이론 등을 검증하는 데 기여하고 있지만, 갈등의 문제를 사회갈등이라는 차원에서 거시적으로 이해하고 이에 바탕을 둔 현실적합성 있는 대안을 제시하는 데 한계를 갖고 있다. 따라서 여기에서 행정과 사회학(정치학 포함)에서 나타나는 한계점을 보완하는 방향으로 연구를 진행하려고 한다. 즉, 행정학의 미시적인 차원을 좀 더 넓게, 그리고 정치학과 사회학의 거시적 차원을 좀 더 좁게, 다시 말해서 중범위 이론의 관점에서 사회갈등의 문제를 설명하려고 한다.

Ⅲ. 사회갈등의 양상

1. 계층갈등

1) 의미

어느 사회에서나 개인들은 직업 · 교육 · 생활 수준에 따라 위계적으로 배열되어 불평등한 지위를 점유하고 있다. 이와 같이 성층화되어 있는 사회구성원들의 배열구조를 계층이라 명명하며, 그것은 반드시 사회적 불평등을 수반한다. 따라서 각 계층, 특히 상위계층과 하위계층 사이에는 사회적 불평등에 따른 이질감과 위화감이 있기 마련이며, 이런 현상을 계층갈등이라 한다.

2) 원인

한국 사회에 내재하는 계층 간 갈등과 괴리감의 심화는 산업화로 인한 사회의 분화와 다원화, 불평등한 분배구조, 권력층과 자본가층의 특권적 결탁, 경제 발전 과정에서의 국가에 의한 민중 부문의 이익 배제 등 다양한 원인에서 발생한다.

첫째, 계층갈등의 원인 중에서 가장 근원적인 것은 경제적 측면, 즉 분배구조의 불평등 현상 때문이다. 지난 수십 년간에 걸쳐 고도 성장의 산물이 사회 각 계층에 골고루 배분되지 못하고, 자본가와 집권 세력을 주축으로 하는 특권층에 집중되었으며, 그 여파로 소외계층의 상대적 박탈감이 고조되었던 것이다. 예컨대, '경제적 상위계층과 하위계층 간의 갈등'에 대하여 학력별로 심각하다고 응답한 비율이 84.3%, 고졸이 73.1%, 중졸 이하가 69.6%로 나타나 고학력일수록 갈등을 심각하게 인식하는 것으로 분석하였다. 소득별로 살펴보면 300만 원 초과의 고소득자들의 갈등이 심각하다는 응답 비율이 가장 높고, 100만 원 이하의 저소득자들의 응답 비율이 가장 낮게 나타나, 소득이 많을수록 갈등을 심각하게 인식하는 비율이 높았다. 계층별로 볼 때 중간계층, 하위계층, 상위계층의 순으로 경제갈등이 '심각하다'고 응답한 비율이 높게 나타났다(이병량 외, 2008: 60-610).

1997년 외환위기 이후 상대빈곤율(중위 소득의 50%에 미달하는 빈곤가구의 비율)이 지난해 최곳값인 8.5%로 높아졌다. 연령대별로는 가구주가 20대 초반과 60대 이상인 가구의 빈곤율이 지난해 각각 20.6%, 20.3%로 평균값보다 배 이상 높았다. 20대 초반은 미취업 상태의 가구 비율이 높고, 60대 이상은 독거노인이나 은퇴 후 경제활동 비종사자들이 많았기 때문으로 풀이된다. 빈곤율 격차는 학력과 성별로도 뚜렷하다. 학력별로 가구주가 무학력자인 가구의 빈곤율은 47.6%로 절반에 가까웠고, 초졸자 가구의 빈곤율 역시 23.7%로 평균값을 훨씬 상회하였다. 성별로는 가구주가 여성인 가구의 빈곤율이 17.0%로 남성 가구(6.6%)보다 훨씬 높았다. 지난해 여성 가구 빈곤율은 외환위기를 제외하면 역대 최고였다. 계층 간 소득 격차도 확대 추세이다. 2인 이상 도시 가구의 실질 가처분소득은 1982~2008년 가구당 1,039만 원에서 3,782만 원으로 3.6배 늘었다.

하지만 하위 10%(1분위)는 3.0배에 그친 반면 중위층(6분위)은 3.8배 증가하였다. 이러한 사실은 저소득층보다 고소득층의 실질 소득 증가율이 높아 상대적으로 소득 분배 격차가 확대되었다는 것을 의미한다. 소득 분배의 불균형 정도를 나타내는 지니계수 역시 지속적으로 확대되는 추세를 보였다. 특히 시장소득 지니계수[18]는 지난해 0.317로 역대 최곳값을 기록하였다(국민일보, 2009.10.23).

둘째, 정치적 측면에서 볼 때 한국 사회의 계층갈등의 원인은 권위주의적 정치구조의 형성에서 찾을 수 있다. 한국의 권위주의적 정치체제는 산업화 과정에서 경제 성장을 효율적으로 추진한다는 명분 하에 독점자본가에게는 막대한 특혜를 베풀었고, 민중 부문에 대해서는 억압과 수탈을 강요하였던 것이다. 1960~1990년대의 한국 사회는 노동쟁의를 금지하거나 행정적으로 엄격하게 규제함으로써, 그리고 선거제도를 형해화시킴으로써 민중 세력이 정책 결정에 참여할 수 있는 통로를 철저하게 차단하였던 것이다. 따라서 국가의 억압에 대한 민중 부문의 반발은 더욱 커졌으며, 이것은 국가 및 국가와 결탁된 특권 계층의 부당성에 대한 국민의 비판 의식을 격화시켜 계층 간의 갈등을 더욱 확대시켰다.

한편 권력과 민간자본 부문(재벌) 간의 유착은 엘리트 중심의 폐쇄적 계층구조를 형성하여 계층 간의 사회적 이동에 의한 엘리트의 순환가능성을 차단시켰다. 이것은 경쟁 과정의 폐쇄성과 경쟁 기회의 불균형을 의미하는 것이다. 따라서 엘리트와 대중들 간의 이질감은 더욱 심화될 수밖에 없었다. 이상에서 본 바와 같이 국가정책 형평성의 결여 및 권위주의적 정치구조의 형성은 관료와 밀착된 사회특권층에 대한 국민들의 분노와 반감을 초래하였으며, 사회 계층 간의 간극을 확장시키고 갈등을 조장하는 주요 동인으로 작용하였던 것이다.

셋째, 사회적 측면에서 계층 간의 갈등이 나타나는 원인은 다양하다. 우선, 한국 사회의 계층구조는 자본가 계층, 신중간 계층, 구중간 계층, 노동자 계층, 농민, 도시 하류 계층 등의 여러 층으로 분화되었고, 이들 각 계층이 서로 다른

18) 지니계수는 0과 1사이의 값을 갖는데, 1에 가까울수록 소득 분배의 불균형 정도가 높다는 의미이다.

이익을 표출함으로써 계층 간 갈등이 이전보다 더욱 복잡한 형태를 띠게 되었다. 이런 복잡한 계층구조의 형태가 계층 간의 갈등을 부추기는 요인으로 작용하였다. 다음으로, 노조의 조직화 정도와 노동계급이 양적 · 질적으로 성장하였던 점도 주요 변인으로 간주되어야 한다. 그 다음으로 산업화는 탈농 현상을 촉진시켰고, 농촌 인구가 도시로 집중함에 따라 도시 빈민층이 증대함으로써 계층 갈등 또한 격화되었던 것이다. 이들 빈민층은 도시재개발 과정에서 주거지를 철거당해야 하는 등 심한 불이익을 당하면서 기본적 생존권조차 보장받지 못하는 한계계층으로 전락하였기 때문에 소외 의식을 강하게 느꼈고, 따라서 계층갈등의 불씨로 작용해 오고 있는 것이다.

2. 지역갈등

1) 의미

한국 사회에서 지역갈등이란 자신이 태어난 지역이나 현재 거주하는 지역에 대한 애정이나 사랑이 지나쳐 다른 지역을 배타적으로 자각하는 의식이나 사고를 말한다. 지역에 대한 맹목적 사랑이나 애정이 반드시 나쁜 것은 아니다. 오히려 이것이 지역 발전의 동인(動因)일 수 있다. 그러나 정도를 넘어서는 무조건적 · 맹목적 애정이나 사랑이 지역 발전에서 항상 문제를 야기한다.

2) 원인

지역갈등 문제는 1970년대에 쟁점화하여 2000년대 들어와 그 골이 더욱 깊게 패였으며, 한국 사회의 갈등을 촉발시키는 주요 동인으로 작용하고 있다. 한국에서의 지역갈등은 영남을 제외한 호남, 충청, 그리고 강원인들의 의식 속에 내재되어 있는 소외 의식과 피해 의식의 반사적 표출이며, 그것은 장구한 시일에 걸쳐 다양한 요인에 의하여 형성되었다.

그러나 오늘날 문제시되고 있는 지역갈등은 역사적 원인(遠因)에 근거하는 것이 아니라, 1960년대 이후 경제 발전 과정에서 빚어진 영남을 제외한 다른 지역과의 불균형 발전과 엘리트 충원 과정에서의 지역 편중에 의하여 조장되었다고 볼 수 있다. 예컨대, 호남인의 지역갈등은 정치권력의 지역주의적 성격에 따라 구조화되고 심화되었으며, 특히 3공화국 이래 영남 출신 정권이 인재 등용과 지역 발전정책을 추진하는 과정에서 지나치게 영남에 편중함으로써 호남지역 주민의 피해 의식과 소외감을 조장하였고, 5·18 광주민주화운동을 정부가 강경 진압함으로써 지역 감정은 더욱 악화되었던 것이다.

그러나 이런 지역갈등의 골 역시 1998년 김대중 정부 및 2003년 노무현 정부가 들어섬으로써 상당 부분 완화된 것이 사실이다. 또한 충청인들의 지역갈등은 세종시 문제를 둘러싸고 벌어진 일련의 상황이 빚어낸 결과물이며, 2010년 지방선거에서 집권 여당이 참패함으로써 세종시 문제는 원안대로 추진되어 충청인들의 자존심을 회복시켜 줌으로써 갈등 완화에 기여하였다. 강원인들 역시 엘리트 충원 과정에서 소외 의식 및 지역 발전 과정에서의 격차 등 여러 복합적 요인으로 2010년 지방선거에서 집권 여당 후보를 도지사로 선택하기보다 야당 후보를 택함으로써 지금까지와는 다른 양상을 보여 주었다, 이것은 강원도민들의 집권 여당에 대한 간접적·무언의 저항을 표로써 말해 주는 반증이라 할 수 있으며, 결과적으로 사회갈등의 단초를 제공하는 원인이라 할 수 있다.

3. 이념갈등(보수와 진보 세력 간 갈등)

1) 의미

보수 세력은 자유민주주의의 기존 이념과 체제에 집착하는 현상 유지 세력으로, 진보 세력은 민중주의[19] 이념과 체제를 신봉하는 급진적 변화와 혁신(변혁)을 지향하는 세력으로 규정지을 수 있으며, 보수와 진보 세력 간의 갈등은 계

19) 민중주의란 기존의 억압적이고 수탈적인 지배구조로부터 소외된 민중계층에게 역사 발전의 주체성을 인정하고 정치적·경제적·사회적 패권을 부여하는 정치 이념을 말한다.

층갈등과 계급갈등을 함축한다.

2) 원인

한국에서의 보수와 진보 세력 간의 갈등은 주로 분단 모순과 체제 모순에서 비롯되었다. 우선 분단 모순으로는 해방 정국(政局)에서의 좌・우 대결, 1950년대의 진보당 사건, 4・19 직후의 이념적 혼미, 1980년대 중엽부터 확산되기 시작한 민중운동, 1987년 6월항쟁 이후의 진보적 통일운동에 따른 일련의 방북사건, 그리고 국민의 정부 및 참여정부의 집권에 따라 통일 문제에 대하여 진보 세력의 활동 공간이 이전보다 자유로워진 것 역시 보수 세력과 진보 세력 간 갈등의 단초를 제공하였다.

다음으로 체제 모순은 1961년 5・16 쿠데타로 권력을 장악한 박정희의 군부 세력이 전두환 정부와 노태우 정부를 거치면서 정당성 결여에 따른 진보 세력의 반발이 주된 원인이었다. 이런 체제 모순은 분단 모순과 상승 작용을 통하여 보수 세력과 진보 세력 간의 갈등을 확대 재생산하는 동인으로 작용하였다.

한국에서의 진보 세력은 현 단계 한국 사회의 성격을 신식민지 국가독점자본주의로 규정짓고, 반제민족해방과 민중민주주의의 관계에서 반미자주화 투쟁, 반파쇼 민주화 투쟁, 조국통일 투쟁의 3대 투쟁을 동시적으로 전개하고 있는 것이 특징적이다. 진보 세력이 민주화 문제를 자유민주주의 수준을 넘어 민중민주주의의 논리에서 파악한다는 점, 민족통일 문제 또한 반외세(反外勢) 민족・민중 주체의 시각에서 접근하고 있다는 점, 한미 관계도 종속 논리의 관점에서 미국을 제국주의 침략국으로 인식한다는 점에서 이들의 사회변혁운동은 지나치게 급진적이라 할 수 있다. 어쨓든 이들은 사회변혁운동을 전개하면서 외세・국가・자본을 민중 세력과 대립시키고 민중을 변혁운동의 주체로 부각시키면서 자본주의의 수탈구조와 분단 모순 극복에 전략 목표를 겨냥하고 있다.

민족사적 맥락에서 볼 때 오늘의 보수 세력과 진보 세력 간 갈등의 원인은 첫째, 분단 모순 및 민족 모순과 깊이 연관되어 있다. 1945년의 조국 분단과 민족 분열은 남·북 간의 이념 대결과 체제 경쟁(자본주의 체제와 공산주의 체제)을 필연적으로 초래하였으며, 6·25 전쟁이 이런 대결 양상을 단적으로 표상한다. 이러한 남·북 간의 이념 대결로 특징지어지는 분단 모순과 민족 모순은 남한 사회 내부로 투시되어 국가 부문과 민중 부문 또는 상층 계급과 하층 계급 간의 이념 대결을 조장하였으며, 특히 분담 극복 문제에 관한 대립과 충돌을 불가피하게 만들었던 것이다.

둘째, 경제적 측면에서 보수 세력의 수구적(守舊的)이고 민중 배제적 타성을 들 수 있다. 건국과 더불어 기득권을 확보한 한국의 보수 세력은 경제 발전 과정에서 가치 분배의 독과점 구조를 형성하고 민중 참여에 의한 배분 정의와 사회적 형평의 실현을 거부하였던 것이다. 특히 1962년 제1차 경제 개발 과정 이래 산업화 과정에서 군부 체제가 성장주의를 발전정책의 기조로 채택하고, 자본가 계급에게는 특혜를 베푸는 반면, 민중 부문은 철저하게 억압함으로써 '가진 계층'과 '갖지 못한 계층' 간에 대립과 갈등을 가져오게 되었다.

셋째, 정치체제의 정당성 결여로 인한 보수 세력과 진보 세력 간의 갈등이다. 정치체제의 정당성을 결여한 군부독재 세력이 지배 권력의 탈권위주의(脫權威主義)를 요구하는 민주 지향 세력마저 반공과 안보의 명분 하에 용공(容共)으로 날조·매도한 권위주의 체제의 극우적 속성과 매카시즘(McCarthyism: 반공주의)이 민주 세력의 반체제화와 진보 세력으로 방향을 틀지 않을 수 없었던 것이다. 이런 정당성 결핍이 사회갈등을 조장한 원인으로 볼 수 있다.

4. 세대갈등

1) 의미

세대란 용어는 한 생명이 태어나 자신의 다음 생명을 잉태하기까지의 생물학적 기간을 의미한다. 세대라는 용어 속에는 시대적 간격을 지니고 등장하는 서로 다른 집단이라는 상대적 의미를 내포한다. 이런 측면에서 본다면 세대라는 용어는 "어느 집단과의 공통점과 그 밖의 다른 집단과의 차이점"이란 의미가 아울러 내재되어 있다(Nash, 1978: 박재홍, 2003 재인용). 세대란 개념이 중요한 것은 바로 세대가 각 시대의 사회 역사를 담고 있기 때문이다. 한국 사회에서 전쟁 세대, 베이비붐 세대, 4·19세대, 유신세대, 386세대, N세대 등으로 여러 세대가 회자되듯이 우리는 그 세대를 통하여 그 시대의 역사를 이해할 수 있다. 이런 점에서 보면 세대란 사회 변화의 역동적 과정에서 생물학과 역사가 만나는 지점에서 형성되는 사회 현상이라 할 수 있다(박길성 외, 2005: 20).

세대 개념은 네 가지로 분류된다(박재홍, 2001; 한정란 외, 2006). 첫째, 세대는 가계에서 항렬(行列)을 이은 사람들을 의미한다. 예컨대, 조부모 세대, 자식 세대 등을 말한다. 둘째, 출생 동시집단으로 사용한다. 예컨대, 40년대생, 50년대생, 60년대생 등을 의미한다. 셋째, 인간 발달 과정에서 생애주기의 동일한 단계에 있는 사람들을 지칭한다. 예컨대, 청소년 세대, 중년 세대 등을 말한다. 넷째, 일정한 역사적 경험을 공유한 사람들의 의미로 사용된다. 예컨대, 전후 세대, 4·19세대, 386세대, N세대 등을 말한다. 이런 점을 고려할 때 세대란 이미 다른 집단과의 차이를 전제하고 구성된 개념이며, 세대갈등이란 연령의 차이, 또는 역사 인식의 차이 등으로 인한 사회 현상에 대한 인식 및 태도가 달리 나타나는 상대적 개념을 말한다.

2) 원인

한 사회의 여러 세대는 생애주기상 또는 역사적·사회적 경험의 차이로 인하여 각 세대 간에 가치관이나 행동 등에서 차이가 존재하지만, 이런 차이를 각 세대가 긍정적으로 받아들이지 못하면 세대 간 갈등으로 이어진다. 세대갈등은 청소년과 부모 세대와의 갈등, 기성 세대와 노인 세대 간의 갈등 등이 있지만 주로 청소년과 다른 세대 간의 갈등이 관심의 대상이다. 그렇다면 청소년과 노인 세대 간에는 왜 갈등이 존재하는 것일까?

첫째, 가족제도의 변화로 인한 역할의 변화뿐 아니라 자원 배분(직업 등)을 둘러싼 갈등이다. 우선, 과거 전통사회 대가족제도 하에서는 조부모 세대가 손자 · 손녀의 양육과 훈육을 담당하고, 정서적 안정감을 줌으로써 존경을 받았다. 그러나 핵가족화로 인한 세대의 분리로 노부모가 따로 떨어져 지내게 됨에 따라 조부모와 손자 · 손녀 간의 접촉이 빈번하게 이루어지지 못하였고, 그로 인하여 친밀한 관계 형성 역시 어렵게 되었다. 다음으로 고령인구의 증가로 존경의 대상이었던 노인층은 부양하여야 될 부담의 대상이었으며, 사회활동으로부터 배제된 노인층은 어떤 일에 대하여 생산성이 떨어지거나 낮다는 인식으로 사회의 부적응된 존재로서 인식되기도 한다. 그 다음으로 고령층의 증가는 소수의 약소집단으로 인식되었던 노인층이 청소년들에게 경쟁 상대로 인식되기에 이르렀다. 예컨대, 취업 등과 관련하여 제한된 자원을 둘러싸고 서로 경쟁하는 상대가 되었고, 사회적으로는 청소년들에게 가야 할 혜택이 노인층에 가게 됨으로써 청소년들의 불만이 가중되어 청소년 세대와 노인 세대 간 갈등의 단초를 제공하였던 것이다(또한 반대의 논리도 성립한다).

둘째, 사회 현상의 인식 차이로 인한 갈등이다. 세대 간 서로 다른 역사적 사건과 사회적 경험으로 가치관이나 태도의 차이가 갈등으로 연결된다. 예컨대, 6 · 25 전쟁을 겪은 세대와 그렇지 않은 세대, 즉 직접 경험한 세대와 영화, 독서, 그리고 구전(口傳)을 통하여 간접 경험한 세대 간에 나타나는 역사 인식(6 · 25의 인식)의 차이는 상당히 크다. 이런 차이가 대체로 세대갈등으로 이어져 사회갈등으로 나타나는 경우가 빈번하다. 386세대 역시 한국 정치제제의 정당성 결여로 생겨난 개념이고, 이런 세대가 보는 6 · 25와 그렇지 않은 기성 세대 간 역사 인식의 차이는 상당한 편차가 있을 것으로 사료된다.

셋째, 정보화로 인한 세대갈등이다. 우선 산업화 시대(개략적으로 1990년 이전)의 세대갈등은 현재(2010년 시대)의 세대갈등과 치이를 나타낸다. 산업화 시대에는 기성 세대들이 이룩해 놓은 가치관을 당시의 신세대들이 어느 정도 수용하는 분위기였다. 즉, 유교적 요소들은 여전히 중요한 교육 덕목으로 계승되었으며, 권위에 대한 복종, 위계 질서의 절대성, 성실과 근면지향성 등은 당시의 모든 세대가 그대로 받아들여 세대 간 갈등은 완화될 수 있었다. 산업화 시대에 기성 세대와 청소년들 간의 갈등이 있었더라도 판단의 기준은 기성 세대가 지니고 있던 가치들이 우선시되고 이를 사회적으로 받아들였기 때문에 청소년들은 단지 약간 반항하는 수준에서 갈등이 해결되었다(백욱인, 2000).

그러나 정보화 시대에는 산업화 시대의 갈등 해결 기제가 여러 가지 요인으로 더 이상 작동하지 않는다. 정보화가 진행되면서 나타난 개인주의 성향은 창의력과 독창성의 기반이 될 것이며, 이것(개인주의 성향)은 권위에 대한 순종보다는 권위에 대한 도전과 문제 제기를 통하여 튀는 인간형을 선호하는 방향으로 나아가게 된다. 또한 위계 서열보다는 독창성이 중시될 것이고, 결국 세대갈등에서 나타난 문제 해결의 판단 기준이 기성 세대의 가치관보다 정보화 세대의 가치관이 우선시되고, 이를 사회적으로 받아들이는 경향을 갖게 될 것이다. 따라서 이런 맥락에서 세대 간의 정보 접근, 정보 이용, 정보 점유의 격차는 더 커질 것이고, 이것이 오히려 세대 간 갈등을 심화시키는 요인으로 작용할 것이다(윤옥경, 2000).

더욱이 정보사회에서의 세대 간 갈등은 단순히 정보기술의 습득 정도나 정보기기의 이용 정도의 차이가 아니라, 디지털 문화 전반에 대한 기성 세대의 이해 부족에 연유하며 그 차이는 확대될 것이다. 정보사회의 진전에 따라 주도권을 갖게 된 청소년 세대는 개방적, 감성적, 그리고 창의성이라는 가치를 중시하며, 이것은 청소년 세대와 기성 세대 간의 차별화와 갈등을 촉진하는 요인으로 작용할 수 있을 것이다(백욱인 역, 1999).

5. 노사갈등

1) 의미

노사갈등은 사용자와 노동자 간의 갈등을 의미한다. 여기서 사용자는 부르주아지의 주축이고 노동자는 프롤레타리아의 주축이라는 점에서 양자의 갈등은 계급갈등을 대표하며, 노동운동의 이념과 목표가 정치적 색깔을 띠느냐, 또는 경제적 색채를 띠느냐에 따라 갈등의 양상이 다르게 나타난다.

2) 원인

한국의 노사갈등은 해방 전(1945년 이전)인 이미 1940년대부터 문제시되어 왔으나 본격적인 노사갈등이 나타나기 시작한 것은 1962년 제1차 경제개발계획이 추진되던 시기부터였다. 특히 1960년대 이후 고도성장정책의 영향을 받아 심각성을 띠기 시작하였으며, 1973년 청계천 노동자인 전태일의 분신, 그리고 1987년 6월항쟁을 전후한 민주화운동과 결부되어 더욱 정치화하는 양상을 보이고 있다. 사실이 이러하다면 노사갈등이 심화되는 원인은 무엇인가?

첫째, 1961년의 5·16 쿠데타 이래 한국 정부는 수출 주도형 성장정책을 강조하면서 기업가에게는 세제·금융상의 특혜를 제공한 반면, 노동부문에 대해서는 수탈적인 저임금을 강요함으로써 상대적 박탈감과 소외 의식을 조장한 것이 노사갈등의 심화된 근본 원인으로 지적될 수 있다.

둘째, 국가가 강제력을 통하여 노동 3권을 제한하고 노동운동을 억압함으로써 반체제적 저항 의식을 조장한 것 또한 노사갈등의 심화 요인으로 간주될 수 있다. 국가는 1961년의 반공법, 1962년의 집회 및 시위에 관한 법률, 1963년 이래 여러 차례에 걸친 노동관계법령의 개정(1973년, 1980년, 1986년, 1987년 ……), 1970년의 외국인 투자기업의 노동조합 및 노동쟁의 조정에 관한 임시특례법, 1971년의 국가보위에 관한 특별조치법 등의 입법 조치를 통하여 노동통제를 강화하였던 것이 또 다른 원인으로 간주된다.

셋째, 1987년 6월항쟁으로 인한 노동조합의 조직화 정도를 들 수 있다. 노동조합의 증가 추세를 보면 우선 단위 노조 수(數)에서 1985년에는 1,967개였으나 1988년에는 6,142개로 급증하였고, 조합원 수도 1985년에는 100만 4천 명(조직률 15.7%)이던 것이 1988년에는 171만 명(조직률 22%)으로 증가하였다(이광택, 1989: 90-91). 그동안 국가에 의하여 철저하게 억압되었던 노동운동은 1987년 6

월항쟁을 분기점으로 급격하게 확산되었고, 1987년 노동자 대투쟁 이래 한국의 노동운동은 한동안 전국의 모든 사업장을 휩쓸었다. 1986에는 276건에 불과하던 노사분규가 1987년에는 3,749건으로 13.5배 증가하였으며, 1987년 6·29 이후 집중적으로 발생하기 시작하여 8월 한 달 동안에 2,551건이나 발생하였고, 1988년과 1989년에는 건수는 줄었으나 투쟁 방식이 더욱 극렬해지고 규모 또한 확대되었다(이광택, 1989: 90-91). 이러한 노사갈등이 사회갈등으로 이어지면서 한국 사회는 극심한 내홍에 시달렸다.

Ⅳ. 사회갈등의 해결 기제: 거버넌스를 중심으로

1. 거버넌스의 등장 배경과 개념[20]

1) 등장 배경

거버넌스(governance)는 공동체 운영의 새로운 체제, 제도, 메커니즘 및 운영 방식을 다루는 것으로서, 기존의 통치(governing)나 정부(government)를 대체하는 것으로 등장하고 그 개념도 점차 확대되는 과정에 있다. 거버넌스의 등장 배경은 첫째, 세계화, 정보화, 그리고 민주화라는 새로운 질서가 도래함으로써 기존 국민국가와 산업화에 익숙한 통치 방식과 시스템을 전면적으로 바꿀 것을 요구하고, 이에 부응하여 각 국가에서 공동체 운영의 기본 질서를 바꾸는 과정에서 등장하였다. 세계화, 정보화, 그리고 민주화라는 21세기 새로운 시대에 맞는 공동체의 운영체제와 양식에 대한 새로운 이해를 요구하는 것이다.

둘째, 거버넌스 체제는 기존의 대의 민주주의 체제의 비능률성과 상호 불신을 극복하고, 정부 대 시민 및 시장 간의 불평등하고 비대칭적인 계서적 관계를 정부-정당-시민단체-기업의 자발적 상호 협조 체제로 전환하고자 하는 새로

20) 거버넌스의 등장 배경과 개념은 신윤창 외(2007), 『자본주의와 문화산업』을 참조하여 이 논문에 맞게 재구성.

운 국가 운영의 패러다임이다. 거버넌스의 참여자 간 네트워크 체제는 단순한 협조 체제라기보다는 정부－정당－시민단체－기업의 참여자 간 갈등과 협력적 관계 속에서 이루어지는 비판적 협력 체제로서 공공정책의 형성과 집행에 긍정적 결과를 낳을 수 있지만 어떤 때는 부정적 결과를 초래할 수도 있다. 결국 이러한 공공정책 네트워크의 형성과 운영에는 그 참여자들이 내부적으로 견지하고 있는 시민적 덕목(civic virtue)의 성숙성이 문제가 된다. 자발적 정책 연결망의 형성을 통하여 더욱 긴밀해진 거버넌스 참여자 간 제반 관계 속에서 경쟁의 공정성과 협조(partnership)의 생산성 및 공익성은 매우 중요하다.

2) 개념

거버넌스와 관련된 개념은 개별 학문 분야의 관심과 특성에 따라 다양하게 사용된다. 행정학 분야에서 거버넌스는 국가통치 행위 및 방식을 의미하는 국정관리로 해석되고 있으며, 정치학 분야에서 거버넌스는 다원적 주체들 간의 협력적 통치 방식을 의미하는 네트워크 통치(협치), 협력적 통치(협치, 協治), 또는 통치활동(협치활동)으로 사용되기도 한다. 사회학 분야에서는 국가나 시장과 구별되는 사회의 자연스러운 조정 양식의 원형이나 지기조직적 네트워크(self－organizing network)로 사용되며, 경제학 분야에서는 공동체적 자율관리 체계로서의 거버넌스 역할을 논의하면서 이를 자치체계 또는 자치제도로 사용한다.

새로운 패러다임의 성격을 가진 포괄적 인식 체계로서의 거버넌스에는 공공, 민간, 그리고 비정부조직 간의 자기조직적 네트워크의 개념이 포함된다. 아직 하나로 합의되지 못한 거버넌스에 대한 실체를 밝히는 작업의 한계에도 불구하고, 거버넌스 개념 속에는 경쟁과 협력이라는 두 가지 궁극적 지향점이 있다. 전자인 경쟁의 개념 속에는 시장의 논리가 신공공관리론으로 나타난다고 하면, 협력은 정책 영역에서 네트워크라는 기제를 통하여 나타난다. 이런 정책 네트워크 개념 속에는 참여적 발전과 상호 협력, 공통의 이해, 공유된 신념, 그리고 공유된 신념과 전문적 시각을 통한 유대와 같은 공식적・비공식적 모든 연계를 포함한다. 따라서 여기에서 거버넌스는 계서(층)제(hierarchy), 집권적, 수직적 등 기존의 사회 문제 해결 방식과 다른 경쟁과 협력을 통하여 나타나는 탈집중화, 분산적, 수평적, 협력적 등의 문제 해결 방식을 말한다.

2. 거버넌스를 통한 사회갈등 해결[21)]

한국 사회에서의 사회갈등, 즉 계층갈등, 지역갈등, 이념갈등, 세대갈등, 그리고 노사갈등의 해결 기제로서 거버넌스 개념을 활용하여 이를 해결하는 방법을 택하려 한다.

1) 예방적 관리 시스템 구축

이제까지 사회갈등은 사후적 대처를 중심으로 전개되어 왔기 때문에 적지 않은 시간과 노력 등의 사후적 비용을 치러야 했다. 따라서 정책 입안 및 집행에 앞서 관련 조직이나 기관과, 특히 시민단체와의 적극적 의사소통을 중심으로 한 예방과 정책 방향을 모색할 필요가 있다. 오늘날 대다수 갈등 이슈들은 복잡하고, 특히 가치관을 둘러싼 갈등의 경우 그 양상이 파국적으로 흐를 가능성도 배제할 수 없다는 점에서, 사후적 대처가 아니라 충동하는 가치관 및 정책 방향 간의 사전 조율이 매우 중요하다.

사회갈등의 사전 조율을 위해서는 먼저 정부-민간 전문가-시민단체 간의 정책 연결망을 구축하고, 이를 통하여 시민단체를 포함한 시민사회의 적극적 참여와 의제 형성을 반영할 수 있는 논의 구조를 마련하여야 한다. 더불어 정책 가이드라인의 제시, 갈등영향평가제도의 도입 등을 통하여 기존 정부의 일방적 정책 기획 및 추진에 대한 견제가 이루어져야 한다(이영희, 2004: 12; 박재묵, 2005). 예방적 갈등관리 시스템이 구축되고 이에 기반해 일관성 있는 정책 추진 방향이

21) 거버넌스를 통한 사회갈등 해결은 김호기(2007), 『사회갈등과 거버넌스』를 참조하여 이 논문에 맞게 재구성.

제시된다면 거버넌스의 활성화를 통하여 사회갈등은 상당 부분 줄어들 것이다.

2) 갈등 조정기구에 실질적 권한 부여

다수의 이해당사자가 관련된 복잡한 갈등을 해결하기 위하여 무엇보다 중요한 것은 하나의 권한 있는 조정자의 역할이다. 이와 연관해 우리 사회에서 주목할 것은 노사정위원회와 같은 사회적 대화 기구와 지속 가능한 발전위원회와 같은 국정과제위원회의 역할인데, 이 기구들은 갈등 당사자 간 대립적 입장을 중재하고 합의할 수 있는 합리적 조정 시스템을 개발하고, 이를 위한 법적·제도적 장치를 마련할 수 있다. 그리고 이들에게 실질적 권한을 부여함으로써 시민사회와 정부, 그리고 정부 내 다양한 입장과 이해 관계의 통합·조정 기능을 수행하게 하여야 한다.

나아가 이 기구들은 갈등 유형 및 성격에 맞는 문제 해결 프로세스를 구축하여야 한다. 이와 관련해 주목할 것이 한탄강댐 갈등관리 프로세스 디자인이다. 갈등 현안에 대하여 조정위원회를 구성하고, 조정에 성공할 경우와 실패할 경우를 나누어 합의를 도출하게끔 했다. 복잡한 갈등 사안의 효과적 해결을 위해서는 전문가로 하여금 정교한 문제 해결 프로세스를 설계하고, 이에 따라 생산적인 방향으로 논의를 진행하도록 운영 과정을 유도하는 것이 바람직하다(지속가능발전위원회, 2004: 216). 또한 이 기구들은 정책평가 시스템을 통하여 기존 정책기획 및 추진 방식에 대한 검토 작업을 수행하고, 향후 갈등 조정 과정에서 이를 적극적으로 반영할 필요가 있다.

3) 사회적 합의 형성 제도 마련

바람직한 갈등 해결 과정은 사회가 더 나은 문제 해결 역량을 만들어 가는 과정이어야 한다. 이 점에서 갈등 해결 자체 못지않게 어떻게 갈등을 해결하고 합의를 형성할 것인가가 중요하며, 이를 위해서는 사회적 합의 형성 제도를 마련할 필요가 있다. 이런 시민 참여와 합의 형성의 적극적 제도화는 단순한 갈등 해소의 차원이 아니라 아래로부터의 여론의 반영을 보장하고 반영함으로써 새로운 가치, 주체, 상호 작용이 정책 과정에 포함되는 계기를 마련하여야 한다. 시민 참여와 합의 형성의 제도화를 위하여, 무엇보다 중요한 것은 이해당사자들의 폭넓고 개방적 참여가 보장되어야 하고, 참가자들이 실질적 권한과 책임을 공유하여야 한다는 점이다.

우리 사회에서 사회갈등이 쉽게 해소되지 않는 원인 중 하나는 갈등 발생 시 형성된 찬반 구도가 계속 유지된다는 데 있다. 찬성과 반대의 두 가지 안 가운데 하나를 보완하려는 것으로는 문제 해결에 도달하기 어렵기 때문에 찬반 구도를 넘어설 수 있는 혁신적 타협안을 제시할 필요가 있다. 이를 위해서는 찬반 입장에 따른 위원 선정이나 찬반 동수의 위원회 구성, 하나의 안에 대한 찬반 입장의 개진 및 확인 작업이 아니라 현실적 대안에 대한 토론을 통하여 서로 간의 활발한 상호 작용의 과정이 진행되고 이를 기반으로 대안적 타협이 가능하여야 한다. 구체적으로는 시민합의회의, 시나리오 워크숍, 공론조사, 시민배심원 등 시민 참여적 합의 형성의 절차와 기법을 다양하게 활용해 민주적 공론 형성과 사회적 합의 창출 방법을 강구할 필요가 있다(이영희, 2004: 14-21). 이런 사회적 합의 형성은 단기적으로 사회적 비용을 더 지불하게 할지 몰라도 장기적으로는 효율적이며, 무엇보다 참여민주주의의 확장을 의미하는 것이기도 하다.

4) 시민사회의 대표성 제고와 공공성 강화

거버넌스의 활성화를 통하여 사회갈등의 해결이 제도화되기 위해서는 시민사회 주체들의 성찰성과 자기관리 능력 또한 제고되어야 한다. 사회적 대화의 과정에서 시민사회 역시 문제에 대한 성찰의 기회를 갖게 되는데, 시민사회 내 다양한 행위 주체들은 자신의 견해와 입장을 단지 관철시키기 위하여 노력하는 것이 아니라 자신의 가치와 도덕성을 다시 한번 숙고해 보는 기회를 가질 수 있다. 이와 연관해 중요한 것은 시민단체의 대표성과 공공성 강화이다. 거버넌스에 참여하는 시민단체의 대표성을 제고하고 공공성을 강화하는 것은 무엇보다

시민사회의 정치적 협상 및 조정 역량을 증진시킬 수 있다.

그동안 우리 사회에서 시민단체의 주요 역할은 이른바 정치사회 밖에서 압력을 행사하는 '영향력의 정치'에 있었다. 하지만 최근 그 역할은 정책 참여로의 전환을 통하여 정부와의 생산적 파트너십 구축을 포함하여 다원화되고 있으며, 이에 따라 시민단체의 정책 능력이 갈수록 중요해지고 있다. 거버넌스가 원활히 운영되기 위해서는 대표성을 가진 시민단체가 권한과 책임을 공유하고 공공 이익을 고려한 생산적 타협 방안을 제시할 필요가 있다.

5) 신뢰의 구축

거버넌스를 통하여 사회갈등을 해결하기 위해서는 신뢰 구축이 먼저 이루어져야 한다. 신뢰가 전제되지 않는다면 갈등 해결을 위한 어떤 노력도 의미 없는 일이 될 것이다. 신뢰를 구축하기 위해서는 다음의 다섯 가지 과제가 매우 중요하다.

첫째, 정보의 폭넓은 공개와 공유가 필요하다. 정부 차원의 계획과 논의 과정이 가능한 한 많이 공개되고 정확한 정보가 공개된다면 객관적 판단과 투명한 의사 결정에 큰 도움이 될 것이다.

둘째, 사회적 규칙 준수와 합법적 틀이 마련되어야 한다. 법과 원칙에 의한 갈등 대응 방향을 제시함으로써 공정한 운영에 대한 기대를 높일 수 있다.

셋째, 정책의 일관성과 예측가능성을 제고함으로써 정부에 대한 신뢰와 정당성을 제고할 수 있다.

넷째, 정책평가 및 검증 시스템에 민간전문가 및 시민사회의 참여를 보장함으로써 정책 과정의 투명성과 공정성을 증진할 수 있다.

다섯째, 공존의 가치를 뿌리내리는 문화적 프로그램과 설득과 타협을 통하여 갈등을 해결해 나가는 사회문화적 환경을 조성하여야 한다.

특히, 사회 문제의 해결에 흑백 논리나 이분법적 해결 방식을 지양하고 대화, 타협, 그리고 협상을 중시하는 문화적 환경으로의 변화가 매우 중요하다. 따라서 초·중·고, 그리고 대학교육에서 사회갈등과 민주주의에 관한 교육 내용을 강화할 필요성이 있다(이영면, 2004: 23-24).

결론적으로 보면, 거버넌스를 통한 사회갈등 해결의 제도화 과정은 우선 대화, 타협, 협상을 통하여 문제를 해결할 수 있다는 문화적 토양의 변화가 함께 이루어져야 한다. 대화, 타협, 그리고 협상을 한다는 그 자체는 상대방을 신뢰한다는 반증이기도 하다. 따라서 문화적 토양의 변화와 신뢰가 구축되지 않는다면 사회갈등을 해결하기 위한 '제도의 개혁'은 수포로 돌아갈 가능성이 크며, 반대로 '제도의 개혁' 없는 사회갈등 해결 방법, 즉 문화적 토양의 변화와 신뢰의 구축은 단지 관념적 구호에 불과할 것이다.

V. 나오는 말

사회갈등이 한국 사회의 발전에 어떤 영향을 미치느냐에 대한 논의는 쉽게 결론을 내릴 수 없다. 그것은 다양한 요인과 함수 관계를 지니고 있기 때문이다. 그러나 분명한 것은 사회가 발전되고 합리화의 길을 걸을수록 사회갈등은 장기적으로 점차 해소될 것이란 점이다.

첫째, 교육 수준과 생활 수준의 향상으로 국민 의식과 정치문화가 갈등 지향적인 편협성과 극단성을 탈피할 것이 기대되기 때문이다.

둘째, 민주화의 진전으로 민주주의의 원리가 사회 각 부문의 운영 원리로 채택됨으로써 이제 한국 사회는 제로섬(zero sum) 사회의 성격을 지양하고 논제로섬(non-zero sum) 사회를 지향하기 때문이다.

셋째, 사회가 발전함에 따라 중산층이 두터워지고, 이들이 한국 사회의 중심세력으로 부상함으로써 갈등의 사회화(사회가 자율적으로 갈등을 해소하는 현상) 현상이 점차 확산될 것이기 때문이다.

넷째, 정치·경제·사회·문화적인 측면에서 한국 사회의 역기능 변수였던 분단 이데올로기가 점차 약화됨으로써 여러 가지 갈등(계층갈등, 세대갈등, 이념갈등, 노사갈등 등)이 완화될 것이기 때문이다.

따라서 한국 사회의 사회갈등은 장기적인 관점에서 해소될 것이고, 결국 사회갈등이 사회 발전에 역기능적 요인으로 작용하기보다 순기능적인 요인으로 작용하게끔 갈등의 사회화 장치를 마련하는 일이 시급한 과제이다.

문•제•풀•기

1. 갈등 및 사회갈등의 개념을 설명하시오.
2. 사회갈등의 기능을 설명하시오.
3. 사회갈등의 양상 중 계층갈등을 설명하시오.
4. 사회갈등의 양상 중 지역갈등을 설명하시오.
5. 사회갈등의 양상 중 이념갈등을 설명하시오.
6. 사회갈등의 양상 중 세대갈등을 설명하시오.
7. 사회갈등의 양상 중 노사갈등을 설명하시오.
8. 거버넌스를 통한 사회갈등의 해결 기제를 설명하시오.

제 9 장

글로벌 거버넌스와 지방행정 체제의 개편: 저출산·고령화를 중심으로

Ⅰ. 들어가는 말

저출산 및 고령화 시대인 2020년대에는 지방행정 체제 개편에 관한 논의가 활발히 전개될 예정이다. 2020년 총선(국회의원 선거)과 2022년 지방선거 전에 지방행정 체제를 개편하려는 점을 염두에 두고 학계, 언론계, NGO, 그리고 정치권에서 다양한 논의가 진행 중이다. 현 시점에서 정부가 행정체제를 개편하려는 이유는 무엇인가? 무엇 때문에 행정체제를 개편하려고 하는가? 대답하기 매우 어려운 질문이지만 저출산·고령화 및 지방 도시가 경쟁력 향상을 위하여 일정 수준 이상의 인구를 갖고 지역주민에게 양질(good quality)의 행정서비스를 제공하기 위한 목적 때문이다. 따라서 이번 행정체제 개편의 논의 역시 지방 도시가 경쟁력을 갖고 지역주민에게 더 큰 행정서비스를 주면서 발전해 나갈 수 있느냐에 초점을 맞추어야 한다. 과거 역대 정부에서 행정체제 개편의 논의가 무성하였지만 당리당략에 얽매여 본말이 전도되어 아무런 성과 없이 흐지부지 끝난 사실을 잘 알고 있다. 이런 점을 생각하면 이번 행정체제 개편의 초점은 전적으로 지방도시의 경쟁력을 향상시키면서 지역주민에게 양질의 행정서비스를 제공해 주는 방향에서 접근하여야 한다.

행정체제 개편에서 또 하나 염두에 두어야 할 점은 중앙정부의 입장에서 보느냐, 지방정부의 입장에서 보느냐에 따라 생각이 다를 수 있다. 즉, 공급자의 입장이냐, 수요자의 입장이냐에 따라 시각이 달라질 수 있다는 사실이다. 중앙정부, 즉 공급자의 입장에서는 글로벌 시대에 적합한 큰 폭의 행정체제 개편을 염두에 두고 있으나, 반면 지방정부, 즉 수요자의 입장에서는 지역의 실정을 염두에 둔 행정체제 개편을 생각하고 있다.

행정체제 개편에서 또 하나 고려하여야 할 사항은 경제 논리에서 접근하느냐, 아니면 정치 논리에서 접근하느냐에 따라 시각이 달라질 수 있다는 사실이다. 경제 논리에서 접근하면 가장 적은 비용으로 가장 큰 혜택을 줄 수 있는 관점에서 접근할 수 있지만, 반면 정치 논리에서 접근하면 선거로 당선 가능성을 염두에 둔 게리멘더링(gerrymandering)식의 지방행정 체제 개편이 이루어질 수밖에 없어 도시 경쟁력을 향상시키는 문제와 양질의 행정서비스를 제공하는 문제는 간과된다는 점이다.

행정구역 개편에서 가장 고려하여야 할 사실은 주민들의 동의 및 10년 후나 20년을 내다보면서 미래 산업이 어떤 트렌드로 변할 것인가를 염두에 두고 접근하여야 한다는 점이다. 주민들의 동의와 미래 산업의 트렌드를 고려하지 않고 행정구역을 개편한다면 그것은 사상누각이 될 가능성이 높다. 이유는 그곳에 살고 있는 사람들의 의사 결정이 매우 중요하고, 또한 미래 산업에서 도시의 경쟁력, 양질의 서비스, 그리고 일자리 창출 등 단점보다는 장점이 많기 때문이다. 이런 점을 고려하여 행정구역 개편은 주민들의 동의 및 미래 산업의 트렌드를 고려하여 장기적 관점에서 접근하여야 성공할 가능성이 높다.

지방행정 체제 개편은 계층 및 구역의 개편을 모두 포함한다. 계층과 구역은 지방행정 체제를 개편하는 데 동전의 앞·뒷면처럼 중요한 요소이다. 행정구역의 규모가 커지면 신속한 의사 결정과 행정의 효율성을 높이기 위하여 행정 계층은 단층제를 선호하고, 행정구역의 규모가 작으면 행정 계층은 중층제로 나아간다. 그런데 저출산 및 고령화 시대의 지방행정 체제 개편의 특징은 행정 계층의 문제는 별로 언급하지 않고 행정구역 개편에만 관심을 기울이고 있다는 점이다. 물론 이유야 여러 가지겠지만 첫째, 행정구역의 개편 속에 행정 계층의 장·단점에 대한 설명의 포함뿐 아니라 다른 요소들, 즉 도시 경쟁력 향상 및 양질의 행정서비스를 제공하는 문제 등도 포괄적으로 들어 있기 때문에 지방행정 체제의 개편은 자연스럽게 행정구역에 초점을 맞출 수밖에 없기 때문일 것이다. 다른 하나는 정치적 이유 때문이다. 도(道)를 없애는 문제는 매우 민감한 사항이기 때문에 이를 잘못 건드리면 혹을 떼려다 붙이는 결과를 가져올 수 있어 이번에는 계층보다 행정구역 개편에 초점을 맞추고 싶은 바람 때문일 수 있다. 따라서 여기에서도 필요한 경우에만 행정 계층을 언급하고 주로 행정구역 개편에 초점을 맞추기로 한다.

이런 맥락에서 첫째, 행정구역 개편의 이론적 근거인 개편의 필요성, 시각(기준), 그리고 기존의 연구 관하여 알아본다. 둘째, 한국의 지방행정 체제와 행정구역의 개편 방안을 탐색해 본다. 셋째, 강원도 행정구역 개편의 방안을 탐색한다. 넷째, 결론 및 행정구역 개편의 함의를 살펴본다.

Ⅱ. 이론적 논의: 개편의 필요성, 시각(기준), 그리고 기존의 연구

1. 필요성

1) 규모의 경제를 통한 양질의 서비스 제공

지방정부(자치단체)의 행정서비스는 규모의 경제(economy of scale) 속성을 갖고 있다. 규모의 경제란 생산량이 증가할수록 평균비용이 감소하여 수익이 증가하는 현상을 말한다. 이런 속성이 지방정부(자치단체) 서비스의 제공에도 그대로 적용된다. 행정 규모 자체가 광역화되면 서비스 생산의 평균비용이 감소하고 수익, 즉 지역주민에게 혜택이 돌아가는 역U자 현상이 발생한다. 자치단체가 어느 정도의 인구를 갖는 규모가 되어야 서비스 생산에 대한 혜택이 지역주민에게 고스란히 돌아갈 수 있다. 이런 점을 고려하면 인구가 적은 소규모 자치단체의 경우 규모의 경제에 부합하지 못하기 때문에 행정구역 범위를 넓혀 광역화의 방향으로 나아가야만 도시 경쟁력이 향상되면서, 지역주민은 양질의 서비스를 제공받을 수 있다.

2) 지방도시의 경쟁력 향상

지방도시의 경쟁력 향상을 위한 지표는 다양하지만 그중에서 가장 영향력 있는 요인은 인적 자원, 즉 인구이다. 풍부하지는 않더라도 어느 정도의 인적 자원을 갖고 있어야 도시는 발전할 수 있다. 특히 지방도시의 인구 규모는 도시 발전에 매우 중요한 요소로 작용한다. 도시 발전에 필요한 적정 인구 규모를 확보하기 위해서라도 행정구역의 개편이 필요하다.

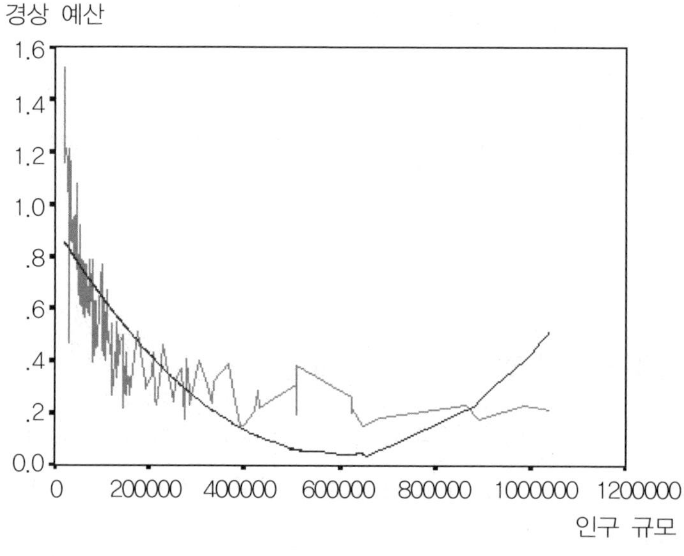

자료: 최영출(2008).

[그림 9-1] 시 · 군의 1인당 평균 경상예산 전체와 인구 규모(실측값 기준)

3) 중복 시설로 인한 예산의 낭비

모든 자치단체마다 체육시설과 문화시설 등 각종 편의시설을 각자 설치하면 중복 시설로 인하여 시설의 활용도는 떨어지고 동시에 예산이 낭비되는 비효율성이 초래된다. 이런 문제점을 해결하는 방법은 무엇인가? 행정구역의 광역화이다. 행정구역의 광역화는 중복 시설되는 문화 및 체육시설물의 설치로 인한 예산의 낭비를 막을 수 있는 최소한의 제도적 장치라 생각한다.

4) 생활권과 행정권의 불일치

지금부터 100여년 전 갑오경장 시대에 만들어졌던 행정체제와 저출산・고령화 시대인 2020년대에 살고 있는 지역주민들의 생활권은 많이 다르다. 과거의 행정체제와 현재 생활권이 달라 그곳에 있는 사람들이 불편하다면 이를 합리적으로 해결할 수 있는 방법은 무엇인가? 더욱이 교통・통신의 발달로 생활권의 범위는 크게 확대되었지만 아직도 좁은 행정구역 내에 지역주민을 묶어 두어 이들에게 불편함을 감수하라는 논리는 성립되지 않는다. 과거 100여년 전 행정체제를 오늘날의 생활권에 맞게 일치시켜 지역주민에게 생활의 편리함을 주기 위한 방안은 무엇인가? 그것은 다름 아닌 행정구역의 범위를 넓혀 광역화하는 것이다. 행정구역의 개편을 통하여 광역화가 이루어지면 생활권과 행정권의 불일치로 인한 주민들의 불편은 상당 부분 해소될 것이다.

2. 개편의 시각(기준)

1) 광역화(경제 및 행정을 포함)의 시각에서 접근

새로운 정부가 들어오면서 광역 경제권에 대한 논의가 자주 등장한다. 광역경제권이란 행정구역 개편 없이 정치・경제・사회・문화・관광 등 기능적 의미에서 자치단체 간의 교류・협력을 활성화시켜 전략적 거버넌스를 만들어 가는 것을 의미한다. 이것은 일정한 권역을 하나로 통합하지 않고 경제 활성화를 위하여 기능적 교류·협력에 초점을 맞추겠다는 의미를 내포한다.

물론 행정구역 개편이 되지 않는다면 어쩔 수 없이 이런 방법을 택하는 것도 작은 효과는 낼 수 있지만 그래도 한국의 문화적·정서적 측면에서 큰 효과는 없을 것이다. 이유는 아무리 한국 사회가 발전하여 다원화·특성화·개성화·개별화된다 하여도 600년 이상 면면히 이어 내려온 눈에 보이지 않는 사회 질서인 한국인의 정신과 혼을 뒷받침하는 일체성, 통일성, 획일성, 집단성의 측면을 능가하지 못할 것이기 때문이다. 특히 사조직보다는 공조직에서 이런 양상이 두드러진다. 따라서 경제와 행정을 포함시켜 광역화의 시각에서 행정구역 개편을 접근하여야 어느 정도 소기의 성과를 거둘 수 있을 것이다.

광역화의 시각이란 규모의 경제를 통한 경쟁력 있는 지방정부를 만들어 지역주민에게 양질의 경제·사회·문화 등 다양한 서비스를 제공하는 것을 말한다. 개별 지방정부가 아주 좁은 구역의 범위 내에서 규모의 경제를 통하여 다양한 서비스를 제공하기란 매우 어렵다. 이유는 개별 정부로 분화되어 있는 지역에서 지방정부가 지역주민들의 욕구에 맞게 각종 문제를 해결하기에는 인적·물적 자원의 부족으로 불가능할 수밖에 없기 때문이다(Gerston & Haas, 1993).

광역화의 시각에서 행정구역 개편을 접근할 경우 걱정되는 부분은 개별 자치단체에 상당 부분의 구조적 변화가 일어날 수밖에 없다. 예컨대, 자치단체장 및 기초의회의 의원 수가 줄어드는데, 이것을 지역 정치인과 주민이 받아들여야 한다는 점이다. 물론 문화적·역사적 동질성을 바탕으로 통합 광역정부가 만들어지기 때문에 지역 정치인과 주민의 서운함을 어느 정도 달랠 수 있지만 그래도 이를 완전하게 해소시킬 수는 없다. 이런 점을 보완하기 위한 방법 중 하나는 너무 소지역주의에 집착하지 말고 규모의 경제로 인한 공공서비스 공급비용의 감소, 행정 권한과 책임의 명확화, 경제 개발을 위한 지역 간 협조의 증대 등 여러 가지 장점(Carr & Feiock, 1999: 47)을 갖고 있다는 논리를 지속적으로 제시하여 설득해 나가야 한다. 그렇지만 지역 간 눈에 보이지 않는 정치적·정서적 갈등을 어떻게 해결하고, 경제적 발전 효과를 어떻게 골고루 확산시켜(분배해)

나가느냐가 광역화의 시각에서 이루어지는 행정구역 개편의 성공과 실패의 관건이 된다.

2) 성장 거점의 시각에서 접근

성장거점이론은 국가가 한정된 자원을 갖고 모든 지역을 발전시킬 수 없기 때문에 성장 잠재력이 높은 지역이나 도시(성장거점지역 또는 성장거점도시)를 먼저 집중적으로 투자하여 육성하면 집적의 경제(economies of agglomeration)가 발생되어 결과적으로 전 지역에 고르게 투자하는 것보다 투자의 효율성을 높일 수 있다(이성복, 1995). 성장거점이론에서 '성장'이라는 개념은 '성장'을 통하여 나타난 가시적 효과가 주변 저발전된 지역의 성장에 대한 열정과 자신감을 확산시킬 수 있다는 의미에서 사용되고, 이런 과정을 통하여 형성된 성장 동인(動因)이 촉매가 되어 발전의 효과(developmental effect)를 저발전된 지역이나 주변 지역으로 확산(spread)시켜 장기적으로 지역 균형 발전을 이루게 된다는 논리이다.

성장거점이론은 대도시와 중・소도시, 그리고 도시와 농촌 간의 기능적 협력 또는 경쟁 관계를 유지하면서 발전의 효과가 점차 전국적으로 확산되어 궁극적으로 국가 전체의 발전을 이룩한다는 논리이다. 이렇게 발전의 효과가 성장거점도시에서 주변 지역으로, 그리고 도시에서 농촌으로 확산되면, 결과적으로 농촌에서 중・소도시로, 그리고 중・소도시에서 대도시로 인구의 유출이나 유입을 막을 수 있다는 것이다(Hansen, 1973). 한국의 경우, 성장 거점의 시각에서 1995년도 시・군 통합이 이루어졌으며, 수도권 인구 집중의 완화 역시 성장 거점의 논리를 활용하였다.

3) 녹색성장의 시각에서 접근

녹색성장은 지구 온난화 문제의 해결에 긍정적으로 기여하는 방향에서 산업의 '성장'에 초점을 맞춘다. '성장'에 초점을 맞추다 보니 자연스럽게 일자리 창출과 불가분의 관계를 맺는다. 일자리 창출은 산업의 발전과 관련된다. 산업이 발전하지 않고서는 일자리가 창출되지 않는다. 따라서 녹색성장은 녹색산업을 기본 바탕으로 한다.

그렇다면 녹색산업이란 무엇인가? 넓게는 에너지, 식량, 물, 그리고 인간의 의 · 식 · 주와 건강 문제를 해결하는 산업 모두를 포함하지만 너무 광범위하기 때문에 이를 아주 좁혀 말하면 에너지와 관련되는 산업이다. 핵심적으로 이야기하면 지구 온난화에 악영향을 미치지 않는 저탄소 에너지산업을 말한다. 그렇지만 여기서도 '성장'이라는 개념이 매우 중요하다. 이유는 성장을 하여야 일자리가 창출되기 때문이다.

그런데 녹색산업은 양적 성장보다 질적 성장을 중시하므로 미래 산업 패러다임의 변화를 가져올 수밖에 없다. 녹색산업을 누가 선점하여 이끌어 가느냐에 따라 앞으로 향후 100년 동안 발전된 지역으로 살아남느냐, 아니면 도태되어 저발전된 지역으로 남느냐의 갈림길의 기준이 된다. 녹색산업은 지역 발전의 선도산업으로 역할을 할 가능성이 크기 때문에 21세기 세계 각 국가는 녹색산업을 통한 녹색성장에 사활을 걸게 된다. 강원도의 행정구역 개편 역시 이런 점을 눈여겨보고 새로운 시각에서 접근하는 지혜가 필요하다.

3. 기존의 연구

행정구역 개편의 주된 목적이 지역주민에게 양질의 서비스를 제공하는 경쟁력 있는 광역정부를 만들어 가는 데 있다.

행정구역 개편을 통한 광역정부는 지역의 경제 발전과 관련되는 업무를 전문적으로 담당하는 부서를 통하여 소규모의 개별 정부보다 우월한 조정 능력과 전문성을 제공할 수 있을 것으로 기대된다고 주장한다(Fleishman & Green, 1991). 러스크(Rusk, 1993) 역시 행정구역의 광역화를 통한 경쟁력 있는 지방정부의 출현은 광역권 전체의 지역 발전에 긍정적 영향을 준다고 주장한다. 그는 1950년부터 1990년까지 320개 광역도시권역에 있는 522개의 중심 도시들에 대한 센서스 분석 결과 그는 신규 개발을 위한 유휴지를 확보하기 위하여 지역 경계를 확장할 수 있었던 시(市)는 그렇지 못한 시에 비하여 경제적으로 높은 성장과 발전을 할 수 있었다고 말한다. 행정구역 개편을 통하여 여러 개의 정부가 하나가 되는 광역정부가 경쟁력을 갖추면서 지역 발전에 긍정적 효과를 낼 수 있다는 연구(Rigos, 1995)는 주로 도시계획 이론가에 의하여 주장된다. 경제 발전과 도시계획 같은 사항은 광역적으로 접근하여야 문제 해결이 용이하다. 이유는 작은 규모의 개별 정부는 지역 발전과 관련된 문제를 다룰 수 있는 권한과 재원이 충분하지 못하기 때문이다(Becker, 1996).

이런 맥락에서 진행된 국내의 연구로는 행정비용의 절감을 통한 행정 능률을 향상시킨다는 연구(최양부 · 윤원근, 1988)와 주민 생활권과 행정구역을 일치시켜 지역주민의 편의성을 증가시킴으로써 지방정부의 경쟁력을 높인다는 연구(임성일, 1994; 한원택, 1995), 공공서비스 생산에 있어 규모의 경제를 실현시켜 주는 연구(박희정, 1994; 이규환, 1994; 전석홍, 1994), 그리고 외부 효과를 내부화함으로써 지역 간 갈등을 해소하고 지역과 지역(도시와 도시 또는 도시와 농촌) 간의 균형 있는 발전을 가져올 수 있다는 연구(이병철, 1994; 장태욱, 1994)이다. 이들의 연구는 행정구역의 확대를 통하여 여러 개의 개별 정부를 하나의 광역정부로 묶어 간다면 오히려 도시 경쟁력 향상과 지역주민의 삶의 질이 나아질 수 있다는 연구 결과를 제시한다.

그러나 이에 대한 반론도 만만치 않다. 행정구역 개편을 통한 경쟁력 있는 광역정부가 양질의 서비스를 제공해 줄 수 있느냐에 대한 의문이다. 퍼스키, 스클라와 위웰(Persky, Sclar, & Wiewel, 1991)은 도시와 농촌이 동일한 행정구역 안에 있어야 발전한다는 논리는 성립하기 어렵다고 본다. 블레어와 장(Blair & Zhang, 1994) 역시 같은 논리로 행정구역 개편을 통한 광역정부가 지역 발전에 기여한다는 논거는 입증하기 어려운 명제라는 이야기를 한다. 블레어, 스톨리와 장(Blair, Staley, & Zhang, 1996)도 행정구역 개편(도시와 도시 또는 시와 농촌 통합 등)을 통한 광역정부가 항상 지역주민의 경제적 복지를 향상시키는 데 효과적인 것은 아니라고 말한다. 그들은 행정구역의 개편, 즉 구조의 변화를 통하지 않고도 광역권 내에 있는 개별 정부 간의 협조를 강화하는 대안들도 광역권 전체의 발전을 도모할 수 있다는 주장을 제시한다. 카와 페이오크(Carr & Feiock, 1999) 역시 행정구역 개편을 통한 도시와 도시 또는 도시와 농촌의 통합이 경제를 발전시키면서 양질의 행정서비스를 제공해 준다는 근거는 없다고 말한다.

이런 입장에서 본 국내의 연구로는 행정구역 개편을 통한 광역정부가 도시와 농촌 간의 이질적인 행정 수요를 제공해 주지 못하고 오히려 지역경제 기반의 약화, 규모의 불(비)경제, 그리고 행정서비스 공급의 지역 간 불균형, 즉 농촌지역의 소외를 가져온다는 연구(이수만, 1995), 행정의 지역주민에 대한 대응성(responsiveness)을 감소시킬 수 있다는 연구(이재원, 1995; 임승달, 1995), 그리고 행정구역 개편으로 인한 도시와 도시 또는 도시와 농촌 간의 통합이 생산성 증대로 나타나지 못하였다는 연구도 있다(김대원, 1999).

한편 강원도 행정구역 개편의 연구를 직접 다룬 성과물은 그리 많지 않고 단지 강원도 발전을 위하여 여러 분야에서 협력 네트워크가 필요하다는 간접적 연구 성과물이 존재한다. 기능적 측면에서 지방분권이 활성화되면 강원도 지역 균형 발전에 약간 기여한다는 연구(홍준형, 2004), RIS 구축이 강원도 산업 발전을 활성화시킨다는 연구(박상규, 2004), 광역권 경제를 통한 동해안 행정구역의 개편을 다룬 연구(사득환, 2008), 신동해안시대 광역경제권과 행정 거버넌스 활성화 방안에 관한 연구(이기식, 2008) 등이 있다.

Ⅲ. 한국의 지방행정 체제와 행정구역 개편의 방안 탐색

1. 한국의 지방행정 체제

한국의 지방행정 체제 중 행정구역은 지방자치단체의 자치권이 배타적으로 적용되는 지리적 공간이다. 행정구역은 소극적 측면에서 자치단체의 자치권의 권능을 지역적으로 한정시키는 기능을 하며, 적극적 측면에서 구역 안의 주소나 거소를 둔 사람 또는 사물을 해당 자치단체의 권능에 복종시키는 기능도 아울러 갖고 있다. 행정구역의 변경, 폐지 및 분합은 법률로 규정함으로써 빈번한 개편이 어렵도록 하고 있으나 이는 고정 불변의 사항이 아니고 외국의 사례를 보면 사회·경제적 여건의 변화나 정부의 정책적 의도 등에 따라 행정구역 개편이 추진되어 왔다(금창호, 2008).

우리의 행정구역 개편에 관한 논의는 1991년 지방자치가 실시된 이후부터 꾸준히 제기되어 오다가 1994년과 1995년 행정구역 개편을 통하여 도농복합 형태의 시(市)가 설치되었다. 최근 여러 가지 이유로 정치권과 학계에서 다시 행정구역 개편에 관한 논의를 시작하고 있다. 행정구역에 대한 논의는 행정 계층의 수와 밀접한 연관을 갖고 있으며, 행정구역의 규모가 작으면 행정 계층이 중층제이고, 반면 행정구역의 규모가 커지면 행정 계층이 단층제이다.

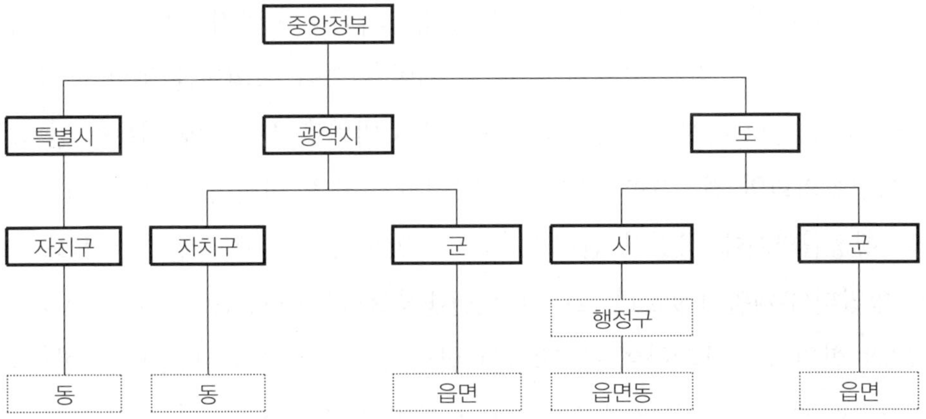

주: [실선 상자]은 자치 계층, [점선 상자]은 행정 계층을 나타냄.

자료: 금창호(2008).

[그림 9-2] 행정 계층의 현황

앞의 그림에서 보듯이 현행 행정 계층은 통 · 리를 제외할 경우 자치구역을 포괄하는 자치2계층과 행정구를 포괄하는 행정1－2계층의 중층제이다.

우리나라는 행정구역 개편이나 광역행정을 통하여 지방행정 체제의 효율성을 높이고 있다. 도시와 도시 또는 도시와 농촌의 통합, 편입, 합병 등을 통하여 이루어지는 행정구역 개편은 효율성과 파급 효과는 크지만 정치 · 경제 · 사회 · 문화 · 지역의 여건, 그리고 지역주민의 정서 등 여러 가지 문제 때문에 이를 성공적으로 이루어 내기란 쉽지 않다. 이런 점을 감안하여 자치단체는 행정구역 개편보다 협의회나 조합 등 광역행정을 통하여 지역의 경쟁력, 행정의 대응성, 그리고 행정의 효율성을 높이는 간접적 방법을 택하고 있다. 물론 협의회나 조합 등 광역행정이 행정구역의 개편보다 차선책이 될 수밖에 없다. 그러나 지역주민의 반발, 이해 득실의 역학구조, 그리고 정치적 · 행정적 이유로 행정구역 개편을 할 수 없기 때문에 부득이 지역주민을 위하여 협의회나 조합 등 광역행정을 통하여 소기의 행정 성과를 거두자는 것이다.

행정구역의 개편 없이 이루어지는 광역행정의 수행 방식에는 행정협의회(기초와 광역)와 지방자치단체조합이 있다. 행정협의회는 지방지치법 시행령상 연 2회(상반기와 하반기) 정기회를 개최하기로 되어 있으나 협의회를 통한 합의 도출의 어려움과 합의 사항에 대한 집행 구속력의 미비로 실효성에 의문이 간다. 수도권행정협의회의 경우 1975년부터 1994년까지 개최 실적이 평균 1.5회가 되지 않고, 행정협의회에 상정된 안건도 많지 않았으며 합의에 도달한 비율도 그리 높지 않았다(유재원, 1996: 19－21). 부산권행정협의회 역시 1973년부터 1993년까지 13회 협의회를 개최하여 총 78건의 협의 안건을 다루어 12건만을 협의함으로써 15.4%의 저조한 합의율을 나타내고 있다(배준구, 1995: 51).

지방자치단체조합은 행정협의회와 달리 집행력을 갖고 있어서 실효성이 있다. 조합은 조례를 제정할 수 있고 행정처분을 발하거나 행정처분의 대상이 되며, 재산을 보유할 수 있다. 그러나 조합 방식의 광역행정의 수행은 수도권 이외의 지역에서 아직까지 실시되지 않고 있다(유재원, 1996: 22). 이런 점을 감안하면 행정구역의 개편을 통한 도시와 도시 또는 도시와 농촌을 하나로 묶는 방법이 실효성이나 파급 효과가 크다는 것을 알 수 있다.

2. 행정구역의 개편 방안 탐색[22)]

1) 기본 방향

행정구역 개편의 기본 방향은 기초단체의 규모를 넓히는 광역화이다. 기초단체의 광역화에는 시(市)와 시(市), 시(市)와 군(郡), 군(郡)과 군(郡), 구(區)와 구(區), 그리고 구(區)와 군(郡) 간의 광역화 또는 통합까지 범위를 확대하는 것이 바람직하다. 통합을 위한 체계, 절차, 방법 등에 대해서는 법적·제도적 기반을 마련하여야 한다. 이를 위하여 (가칭)지방자치단체 통합 촉진을 위한 법률의 제정을 검토하여야 한다. 이 법에는 통합추진기구, 절차, 통합모형, 인센티브 등을 규정하는 한편 통합을 위한 주민투표 규정을 포함하여야 한다.

2) 추진 단계

기초자치단체의 통합은 이해 관계가 매우 복잡하기 때문에 우선 통합 분위기 조성 등 지역주민이 중심이 되는 자율형 통합 추진기구가 필요하다. 지난 1994년 3월 이루어진 1차 도농통합의 경우에는 별도의 추진가구가 없었으며, 1994년 8월 2차 도농통합의 경우에는 지역주민, 원로 등을 중심으로 추진기구를 자체적으로 구성한 경험이 있다. 첫째, 시(市)·군(郡)·구(區)별로 통합추진위원회를 구성한다. 위원회의 구성은 학계, 언론계, 지역의원, 지역주민 등으로 구성한다. 위원회의 역할은 상대 자치단체의 통합추진공동위원회의 구성 협의, 활동 지원, 통합 분위기 조성, 지역 의견 수렴, 홍보 등 다양한 활동을 한다. 둘째, 통합 대상 자치단체끼리 통합추진공동위원회를 구성한다. 공동위원회의 역

22) 윤종인(2008), "자율통합을 통한 시군구 광역화 방안 모색," 한국정책학회 하계학술대회 발표논문을 참고하여 이 논문에 맞게 재구성.

할은 사무소 소재지, 통합 시기 협의, 기본계획 작성 등의 일이다.

3) 행정기관 모델

(1) 완전통합 모델

역사적·문화적 동질성이 아주 높은 지역, 지역 발전의 열의가 매우 높은 지역, 그리고 통합으로 인하여 시너지 효과가 매우 큰 지역의 경우 출장소나 일반구(행정구)의 설치 없이 새로운 자치단체를 신설하는 완전 통합이 바람직하다. 이것은 두 개 이상의 자치단체를 통합하여 한 개의 새로운 자치단체를 만드는 것이다. 통합되는 지역의 별도 하부 행정기관을 설치하지 않고 신설 자치단체가 통합되는 종전 자치단체의 관할구역을 모두 관장하는 모형이다.

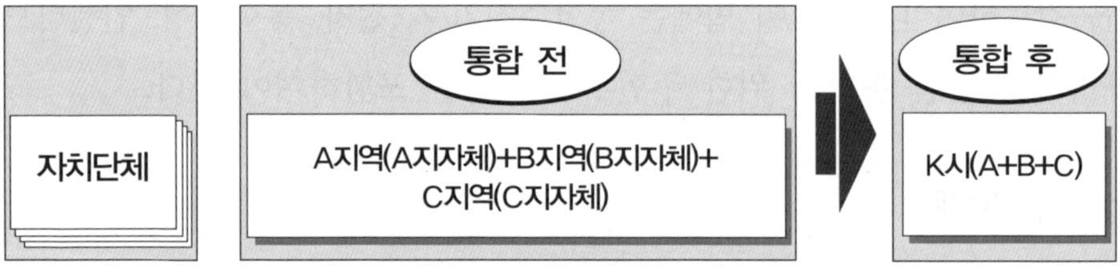

[그림 9-3] 완전통합 모형

완전통합 모델은 행정비용의 절감과 통합을 위한 과도기적 적용 기간이 매우 짧아 자치단체 간 통합의 효과가 매우 크다는 장점이 있다. 반면 신설되는 자치단체의 명칭을 무엇으로 할지, 신설되는 자치단체 소재지를 어디에 둘지 등을 결정할 때 자치단체 간 갈등의 소지가 있으며, 자치단체 잉여 인력 발생 문제에 대하여 반발, 그리고 통합되는 지역주민의 행정서비스 불안감으로 인한 반발이 예상되는 단점이 있다.

(2) 출장소 모델

출장소 모델은 통합되는 지역주민의 반발, 잉여 인력의 발생 문제, 행정서비스 제공 등의 문제를 해결하기 위하여 완전통합 모델을 보완하는 형태이다. 이 모델은 통합되는 지역에 출장소를 설치함으로써 지역주민의 행정서비스 욕구를 어느 정도 충족시켜 주고, 잉여 인력의 활용 문제 해결에 기여하고, 출장소의 장(長)을 통합시장이 임명하는 장점이 있지만, 장기적으로 출장소를 폐지하기 어려운 경우가 발생할 수 있다는 단점을 아울러 갖고 있다.

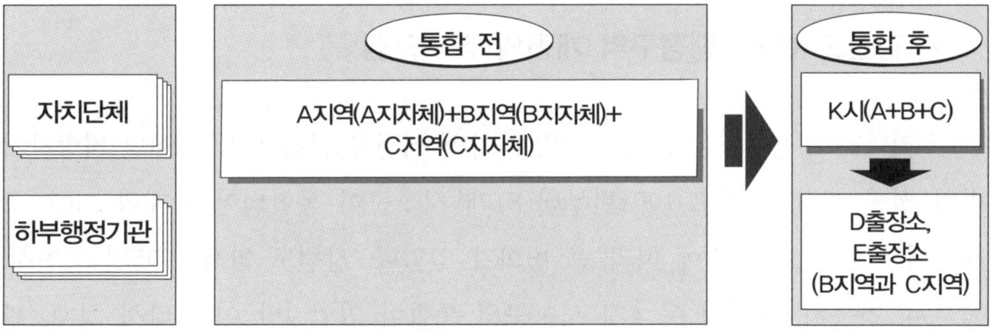

[그림 9-4] 출장소 모형

(3) 일반구 모형

일반구(區) 또는 행정구 모형은 통합 시 발생되는 잉여 인력의 문제에 효과적으로 대처하고, 지역주민에게 만족할 만한 서비스를 제공할 수 있으며, 통합되

[그림 9-5] 일반구 모형

는 지역주민의 정서적 · 행정적 공백을 어느 정도 채워줄 수 있는 장점은 있지만 행정 기능의 중복으로 인한 비용 절감의 효과는 미흡한 것이 단점으로 지적된다.

Ⅳ. 강원도 행정구역 개편의 방안 탐색

1. 강원도 현황: 행정구역 개편의 장 · 단점

우리나라 행정구역은 1949년 지방자치법 제정을 근간으로, 1988년 지방자치법의 전면 개정, 그리고 1994년부터 81개 시 · 군이 통합되어 40개의 시(市)로 재편되는 등 여러 요인에 따라 큰 변화가 있었다. 강원도 역시 1995년 춘천시, 원주시, 강릉시, 삼척시 등 4개 시 · 군의 통합이 있었지만 이제 다시 정계, 관계, 학계, 그리고 언론계에서 행정구역 개편을 통하여 지방도시 경쟁력 향상과 양질의 서비스를 지역주민들에게 제공하기 위하여 다양한 방안을 탐색한다.

강원도는 전 국토의 16.9%에 해당하는 16,874km^{2}의 면적을 갖고 있고, 인구는 152만 명으로 전체 인구의 약 3.17%이다. 이것은 면적에 비하여 매우 적은 인구 규모라는 것을 알 수 있다. 강원도의 인구 감소[23] 현상이 위험 수위에 접어들고 있다. 일부 시 · 군은 '자생력' 붕괴 위기에 빠져 있고, 민의를 대변하는 국회의원 수도 감소하면서 강원도 관련 사업은 뒷전으로 밀리고 있다. 이로 인하여 18개 시 · 군은 인구를 늘리기 위한 묘안에 골몰하고 있다.

---

23) 강원발전연구원을 비롯한 각종 기관도 저출산 대책 등에 대한 연구자료를 내고 있으나, 원주를 제외하고 큰 개선책은 없는 것이 현실이다. 2005년 인구주택통계조사에 따르면, 강원도 인구는 지난 30여년간 40여만 명이 줄어들었다. 강원도 인구는 1975년 186만 1,000명을 기점으로 하락세를 보이고 있다. 1961년 158만 6,000명에서 15년 사이에 30여만 명이 늘었지만 이후 매년 줄어들고 있다. 특히 석탄산업합리화사업이 추진되면서 1990년에는 158만 명으로 감소하였고, 1995년에는 146만 6,000명으로 11만 명 이상이 줄었다. 2000년 148만 7,000명으로 반짝 증가세를 보였지만 2005년 146만 4,000명으로 다시 줄었다.

〈표 9-1〉 강원도 시 · 군 인구(2016)

(단위: 명)

지역	춘천시	원주시	강릉시	동해시	태백시	속초시	삼척시	홍천군	횡성군
인구	264,567	306,350	220,097	96,241	51,285	85,349	71,431	71,160	44,043
지역	영월군	평창군	정선군	철원군	화천군	양구군	인제군	고성군	양양군
인구	40,475	44,063	41,551	48,066	24,283	21,525	31,911	30,734	28,346

자료: 강원도청 인터넷 홈페이지(http://www.provin.gangwon.kr).

강원도의 산업생산 구조는 제조업의 비중이 19.2%, 전국 평균 35.2%에 비하여 매우 낮은 분포를 보이고 있으며, 강원도의 일반 제조업 비중이 전국 대비 1.1%이고, 강원도의 지식기반 제조업의 비중[24]은 전국의 지식기반 제조업에서 차지하는 비중이 0.2%이다. 일반 제조업보다 지식기반 제조업의 비중이 낮다는 것은 미래 강원도 산업 경쟁력이 그리 높지 않다는 것을 말해 주는 단적인 반증이다.

강원도의 면적 중 산림 면적이 차지하는 비율이 81%로 매우 높다는 것을 알 수 있다. 이것은 강원도가 갖고 있는 신성장 동력산업의 버팀목 역할을 할 수 있는 장점이다. 강원도에 맞는 특화된 발전전략과 방향, 특히 환경+성장가치를 중시하는 방향에서 접근하면 해법이 나올 수 있다. 예컨대, 기후 변화를 예상한 녹색성장에 초점을 맞추고 이것을 갖고 산업화하는 것도 하나의 방법일 수 있다. 산업혁명 이후 화석연료의 대량 사용으로 지구 온난화의 문제가 발생하고 있으며, 이것은 기후 변화에 영향을 주어 세계 각 지역에서 생각지도 못한 변화가 일어난다. 따라서 1997년 교토의정서(기후변화협약)가 채택되었고, 2005년 2월 16일 이것이 발효되었다.

발효 시점에 우리나라는 개발도상국으로 분류되어 탄소 배출 이행의 의무는

24) 지식기반 제조업의 비중이 점차 늘어날 수 있는 가능성이 춘천의 바이오 및 문화콘텐츠의 하이테크 타운, 원주 의료기기의 테크노밸리, 강릉 · 동해 · 삼척의 해양생물, 신소재세라믹, 그리고 방재산업 분야의 사이언스 파크 조성사업이다. 3개 지역에서 모두 1조 3천억 원이 1998년부터 2009년까지 투자된다. 성공적으로 마무리되면 2010년까지, 전략기업 800여 개가 육성, 매출액 3조 3,000억 원, 수출 1조 3,000억 원, 고용 창출 2만 명 등이 달성된다.

없었지만 지난해 2008년부터 점진적으로 의무 이행을 하여야 한다. 우리는 2008년부터 2012년까지 우리나라의 온실가스 총 배출총량, 즉 이산화탄소 배출량을 1990년 대비 평균 5.2% 감축하여야 한다. 2005년 기준으로 국내 온실가스 배출량이 591만 톤으로 세계 10위 수준이다. 국가별로 배출량이 정해져 있으며, 배출할 수 있는 양보다 적게 배출하면 그것을 배출할 수 있는 권리를 거래할 수 있다. 할당된 탄소 배출량보다 적게 배출하면 이것을 다른 국가에 팔 수 있는 독점적 권리를 갖고 있는데 강원도는 매우 유리한 조건을 갖고 있다. 이유는 강원도 면적 중 산림자원이 81%를 차지하는데 이것을 어떻게 활용[25]하느냐에 달려 있고, 앞으로 유류세와 마찬가지로 탄소세[26]가 신설되면 강원도는 녹색성장, 즉 녹색산업[27]의 메카가 되기 때문이다.

강원도가 녹색성장(녹색산업)에 기여할 수 있는 또 다른 단서는 탄소 배출을 거의 제로(0)로 하거나 아주 적게 하는 에너지산업[28]이 들어올 수 있는 입지적

---

25) 독일은 2008년 11월에 이미 2012년에 달성하여야 될 탄소배출량, 즉 교토의정서를 벌써 충족시켰다. 독일의 경우를 타산지석으로 삼아야 한다. 첫째, 2006년 겨울~2007년 봄 따뜻한 기온으로 난방 사용량 감소, 둘째, 신재생에너지 산업의 성장 확대, 셋째, 부가가치세 인상, 넷째, 소비자들의 인식 전환, 다섯째, 제조업의 배기가스 방출 감소이다. 일본은 6%의 탄소 배출량을 할당받았다. 이 중에서 3.9%는 산림자원으로부터 얻는다고 한다. 교토의정서는 삼림자원을 CO^2(이산화탄소) 등의 흡수원으로 인정하여 흡수량의 일부가 배출가스 감축량으로 인정한다. 강원도가 갖고 있는 삼림자원의 가치는 무궁무진하다. 한반도 허파의 역할을 하는 강원도 산림자원의 경제적 가치는 최소 66조 원에서 최대 77조 원에 이른다. 2008년 우리나라의 예산이 257조 3천 억 원이니까 강원도 산림자원의 가치는 우리나라 전체 예산의 작게는 1/4에서 많게는 1/3에 해당된다.

26) 탄소세는 에너지원별로 함유하고 있는 탄소량에 비례하여 부과되는 일종의 물품세이다. 석유 및 석탄 등과 같은 고(高)탄소함유 에너지에는 높은 세액이, 가스와 같이 낮은 저탄소에는 낮은 세금이 부과되고, 비화석연료로서 탄소를 전혀 함유하지 않은 수력, 원자력, 풍력, 태양열, 지열 등에는 세금이 부과되지 않는다. 이에 따라 탄소세가 도입될 경우에는 탄소함유 에너지의 사용에 부정적인 경제 유인이 제공됨으로써 일정한 대체 효과가 발생한다.

27) 강원도는 2012년까지 GRDP(지역내총생산)의 5%를 녹색성장, 즉 녹색산업으로부터 부가가치를 창출하고자 한다.

28) 석탄산업 합리화사업이 시작되기 전 1960년대, 70년대, 그리고 80년대 국가 발전의 견인차 내지 동인(動因)은 석탄산업이었다. 석탄산업 이외에 다른 기간산업은 거의 존재하지 않았다. 따라서 석탄산업이 두 자리 수의 경제성장률 향상에 크게 기여하였으며, 이로 인하여 한국은 세계 경제사에서 유례를 찾을 수 없는 네 마리 용의 자리로 수직 상승하였다. 이제 강원도가 에너지 산업을 갖고 또 한번 도약할 수 있는 기회를 맞고 있다. 그것은 다름 아닌 석탄액화가스화산업(IGCC)과 원전이다.

조건을 갖추었다는 사실이다. 현 상태의 에너지 소비가 지속되면 원유는 38~40년 정도 지나면 거의 고갈된다. 세계 경제는 원유 중심의 시스템으로 작동되기 때문에 원유의 고갈은 또 한번의 세계 경제 재앙을 불러올 것이다. 이를 해결하는 방안 가운데 하나는 석탄액화가스화산업, 즉 IGCC를 활용하는 것이다.

IGCC는 유연탄에서 석유가 정제되는 기술(Intergated Gasification Combined Cycle: IGCC)을 말하는데, 이것이 탄소 배출을 거의 제로(0)로 하면서 이제 막바지 상용화 단계에 접어들었다. 외국에서 유연탄을 수입해 이를 석유로 탈바꿈시켜 다시 외국에 수출하는 입지적 조건을 강원도 동해안이 갖추고 있다는 사실이다. 이런 사실을 잘 감안하여 탄소 배출을 거의 제로(0)로 하는 또 다른 산업은 원자력발전소의 유치이다. 강원 남부지역이 원자력발전소를 유치할 수 있는 안전한 지층구조를 갖고 있었는데, 이것을 지금까지 간과하였었다. 이제라도 이것을 잘 활용하는 지혜가 필요하다. 따라서 강원도가 갖고 있는 이런 장점을 살려 이번에 강원도 행정구역 개편에 이를 적극 활용할 필요가 있다.

2. 탐색적 대안 찾기

이 글에서 강원도 행정구역 개편의 명확한 기준을 제시하기는 매우 어렵지만 강원도 전역의 교통망, 자원 잠재력, 성장 거점의 시각, 광역권의 시각, 녹색성장의 시각, 강원도 7대 성장축과 6대 생활권(7+6플랜), 도시 경쟁력, 양질의 서비스 제공, 일자리 창출 등 다양한 요인을 고려하여 대안을 찾기로 한다. 또한 도(道)를 폐지하지 않는다는 것을 전제로 인구 20만~50만 명 규모로 행정구역 개편을 추진하는 것이 바람직하다는 대안(代案)을 제시한다.

1) 5개의 행정구역으로 개편: 인구 20만~40만 규모의 광역도시

강원도를 인구 20만~40만 규모의 광역도시로 나아가기 위하여 5개의 행정구역으로 개편하는 것이 바람직하다. 첫째, 춘천+홍천+화천+철원+양구가 하나의 행정구역으로 통합되는 것이고, 둘째, 원주+횡성+영월+정선(일부)이 하나의 행정구역으로 묶이는 것이며, 셋째, 강릉+평창이 하나의 행정구역으로 통합되는 것이고, 넷째, 속초+고성+인제+양양이 하나의 행정구역으로 묶이는 것이며, 그리고 다섯째, 동해+삼척+태백+정선(일부)이 하나의 행정구역으로 설정하는 안(案)이다. 그렇다면 춘천을 중심으로 429,591명, 원주를 중심으로 411,643명, 강릉을 중심으로 264,160명, 속초를 중심으로 176,340명, 그리고 삼척을 중심으로 239,732명의 인구가 된다.

강원도를 5개의 행정구역으로 개편하는 것은 기존 춘천・원주・강릉으로 이어지는 3각 테크노밸리를 중심으로 만들어진 성장 축을 최대한 활용하여 발전의 효과를 다른 지역에도 파급시킬 수 있는 장점이 있으며, 속초를 중심으로 한 행정구역의 설정은 설악권 관광산업을 선도할 수 있는 관광벨트의 역할을 할 수 있기 때문이고, 삼척을 중심으로 하는 행정권역의 설정은 녹색성장의 핵심인 탄소가 거의 제로(0)가 되는 에너지산업[29]을 중심으로 행정구역을 설정하는 장점 때문이다. 물론 강원도를 5개의 행정구역으로 개편하는 것 자체가 50만~ 60만 명 정도는 되어야 어느 정도 도시 경쟁력을 갖출 수 있다는 논리에 비하면 설득력이 떨어지는 단점이 있다.

2) 4개의 행정구역으로 개편: 인구 30만~40만 규모의 광역도시

강원도를 인구 30만~40만 규모의 광역도시로 만들기 위하여 4개의 행정구역으로 개편하는 것이 바람직하다. 첫째, 춘천+홍천+화천+철원+양구가 하나의 행정구역으로 통합되는 것이며, 둘째, 원주+횡성+영월+정선(일부)이 하나의 행정구역으로 묶이는 것이고, 셋째, 강릉+평창+속초+고성+인제+양양

---

29) 녹색성장에서 이야기하는 탄소가 거의 제로(0)가 되는 에너지산업은 태양열, 풍력, 그리고 지열을 활용하는 신재생 에너지산업보다 '성장'과 '일자리 창출'에 포커스를 맞춘 석탄액화가스화산업과 원전을 말한다. 이유는 태양열, 풍력, 그리고 지열을 이용한 신재생 에너지산업은 탄소 제로(0)인 에너지산업은 맞지만, '성장'과 '일자리 창출'에 한계를 갖기 때문에 이것이 주가 되어서는 안 되고, 원전이나 석탄액화가스화산업의 보조적인 역할을 하여야 하기 때문이다.

이 하나의 행정구역으로 통합되는 것이며, 그리고 넷째, 동해+삼척+태백+정선(일부)이 하나의 행정구역으로 설정되는 안(案)이다. 위의 5개의 행정구역으로 개편하는 안 중에서 강릉권과 설악권을 문화관광벨트라는 공통분모로 갖고 하나로 묶는 안(案)이 도출되었다. 그렇다면 춘천을 중심으로 429,591명, 원주를 중심으로 411,643명, 강릉을 중심으로 440,500명, 그리고 삼척을 중심으로 239,732명의 인구가 된다.

강원도를 광역화의 시각, 성장 거점의 시각, 그리고 녹색성장의 시각에서 행정구역을 개편한 안이다. 미래 10년이나 20년을 내다보면서 장기적 관점에서 보면 가장 설득력 있는 대안으로 생각할 수 있다. 춘천 · 원주 · 강릉은 기존의 3각 테크노밸리로 발전하면 된다. 동해 · 삼척 · 태백 · 정선(일부)은 에너지벨트로 다시 묶여지는 것이고, 만약 삼척에 원자력발전소를 유치하면 LNG와 발전설비를 원전과 묶어 울진을 포함하는 새로운 신에너지벨트를 구상할 수 있기 때문이다.

3) 3개의 행정구역으로 개편: 인구 50만 ~60만 규모의 광역도시

강원도를 인구 50만~60만 규모의 광역도시로 만들기 위하여 3개의 행정구역으로 개편하는 것이 바람직하다. 첫째, 춘천+홍천+화천+철원+양구+인제가 하나의 행정구역으로 묶이고, 둘째, 원주+횡성+영월+평창+정선+태백이 하나의 행정구역으로 설정되며, 셋째, 강릉+동해+삼척+속초+고성+양양이 하나의 행정구역으로 설정되는 대안이다. 그렇게 되면 춘천을 중심으로 461,502명, 원주를 중심으로 476,481명, 그리고 강릉을 중심으로 564,109명이 된다.

강원도가 춘천 · 원주 · 강릉 중심으로 기존의 3각 테크노밸리산업의 성장축을 확고하게 뿌리내리는 장점이 있지만 춘천 · 원주 · 강릉을 중심으로 발전이 이루어지고 행정구역이 설정되기 때문에 다른 시 · 군의 반발을 어떻게 해결하느냐가 주요 관건이 된다.

V. 나오는 말

행정구역 개편의 주된 논점은 역사적·문화적 동질성, 산업 기능과 특성의 유사성, 생활권과 행정권의 일치, 도시 경쟁력 향상, 그리고 양질의 행정서비스 제공 등 다양한 이유 때문에 여러 개의 자치단체를 묶어 하나의 광역정부로 만들어 가는 과정이다. 행정구역 개편의 핵심은 어떻게 경쟁력 있는 광역정부를 만들어 갈 수 있느냐에 달려 있다.

그런데 중앙정부의 입장이든 지방정부의 입장이든, 경제 논리든 정치 논리든, 미래 산업의 트렌드 변화든 행정구역 개편에서 지역주민들의 동의를 어떻게 이끌어 내느냐가 가장 중요하다. 지역주민들의 동의를 이끌어 내지 못한다면 행정구역 개편은 사상누각이 될 수밖에 없으며 뿌리를 내리지 못할 것이다.

지역주민들의 동의를 이끌어 내는 방안 중 하나는 행정구역 개편을 통하여 얻는 편익이 손실보다 크다면 지역주민들이 동의하지 않을 이유가 없다. 편익을 크게 하는 방법이야 여러 가지 있겠지만 간단하게 생각하면 인센티브를 많이 주는 것이다. 그러나 그런 방법은 단기간에 실효가 있을지 몰라도 장기적으로, 한국의 지방자치를 뿌리내리기 위해서는 단기적 인센티브(통합되는 자치단체에 재정적 지원을 해 주는 것)는 그렇게 바람직하지 못하다.

행정구역 개편에서 가장 중요한 것이 눈에 보이지 않은 무형의 자산인 신뢰(信賴, reliability)이다. 중앙정부에 대한 신뢰, 지방정부(자치단체)에 대한 신뢰, 정책에 대한 신뢰, 행정구역 개편을 추진하는 대표자들에 대한 신뢰, 지역주민과 지역주민 간의 신뢰 등이다. 이런 신뢰가 선행되지 않는다면 그 어떤 편익을 지역주민들에게 가져다준다 하여도 이들이 정서적으로 받아들이지 않을 것이며, 불신의 골이 깊어져 그 어떤 좋은 대안도 파국을 맞게 될 것이다.

강원도 행정구역 개편의 논리와 대안도 이런 신뢰의 타당성 위에서 도출되어야 한다. 세 개의 행정구역으로 개편하든, 네 개의 행정구역으로 개편하든 그리고 다섯 개의 행정구역으로 개편하든 나름의 근거와 이유는 있다. 문제는 신뢰가 선행되고 난 이후에 행정구역 개편에 관한 대안이 도출되면 별다른 이견 없이 강원도민들이 동의할 것이라 생각한다.

개인적 생각으로는 시(市)·군(郡)을 어떻게 설정하든 강원도 행정구역을 네 개로 개편하는 것이 바람직하다는 의견을 제시하고 싶다. 이유는 강원도 균형 발전, 미래 산업의 트렌드, 적정한 인구 수, 도시 경쟁력 향상, 그리고 적은 비용으로 양질의 행정서비스를 제공해 줄 수 있는 생각 때문이다. 그렇지만 이것 역시 신뢰가 선행되지 않으면 강원도민들이 동의하지 않을 것이란 사실은 분명하다. 행정구역 개편에 앞서 우리 모두 신뢰를 쌓아 가는 노력을 하여야 할 것이다.

문•제•풀•기

1. 지방행정 체제 개편의 필요성을 설명하시오.
2. 지방행정 체제 개편의 시각(기준)을 설명하시오.
3. 행정구역 개편의 기본 방향을 설명하시오.
4. 행정구역 개편의 추진 단계를 설명하시오.
5. 행정구역 개편에서 행정기관 모델을 설명하시오.
6. 강원도 행정구역 개편의 장·단점을 설명하시오.
7. 강원도 행정구역 개편에서 나름의 탐색적 대안 찾기를 해 보시오.

제 10 장

글로벌 거버넌스와 통일 대비 남·북한 지방행정 체제의 비교

Ⅰ. 들어가는 말

한국의 문재인 대통령과 북한의 김정은 국무위원장 간의 정상회담(2018년 4월 27일 판문점에서 남북정상회담, 2018년 5월 26일 판문각에서 남북정상회담, 2018년 9월 18일~20일 평양에서 남북정상회담, 그리고 2019년 6월 30일 판문점에서 남북미 정상의 만남), 그리고 미국의 트럼프 대통령과 북한의 김정은 국무위원장 간의 정상회담(2018년 6월 12일 싱가포르에서 북미정상회담, 2019년 2월 26일~28일 베트남 하노이에서 북미정상회담, 그리고 2019년 6월 30일 판문점에서 남북미 정상의 만남) 이후 국내·외적으로 통일 문제에 대한 관심이 높아졌다. 통일에 대한 관심이 구체적 성과로 이어지기 위해서는 통일과 관련된 여러 분야에서 우리의 크나큰 노력이 있어야 한다. 특히, 2020년 분단 75주년을 맞이해 정치와 행정, 경제, 사회, 그리고 문화 등 여러 분야에서 통일 대비 어젠다(agenda)를 도출해 이를 구체적으로 실천해 나가는 로드맵을 현 시점에서 만들어 놓아야 한다.

로드맵을 만들기 전에 하여야 할 일 중 하나는 통일에 관한 우리 인식 패러다임의 전환이다. 이것은 가장 기본적이면서 현실적인 접근 방법인데, 남·북한 관계를 보는 시각이 과거와 달라져야 한다는 점이다. 기존 남·북한 관계의 여러 분야, 즉 정치와 행정, 경제, 사회, 그리고 문화 분야에서 제도적·정책적 공통 부분은 무엇이며, 또한 이질적으로 서로 다른 부분은 무엇인지를 찾아내어 이를 비교하는 일이다. 다음으로 비교를 통하여 공통적인 요소와 이질적인 요소를 분류해 내는 작업이다. 분류를 통하여 이질적인 요소는 어떤 제도 및 정책을 거쳐 동질적인 요소로 탈바꿈시킬 수 있는지에 대한 원인을 찾아내는 일이다. 분단 75년 동안 남·북한 간에는 동질적 요소보다 이질적 요소가 많이 나타나고 있다. 통일이 어느 날 갑자기 찾아오면 남·북한 간에 나타나는 이런 이질적 요소는 통일에 대단한 장애물로 등장할 것이기 때문에 지금부터라도 분야별로 체계적·논리적 비교 연구의 첫걸음을 내딛는 일의 중요성이 매우 클 것이다.

이 연구는 이런 문제 의식에 기초해 통일과 관련하여 정치와 행정에 대한 기초자료를 축적할 목적으로 통일 대비 남·북한 지방행정 체제에 대한 비교 연구를 진행하려 한다. 1945년 일본의 패망으로 제2차 세계대전이 종식되었으며, 이에 따라 한반도에는 통일정부가 세워진 것이 아니라 미국 중심의 자본주의와 소련 중심의 공산주의를 추종하는 정부가 들어서게 되었다. 이승만 중심의 남한의 우파 정부는 자유민주주의를 기반으로 국가 발전의 틀(framework)을 구축하였으며, 반면 김일성 중심의 북한 좌파 정부는 마르크스·레닌주의와 계획경제를 근간으로 국가 운영의 방향을 잡게 되었다. 물론 1950년 6월 25일 마르크스·레닌주의를 신봉한 북한의 좌파 정부가 UN에서 승인한 한반도 유일의 합법정부인 대한민국을 기습 공격해 한국전쟁을 일으켜 수많은 인명을 살상하고 경제적 손실을 가져왔으며, 결국 1953년 7월 23일 UN과 북한의 좌파 정부는 다시 휴전을 하면서 오늘에 이르게 되었다.

1945년 이후 분단 74년 동안 남·북한 지방행정 체제는 서로 다른 목적과 방향으로 틀 지어졌다. 남한은 지방분권을 중심으로 한 지방자치제를 토대로 지역주민의 삶의 질을 향상시키기 위하여 지방행정 체제를 변화·발전시켰다. 이에 반하여 북한은 주체사상 및 노동당 중심의 프레임 속에서 지방행정 체제가 변화 · 발전되었다.

그런데 우리의 북한 연구는 좀 더 신중해질 필요성이 있다. 이유는 북한 연구는 장님이 코끼리 만지는 식으로 접근해서는 잘못을 범할 가능성이 크기 때문이다. 북한 연구의 어려운 점은 첫째, 시각(perspective) 및 접근 방법(approach)의 문제이며, 둘째, 보편성 및 특수성을 어떻게 다루느냐의 문제가 관건으로 등장한다.

첫째, 북한 연구에서 시각 및 접근 방법의 문제를 어떻게 다루어야 하는가? 매우 어려운 문제이다. 어려운 문제일수록 문제를 직접 맞닥뜨리기보다 우회적이나 간접적으로 접근해 풀어 나가야 한다. 북한 연구에 관한 시각 및 접근 방법의 문제가 매끄럽게 잘 정리되면 통일 대비 남 · 북한 지방행정 체제의 비교 연구에 관한 시각 및 접근 방법의 문제 역시 자연스럽게 해결될 가능성이 높다. 특히 북한을 연구할 때 시각(perspective)이란 용어는 매우 조심스럽게 사용하여야 한다. 이유는 이것이 이데올로기와 본의 아니게 연결되면 연구는 왜곡될 가능성이 크기 때문이다. 그런 연유로 이미 편향된 이데올로기적 · 주관적 시각을 갖고 북한 연구에 접근한다면 연구자 자신도 모르게 북한 연구에 대한 진실이 흐려지게 된다. 이런 문제점 때문에 이데올로기와 주관성이 내포된 시각적 입장보다는 연구자 자신의 가치 중립(value-free)적 성향을 잘 이끌어 낼 수 있는 접근 방법(approach)적 입장을 택하는 것이 북한 연구의 올바른 방향이 될 것이다.

둘째, 북한 연구에서 보편성 및 특수성의 문제 또한 시각이나 접근 방법의 문제처럼 모호하다. 북한 체제를 특수한 체제로 인정하면 북한 연구에서 보편성보다는 특수성이 용인될 것이다. 진보주의 학자들은 대체로 북한 체제의 특수성을 인정하면서 북한을 연구하여야 한다는 입장을 취하고 있다. 반면 보수주의 학자들은 북한 연구에서 체제의 특수성을 용인하기보다 보편성에 주안점을 두는 입장을 택하고 있다. 물론 보편성 및 특수성에는 장점과 단점이 있지만 북한 연구의 일반화(generalization)를 지향하여 과학적인 접근을 하기 위해서는 특수성보다는 조심스럽기는 하지만 그래도 보편적인 입장을 택하는 것이 바람직하지 않은가 하는 생각을 한다. 왜냐하면 인류의 발전은 보편적 사고와 인식의 토대 위에서 이루어져 왔기 때문이다.

그렇다면 통일 대비 남·북한 지방행정 체제의 비교 연구 역시 북한 연구와 같은 맥락에서 진행되어야 한다. 우선 시각보다는 접근 방법적 입장을 택하는 것이 연구의 객관성을 높이는 데 도움이 될 것이다. 다음으로 특수성보다는 보편성을 지향하는 것이 비교 연구의 올바른 방향을 잡는 데 도움이 될 것이다.

이런 점에서 이 연구는 첫째, 통일의 의미와 필요성, 둘째, 통일과 지방행정 체제, 셋째, 남한의 지방행정 체제 및 자치(행정)구역과 행정 계층, 넷째, 북한의 지방행정 체제 및 행정구역과 행정 계층, 그리고 다섯째, 남·북한 자치(행정)구역과 행정 계층의 비교 연구에 대한 함의를 찾아내는 데 연구의 초점을 맞출 것이다.

Ⅱ. 이론적 논의

1. 통일의 의미와 필요성

통일의 의미는 무엇인가? 통일은 남과 북이 하나의 체제로 통합되는 것을 말한다. 좀 더 구체적으로 말하면 정치와 행정, 경제, 사회, 그리고 문화적 측면에서 남과 북이 서로 통합되는 것이다. 정치와 행정은 제도적·정책적인 측면에서 자유민주주의의 기본 원리를 구현하는 것이다. 경제는 자본주의의 자유시장 경제를 근간으로 한다. 사회는 민족적 동질성을 회복하는 데 초점을 맞춘다. 그리고 문화는 의식과 가치관의 유사성이 상식적인 수준에서 비슷해지는 것이다.

그렇다면 통일은 왜 필요한가? 통일을 하여야 될 필요성이 있을까? 통일이 남과 북의 발전에 걸림돌로 작용하지 않을까? 분단 74년 동안 남한 정부와 북한

정부는 각각의 체제와 제도 속에서 나름의 발전을 지향해 오고 있었다. 그런데 현 시점에서 통일의 필요성이 주요 이슈로 부각되어 통일, 통일 이렇게 외치는 정당한 논리와 근거는 무엇인가? 대답하기 어려운 문제이다. 통일은 매우 복잡하게 얽혀 있는 문제이기 때문에 이를 단순화하여 답변하기 쉽지 않지만 여기서는 간단히 생각해 보자. 통일의 필요성에 대한 정당한 논리를 설득력 있게 제시하여 보자.

첫째, 통일은 국가 발전이라는 측면에서 인구 증가의 긍정적 효과가 있다. 물론 인구의 증가는 또 다른 문제를 야기하겠지만 출산율이 10년째 1.1명인 한국의 경우에는 인구의 증가는 단점보다는 장점으로 작용할 가능성이 크다. 이유는 인구의 증가는 국가 발전과 밀접히 연관되기 때문이다. 예컨대, 중국과 인도를 21세기 발전가능성이 높은 국가로 분류하는 것은 고급기술(high technology)보다는 많은 인구를 갖고 있는 인적 자원의 중요성 및 국민 개개인의 구매력 효과[1] 때문일 것이다. 이런 점을 눈여겨보면 통일의 필요성은 시대적 소명이라 할 수 있다.

둘째, 통일은 국가 생존의 문제와 직결된다. 남・북한을 둘러싼 주변 강대국과 비교하면 중국, 일본, 러시아의 인구는 중국이 약 13억 5천만, 일본이 약 1억 2천 7백만, 그리고 러시아가 약 1억 4천 5백만 명이다. 이에 비하여 남한의 인구는 약 5천 1백만, 그리고 북한의 인구는 약 2천 7백만이다. 중국, 일본, 러시아와 비교하여 남한과 북한의 인구는 너무 적어 50년 후 각각 독자적인 경제권역 및 독립적인 국가를 유지할 수 있을까 하는 의문이 들기도 한다. 이런 맥락에서 시간이 소요되겠지만 통일의 필요성은 시대적 과제라 아니할 수 없다.

셋째, 통일은 영토의 확장이라는 긍정적 효과가 있다. 국가 구성의 세 가지

---

1) 구매력이란 물건을 구입할 수 있는 경제적 능력을 말한다. 개인 구매력이 높다는 것은 국민 개인의 GNP 및 인구의 많고 적음에 달려 있다. 상식적으로 보면 1인당 GNP가 높고 인구가 많으면 구매력이 높을 수밖에 없다. GNP보다는 인구의 많고 적음이 구매력의 높고 낮음에 영향을 더 크게 준다. 따라서 구매력이 높기 위해서는 인구가 1억 명 이상이 되어야 한다는 이야기가 있다. 한 국가의 인구가 1억 명 이상이 되면 내수시장이 활성화되어 수출에 크게 신경을 쓰지 않아도 산업이나 기업이 생존할 수 있다.

요소는 인구, 영토, 그리고 주권이다. 이 중에서 영토의 크고 작음이 국가 발전에 큰 영향을 미친다. 한반도는 주변국, 즉, 중국(약 960만km^2)이나 러시아(약 1천 713만km^2)에 비하여 아주 작지만 일본과 비교하더라도 비교적 작은 편에 속한다. 일본의 영토(37만 7천km^2)는 한반도(22만km^2)의 1.7배, 그리고 남한(9만 9천km^2)의 약 4배에 해당된다. 영토가 작다는 것은 발전가능성이라는 면에서 여러 가지 불리한 조건에 놓여 있을 수 있다는 간접적 반증이다. 특히, 주변국 모두 영토가 작은 국가면 몰라도 그렇지 않은 경우에는, 예컨대, 한반도보다 약 50배 이상 이상인 국가와 비교하면 국가 발전을 위해서라도 영토의 확장은 반드시 필요하다.

넷째, 통일은 자유민주주의 및 자유시장 경제의 발전에 기여한다. 인류 발전에 헌신한 제도 중 가장 중요한 것이 자유민주주의 및 자유시장 경제이다. 자유민주주의는 자유주의+민주주의의 합성어이다. 자유주의는 개인이 자유롭게 사고(사색, thinking)하는 데 누구의 간섭이나 속박도 받지 말아야 한다는 것이다. 여기에는 양심의 자유, 언론의 자유, 종교의 자유, 출판의 자유, 결사의 자유 등이 포함된다. 또한 자유시장 경제는 수요와 공급의 측면, 그리고 물건을 사고파는 데 어떤 제약이나 간섭이 없어야 한다는 것이다. 그뿐만 아니라 수많은 생산자와 소비자가 존재하므로 가격의 독점이 원천적으로 배제됨을 말한다. 이런 자유민주주의와 자유시장 경제는 이론적인 면에서 또는 현실적인 측면에서 인류 발전에 크나큰 기여를 하였으며, 제도나 정책적으로도 인간이 찾아낸 탁월한 발견 중 하나였다. 자유민주주의와 자유시장 경제는 인류가 추구하는 보편적 가치로서 이것은 인간의 선(善, good)한 이기심[2]에 근거하여 작동한다. 그런데 북한

2) 인간은 선(善, good)한 이기심과 악(惡, bad)한 이기심 모두를 갖고 있다. 선한 이기심은 인간이 공정한 게임의 규칙 속에서 경쟁을 하는 경우 다른 사람보다 부(wealth)를 더 많이 축적하려고 노력하며, 또는 타인보다 더 빨리 혹은 먼저 승진하려고 노력하는 긍정적(positive) 마음의 자세를 말한다. 악한 이기심은 공정한 게임의 규칙이 존재하지만 이를 무시하면서 수단과 방법을 가리지 않고 목표를 쟁취하는 부정적(negative) 마음의 자세를 이야기한다. 인간이 유인원에서 진화하여 정신적 · 물질적 · 기술적 측면에서 탁월한 업적을 낼 수 있었던 것 역시 선한 이기심이 국가나 사회의 보이지 않는 질서로 자리 매김하였기 때문이다.

체제는 인류가 추구하는 보편적 가치를 지향하지 않는 충분한 이유가 존재하지 않음에도 불구하고 선한 이기심이 작동될 수 없는 제도와 정책을 추구한다. 그런 이유로 통일을 통하여 북한 주민들이 일상생활에서 선한 이기심을 자발적으로 활용할 수 있는 체제를 만들어 가야 할 것이다.

다섯째, 민족의 동질성 회복이다. 민족의 동질성이란 동일한 언어, 그리고 의식주(衣食住)를 비롯한 관혼상제(冠婚喪祭)에서 문화적 공통성이 많이 내포되어 있는 것을 말한다. 분단 74년 동안 남과 북은 민족의 동질성이 점차 희석되거나 옅어져 가는 추세이다. 10년이면 강산도 변한다는 우리 속담이 있듯이 남한과 북한 간에는 벌써 일곱 번이나 강산이 변해 왔다. 이런 추세나 흐름이 앞으로도 상당 기간 그대로 계속된다면 민족의 동질성은 회복되기 어려운 상황에 놓일 수 있다. 따라서 이제 더 이상 남과 북 간의 분단은 지속되지 말아야 한다.

2. 통일과 지방행정 체제

통일을 대비하기 위하여 우리는 먼저 남북한 간의 지방행정 체제를 세밀하게 살펴볼 필요가 있다. 지방행정 체제는 지방에서 지역주민의 복리를 수행하는 구조적 틀(framework)이다. 이런 구조적 틀은 국가의 지방자치제의 형성 배경과 그 맥락을 같이한다. 즉, 정치, 경제, 사회, 그리고 문화적 요인에 의하여 영향을 받게 된다는 의미이다. 지방자치제가 투쟁의 산물로 얻게 된 결과물이면 지방행정 체제는 지역주민의 의견이 반영된 행정구조를 지향할 것이다. 반면 국가에 의하여 시혜 차원에서 주어진 것이라면 그렇지 않을 것이다. 예컨대, 지방행정 체제가 지역주민의 의견이 반영된 구조라면 행·재정적 차원에서 지방에 더 많은 사무이양과 재정분권을 실현해 줄 것이다. 반대로 지방행정 체제가 지역주민의 투쟁의 산물로 얻어진 결과물이 아닌 국가에 의하여 시혜적 차원에서 주어진 것이라면 사무이양과 재정분권의 비율[3]은 국가에 비하여 지방의 비율이 그리

---

3) 지방자치제의 선진국이라 할 수 있는 경제협력개발기구(Organization for Economic Cooperation

높지 않을 것이다. 이처럼 지방행정 체제는 특정 국가의 지방자치제의 토양 위에서 형성되고 발전한다.

지방행정 체제의 구조적 틀에서 가장 중요한 것이 행정 계층과 자치(행정)구역이다. 행정 계층이란 지역주민의 의견이 반영될 수 있는 공식적 구조의 층, 즉 계서제(hierarchy)[4]를 의미한다. 이것은 구조, 또는 조직 내(안)에서의 계서제가 아닌 구조나 구조, 또는 조직과 조직 간에 나타나는 것을 말한다. 행정구조의 층이 몇 단계냐에 따라 계층이 달라지는데 2단계이면 2층제, 3단계이면 3층제라 말할 수 있다. 또한 자치(행정)구역이란 행정이 펼쳐지는 범위를 말한다. 지역주민들에게 많은 서비스나 혜택을 주기 위하여 행정의 범위가 어느 정도로 확정되는 것이 가장 바람직하냐의 문제이다. 지역주민이 낸 세금과 행정의 혜택, 즉 행정서비스를 받는 범위를 행정구역이라 한다. 예컨대, 인구가 작고 행정 범위가 넓으면 행정비용이 많이 소요되기 때문에 지역주민들이 받는 행정서비스는 적어질 수밖에 없다.

그런데 남・북한 간의 계층과 구역은 설정 배경부터 다르다. 남한 정부는 중앙집권제를 유지하는 큰 틀 속에서 지방자치제를 발전시키기 위하여 계층과 구역을 설정하였다. 반면, 북한 정부는 노동당이라는 당(黨) 우위의 관계 속에서 행정 계층과 행정구역이 제도화되었다. 계층과 구역은 북한 정부에서 말하는 인민의 삶의 질을 향상시킬 목적으로 만든 것이 아니라 노동당이 인민을 통제하기 위한 방편으로 만든 것이다. 남・북한 정부 간에는 계층과 구역의 설정에 대하여 이런 구조적・역사적・문화적 차이를 올바로 직시하여야 통일 대비 남・북

---

and Development: OECD) 국가의 경우 사무이양과 재정분권에 관한 국가와 지방의 비율이 국가는 60%, 지방은 40%인 반면 우리나라의 경우 국가는 80%, 지방은 20%이다. 2014년 12월 8일 대통령 소속 지방자치발전위원회(위원장 심대평)는 대통령의 재가를 얻어 지방자치발전 종합계획(20개 과제)을 공표하였는데 박근혜 정부의 임기 동안 자치사무와 국가사무의 구분 체계 정비, 중앙권한 및 사무의 지방이양, 지방재정 확충 및 건전성 강화, 교육자치와 지방자치의 연계・통합, 자치경찰제도 도입, 읍・면・동, 주민자치회 도입 등 지방자치제의 기초를 정립하기 위하여 많은 노력을 기울였다.

4) 조직 내 계서제를 대표하는 것은 관료제(bureaucracy)이다. 그런데 행정 계층에서 이야기하는 계층이란 조직 안(in)에서의 계층(위와 아래)이 아니라 조직과 조직 간의 층을 말한다.

한 지방행정 체제를 제대로 비교할 수 있을 것이다.

3. 기존의 연구

북한 연구는 특정 기관의 전유물에서 1980년대 이후 본격적으로 여러 기관, 연구소, 그리고 개별 학자들의 연구로 폭이 넓어지면서 동시에 깊이를 더해 갔다. 특히 행정에 관련된 북한 연구의 흐름은 크게 네 가지로 나뉜다.

첫째, 일반적인 북한 행정에 관한 연구이다. 윤일균(1978)의 "북한행정체계에 관한 연구", 이성구 · 장기수(1987)의 "북한의 행정체계의 변화에 관한 연구", 박명하(1989)의 "북한 행정체계의 특징과 기능에 관한 연구", 엄기현(1995)의 "북한 행정체계에 관한 연구: 관료제도를 중심으로", 박완신(1995)의 『신북한행정론』, 민진(1996)의 "북한의 행정체계에 관한 연구" 등이다. 이들 연구의 공통된 흐름은 북한의 국가행정 체계를 다른 공산국가의 행정체계와 비교함으로써 북한 행정체제의 실상 및 문제점을 정확하게 파악하는 것이었다. 또한 북한 관료주의의 역기능 요인을 분석하고 이에 대한 시정 방안도 제시하였다. 그리고 북한 행정의 연구 대상을 인사행정, 재무행정, 관리전략 등으로 지평을 넓혔다는 점에서 그 의미를 찾을 수 있다.

둘째, 남북한 교류 협력에 관한 연구이다. 양현모(2001)의 "지방자치단체의 바람직한 남북교류협력사업의 추진방안", 금창호 · 김병국 외(2001)의 "지방자치단체의 남북교류 활성화 방안", 김학성 · 최진욱(2001)의, "남북한 지방자치단체 간 교류 · 협력: 실태분석과 활성화 방안" 등이 있다. 이들 연구의 공통점은 김대중 대통령과 김정일 국방위원장의 2000년 남북 정상회담이 개최된 이후 남한의 지방자치단체와 북한의 지방자치단체가 어떻게 협력을 통하여 발전해 나갈 것인가에 대한 연구가 주류를 이루었다.

셋째, 북한의 지방행정에 관한 연구이다. 북한의 지방행정에 관한 연구는 1990년대 이후 본격적으로 시작되었다. 한국지방행정연구원(1990)의 "북한의 지방행정", 최봉수(1991)의 "북한의 지방행정체계 구축과 정치전략적 특성", 심익섭(1993)의 "북한의 국가기관체제와 지방행정", 최진욱(1997)의 "북한의 지방행정체제 연구: 당·정 관계 및 중앙·지방 관계를 중심"으로 등이 있다. 이들 연구의 특징은 북한의 지방행정 이외의 교육, 경제, 문화, 그리고 보건 등 여러 분야를 다루고 있다는 점이다.

넷째, 남북한 행정통합에 관한 연구이다. 이것은 통일을 대비하기 위한 연구이다. 심익섭(1993)의 "통일정책 수행을 위한 남·북한 지방자치제도의 발전 방향", 유영옥(1995)의 "남북 지방행정체제의 비교연구와 통합 방안", 박응격(1996)의 "통일 이후를 대비하는 정부인력관리의 과제와 대책", 심익섭(1997)의 "통일한국에 대비한 행정체제 통합방안", 양현모(1998)의 "독일 통일의 경험이 남북한 행정통합에 주는 교훈: 행정통합을 중심으로", 이승종·김대욱(2011)의 "남북한 지방행정체제의 통합 방안" 등이 있다. 이들 연구의 공통점은 남·북한 통일 이후 혼란스러운 과정을 거치지 않고 어떻게 연착륙할 수 있느냐에 주안점을 두고 있다.

기존의 연구는 단편적으로 하나의 사례만을 가지고 연구를 진행하였다. 그런데 이러한 기존의 연구와 달리 이 연구는 통일을 대비하기 위한 남·북한 지방행정 체제의 비교 연구이다. 즉, 비교 연구가 갖고 있는 장점을 최대한 활용하는 데 주안점을 두었다.

4. 분석 틀

이 연구는 통일 대비 남·북한 지방행정 체제의 비교 연구이다. 그렇기 때문에 첫째, 통일의 의미와 필요성에 대하여 살펴본다. 둘째, 통일과 지방행정 체제 중 구역과 계층에 대하여 알아본다. 셋째, 남·북한의 지방행정 체제 변화 과정 및 구역과 계층에 대하여 고찰한다. 넷째, 남·북한 구역과 계층의 비교에 대하여 알아본다.

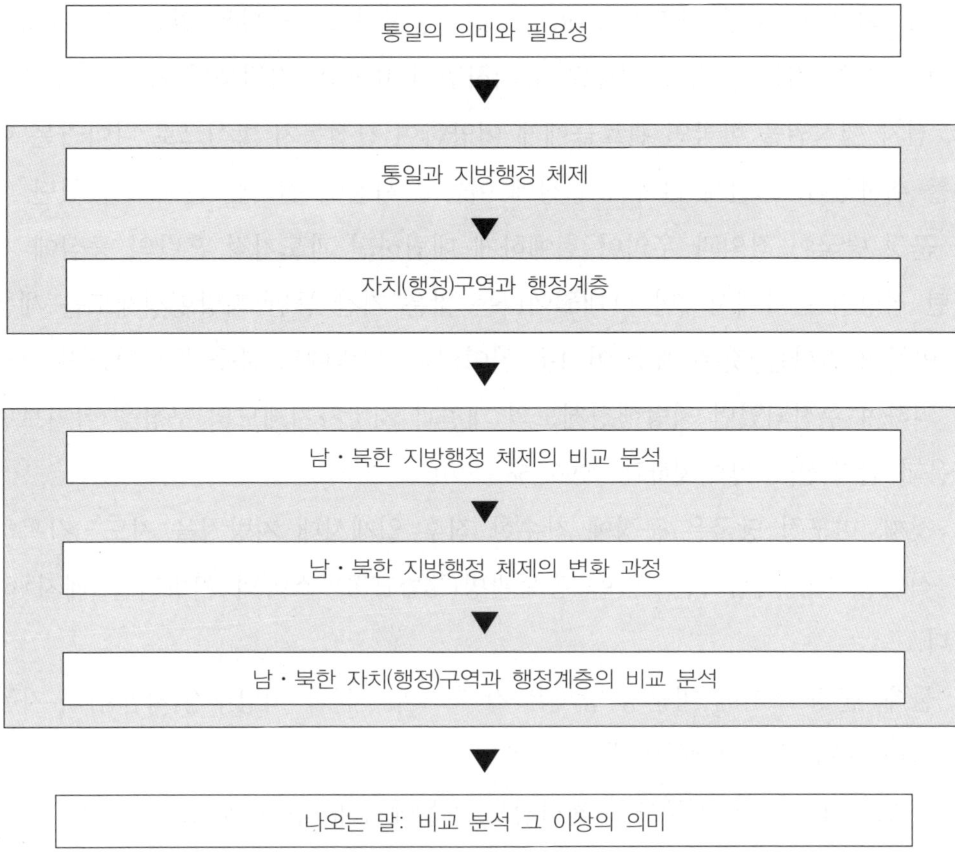

[그림 10-1] 연구의 흐름

Ⅲ. 남 · 북한 지방행정 체제의 비교 분석

1. 남 · 북한 지방행정 체제의 변화 과정

1) 남한 지방행정 체제의 변화 과정

1945년 8월 15일 일본의 패망으로 태평양전쟁은 막을 내렸다. 승전국 미국은 1945년 9월 19일 한반도 북위 38도 이남을 점령하고 군정을 실시하였다. 사전에 아무런 준비도 갖추지 않고 제대로 된 정보도 없이 한국 통치에 임하게 된

미군정 최고책임자인 하지(John R. Hodge) 중장과 그 일행은 일단 조선총독부 통치 체제의 기본 골격을 그대로 유지하면서 미군의 직접통치 체제를 구축한 후, 점차 행정권을 한국인 관료들에게 이양하여 간접통치 방식으로 나아가는 형태를 취하였다. 그런데 한국의 실정에 어둡고 사전에 철저한 준비도 없었던 미국 군정 당국이 좌익과 우익이 첨예하게 대립하던 과도기적 혼란의 중심에 서 있던 점령지 한국에서 2년 11개월이라는 짧은 기간 동안 지방행정제도를 새롭게 만들어 간다는 것은 매우 어려운 일이었다. 그럼에도 불구하고 미군정 당국에 의하여 추진되었던 지방행정제도의 개편과 지방자치제도의 구상을 살펴보면 다음과 같다(한국지방자치학회, 1996: 58－59).

첫째, 미군정 당국은 군정에 착수한 직후 일제시대 지방청을 지도・감독하던 식민통치의 핵심기관이었던 총독관방(總督官房) 소속의 지방과를 폐지[5]하였다.

둘째, 군정 초기에 미군정 당국은 각 도・부・군에 지방수장(책임자)의 자문기관인 고문회를 설치[6]하였다.

셋째, 1946년 7월 제주도를 전라남도 관할에서 분리하면서 도로 승격시켰다.

넷째, 1946년 8월 미군정 공보부는 경성부를 서울특별자유시로 규정하는 독자적인 자치법규로서 「서울특별시 헌장」[7]을 발표하고 그 후속 조치로서 1946년

---

5) 지방과 폐지 이후 지방과는 잠시 지방행정처로 부활(1946년 3월 29일~4월 27일)되었으나 다시 폐지되었다. 미군정 당국이 지방과를 다시 폐지한 이유는 미국식 지방자치제도의 관점에서 보면 중앙정부에 지방청을 지도・감독하는 전담기관의 설치를 용인할 수 없었기 때문이다.

6) 고문회 설치에서 가장 중요한 고문의 선임 방법에 관하여 아무런 기준도 제시하지 않았기 때문에 도・부・군마다 다양한 방식, 예컨대 임명이나 간접선거 등으로 고문회원들을 선임하였다. 고급관료 출신 등 두드러진 친일 인사는 고문회원의 선임에서 가급적 배제되었다. 고문회가 전 지역에서 조직된 것을 확인한 미군정 당국은 1946년 3월 해방 이후 그 기능이 정지되었던 일제시대의 도회・부회・읍회・면협의회를 해산하였다. 고문회는 각급 지방수장(책임자)의 자문기관으로서 지방 주요 간부의 추천・기구 개편 등의 지방행정 업무에 적지 않은 영향력을 행사하였는데, 특히 이권 획득에도 개입함으로써 사회적 비난을 받았다.

7) 「서울특별시 헌장」은 시장 1명, 참사회원 8~15명, 회계검사관 1명, 법무관 1명, 재정관리관 1명을 시민의 투표로 뽑는 것을 규정하였다. 당시 서울 시장은 늦어도 1947년 3월까지 선거하겠다고 발표하였지만 몹시 혼란스러운 당시의 상황으로 끝내 선거는 이루어지지 못하였다.

9월 당시까지 경기도에 속하였던 경성부를 서울특별시로 승격시켜 도(道)와 동등한 직능과 권한을 누리게 하였다.

다섯째, 1946년 11월 미군정 당국은 또 하나의 실현되지 못한 지방자치법규인「도 및 기타 지방의 관리 · 의회 의원의 선거(The Provincial and Local Elective Officials and Councils)」[8]를 공포하였다.

건국 당시의 지방행정조직은 조선총독부 지방관제에 따른 것이었으므로 이를 대체하기 위하여 1948년 11월 17일 법률 제8호로「지방행정에 관한 임시조치법」[9]이 공포되었다.「지방행정에 관한 임시조치법」의 후속 조치로서「지방자치법」이 1949년 7월 4일 법률 제32호로써 공포되어 동년 8월 15일부터 시행[10]에 들어가게 되었다.

그러나 자유당 정권의 독재, 3년간의 한국전쟁, 그리고 4 · 19 혁명 및 5 · 16 군사 쿠데타 등으로 인해 지방행정의 꽃인 지방자치는 1988년 4월 6일 지방자치법 전면 개정(제7차 개정)이 있기 전까지 철저히 형해화되었음을 알 수 있다. 군정 시기 지방행정은 그 존재 양식이 지방자치단체의 법인격만을 인정하는 선에서 지방행정을 실시하고 주민자치의 시행을 중단시킴으로써 지방행정은 능률성을 추구하는 방향으로 전환되었다. 이후 1960년대와 1970년대를 거치면서 중앙집권화된 국가체제에서 지유민주주의라는 이념보다는 조국 근대화로 상징되는 민족적 민주주의의 강조로 이어진다. 이러한 정치 이념은 즉시 지방행정에 영향을 미치게 되어 민주성보다는 국가 발전 목표를 달성하기 위한 효과성 · 능

---

8) 이 법은 도지사 · 부윤 · 군수 · 도사 · 읍면장 및 도회 · 부회 · 읍면회의 의원들을 모두 일반 · 비밀 · 보통선거로 선출하는 것을 규정하는 등 매우 선진적인 내용을 담고 있었다. 그렇지만 군정청이 지방의회 해산권과 지방의회의 의결취소권을 인정하는 등 미군정의 본질적 한계도 함께 드러냈다.

9) 이 법은 헌법 규정에 따르는 지방자치법의 제정을 전제로 한 6개월 시한부 임시법이다. 이런 이유로 정부는 지방자치법의 제정을 서두를 수밖에 없었다.

10) 지방자치법에 규정된 지방자치단체의 종류는 서울특별시와 도, 그리고 시 · 읍 · 면의 중층제를 택하였다. 의결기관과 집행기관을 분리시켜 집행기관으로 서울특별시에 서울특별시장을, 도에 도지사를 두고 각각 대통령이 임명하도록 규정하였다. 또한 시 · 읍 · 면에는 시 · 읍 · 면장을 두고 각기 지방의회에서 무기명 투표로 선거하도록 하였다.

률성 향상이라는 점에 치중하게 되었다. 1972년 10월 유신 이후 등장한 제4공화국은 정치적 자유와 경제적 발전 중 하나를 위하여 나머지 하나를 희생시켜도 된다는 논리, 즉 경제적 발전에 방점이 찍힘으로써 지방행정의 핵심 가치인 민주성은 더욱 희생양으로 전락되었다.

특히 36,000개의 자연부락을 대상으로 하는 새마을운동은 자발적인 주민 참여가 아닌 관 주도의 강제성 및 독려, 그리고 자율적인 조직 결여 등이 혼재되면서 일정 부분에 성과는 있었지만 비판 역시 만만치 않게 드러났다. 더욱이 새마을운동은 철저한 중앙집권적 구조 속에서 민간 주도·전문화·분권화가 일부 이루어지기는 하였으나 관 주도로 추진되는 운동이었기에 지방행정은 국가행정의 이념을 지방이나 지역적 차원에서 구현하기 위한 역할을 하는 데 그치고 말았다. 5·16 쿠데타 이후 군사정부에 의하여 지방의회가 해산되고 같은 해 10월 1일 지방자치에 관한 임시조치법으로 사실상 지방자치가 중단됨으로써 이후 지방분권이나 지방자치는 크게 위축되었다. 이로 인하여 지방행정은 국가 차원에서 권력구조의 중앙집권화를 지향함에 따라 이러한 흐름을 따르지 않을 수 없게 되었다. 더욱이 지방자치단체의 결정 권한은 지방자치단체의 결정 권한이기 이전에 중앙의 권한으로 인지되어 버림으로써 이후 오랜 기간 동안 지방의 자율적인 의사 결정에 분명한 한계가 있었다.

지방행정은 지역 개발이라는 논리와 명분 속에서 또다시 왜곡 변질되었다. 이 시기에는 읍·면 단위의 지방자치제를 폐지하고 기초지방자치제를 시·군으로 광역화함으로써 더 큰 단위의 자치제를 채택하였지만 이것은 기능적인 측면에서 순기능과 역기능을 함께 갖고 있었던 딜레마였다. 또한 1961년 12월 31일 지방교부세법, 1963년 11월 11일 지방공무원법 및 지방재정법 등을 통한 지방행정의 제도적 정비를 추진하였다.

1970년대와 1980년대 제3공화국, 제4공화국, 그리고 제5공화국에서 지방의회 구성이 계속 연기되어 오다가 제6공화국에서 비로소 지방의회 구성에 대한 논의가 본격적으로 시작되었다. 이에 따라 1984년 예산 국회에서 실제로 이루어지지는 못하였지만 1987년부터 지방자치를 실시하기로 여·야가 합의하는 등 1980년대 들어 지방자치제 실시 논의가 활성화되었다는 점도 특기할 부분이다. 특히, 유신체제가 무너진 이후 1980년대는 1981년부터 1987년까지를 지방자치 제도 부활을 위한 준비 단계라 할 수 있다.

결국 1987년의 6·29선언에서 지방자치 실시를 약속하였으며, 1987년 헌법 개정으로 지방자치 실시에 관한 유보 조항이 폐지되고, 1988년에는 지방자치법의 개정으로 본격적인 지방자치의 부활 근거가 마련되었다. 그럼에도 이런저런 이유로 실시되지 못하다가 1990년 12월에 개정된 지방자치법은 1991년 상반기까지 지방의회 의원 선거를 실시하도록 규정함으로써 지방자치가 부활할 수 있었다.

이에 따라 1991년 4월 15일(3월 26일 선거) 전국 시·군·자치구 기초자치단체의 지방의회가 구성되었다. 7월 8일(6월 20일 선거)에는 특별시·직할시·도 광역자치단체의 지방의회가 구성됨으로써 기초의회 의원 4,303명, 및 광역의회 의원 866명의 의한 지방자치의 부활이 이루어졌다. 또한 지방자치단체장에 대한 선거 시기 역시 제2기 지방의회의원 선거와 동시에 자치단체장 선거를 함께 실시하기로 수정하여 현재까지 민선 7기(2018년 7월 1일~2022년 6월 30일)에 이르고 있다.

2) 북한 지방행정 체제의 변화 과정

북한 지방행정 체제는 공산주의 이데올로기가 반영된 이념적 산물이다. 1945년 해방 이후 북한[11]에 진주한 소련 당국은 북한을 소련식 공산주의 체제로 만들려는 야심을 갖고 있었다.

---

11) 해방 당시 북한의 행정구역은 6도(황해도, 평안남도, 평안북도, 함경남도, 함경북도, 강원도는 남북에 걸쳐 있음), 11시(개성, 해주, 평양, 남포, 신의주, 청진, 나진, 성진, 함흥, 흥남, 원산), 89군으로 나뉘어 있었으며, 행정 계층은 도, 시·군, 읍·면, 동·리의 4계층으로 구성되었다. 북한은 몇 번의 행정구역 조정 작업을 실시하여 1946년 평양을 직할시로 승격시키고, 강원도를 확대·개편하였으며, 또한 1949년 자강도 신설, 그리고 1951년 개성시와 개풍지구를 합쳐 중앙 직속의 개성지구로 개편하였다.

해방 후 북한의 지방행정기구는 일부 자생적 조직과 지방행정국 등에 불과하였다. 1945년 8월부터 11월까지 지방주권기관으로 지방인민위원회가 조직되었으며, 1945년 11월 19일 5도 행정국이 설립되어 인민위원회의 행정 업무를 통일적으로 수행하였다. 1946년 2월 도인민위원회가 북조선임시인민위원회로 개편됨에 따라 중앙집권적인 정권기관의 활동이 본격화되었다. 북조선임시인민위원회는 11월 선거를 통하여 1947년 2월 북조선인민위원회로 개칭되고, 1948년 9월 9일 수립된 북한 정권의 모태가 되었다(최진욱, 2008: 87).

부분적인 행정구역 개편을 추진해 오던 북한 당국은 한국전쟁(1950년 6월 25일~1953년 7월 27일) 기간 동안 대규모로 지방행정 체제와 행정구역 개편을 단행하였다. 1952년 12월 22일 단행한 지방행정 체제 및 행정구역 개편의 핵심은 면(面)을 폐지하고 군(郡)을 세분화하는 한편 리(里)를 크게 만드는 것이었다. 또한 면(面)과 동격이었던 읍(邑)은 리(里)와 동격으로 격하되면서 군(郡)의 행정중심지로서 하나의 군에 하나의 읍을 두게 하였다. 이 밖에 400명 이상의 광산, 어촌, 그리고 공장 노동자가 거주하는 지역에는 노동지구를 신설하였다. 행정 개편의 결과 행정 계층은 도－시・군・구역－읍・면－동・리의 4계층제에서 도－시・군・구역－읍・동・리・노동지구의 3계층제로 개편되었으며 군(郡)은 89개에서 168개로 증가한 반면 리・동은 10,020개에서 3,658개로 감소하였다(최진욱, 2008: 86).

행정체제 개편 중에서 중요한 과제는 리(里)를 강화하는 것이었다. 이는 시기적으로 전쟁 복구계획 등과 관련된 중앙의 지시나 동원에 신속한 대응 능력을 갖추는 것이 무엇보다 필요하였기 때문이다. 당시 북한의 지방행정 체제를 보면 도, 시, 군, 그리고 면에는 행정을 담당할 인원이 많이 있었지만 상부의 지시를 집행하는 하부 말단 단위인 리(里)에는 인민위원장이 혼자서 모든 사업을 하는 실정이었다. 지방행정 체제와 행정구역 개편의 결과, 리인민위원회에 인민위원장 1명, 서기장 1명, 생산지도원 1명, 세납담당과 재정담당 지도원 2명, 민주선전실장 1명 등 5~6명의 유급지도원이 일할 수 있게 되었으며, 무급으로도 인민위원회 부위원장 몇 명을 두게 되었다(최진욱, 2008: 87).

북한의 지방행정 체제 개편은 면(面)의 폐지를 통한 계층 수의 단축으로 중앙과 하부 말단조직 간의 거리를 줄이는 것이며, 아울러 권력의 지방 분산을 줄이고 중앙 집중을 의도한 것이라 할 수 있다. 1952년 지방행정 체제 개편 작업은 북한의 정치체제를 중앙집권화시키는 데 결정적 계기가 되었다. 한국전쟁 이후 북한은 행정구역 개편 작업을 계속하여 1954년 양강도를 신설하고 황해도를 황해남도와 황해북도로 분할함으로써 현재의 9도 체제를 갖추었다(최진욱, 2008: 87).

북한의 지방행정 체제 개편은 정치권력을 둘러싸고 벌어진 일련의 사건과 밀접한 연관이 있다. 빨치산 계열은 1956년 1956년 종파사건을 거치면서 연안파와 소련파를 숙청하고 권력을 독점하였다. 1961년 개최된 제4차 당대회 및 1966년 제2차 당 대표자대회는 김일성의 유일 영도 체계를 만들어 가는 데 징검다리 역할을 하였다. 김일성을 중심으로 한 절대 권력의 확립 및 민주주의 중앙집권제 원칙이 강조되었다.

이 시기 북한은 지방경제에 대하여 관심을 갖고 군(郡)의 역할을 강조하기 시작하였다. 김일성은 지방의 경제력을 최대한 활용하기 위하여 지방공기업의 발전이 필수적임을 강조하고 원료 산지와 소비지에 가까운 군(郡)이 도시와 농촌의 연결 거점으로서 가장 적합한 발전 단위라고 말하였다. 김정일 역시 1964년 김일성대학을 졸업할 때 제출하였던 “사회주의 건설에서 군의 위치와 역할”이라는 논문에서 정치, 경제, 문화의 모든 분야에서 도시와 농촌의 경제적 연계의 거점으로서 군의 역할을 강조하고 있다(최진욱, 2008: 90).

북한은 1972년 제정된 사회주의헌법에서 주석제와 인민위원회를 신설하는 등 유일 체계 확립의 제도적 장치를 마련하고 김일성 유일 체계를 공고히 하였다. 중앙에서 중앙인민위원회가 신설된 것과 마찬가지로 지방에서는 지방주권기관인 인민회의의 상설주권기관으로서 인민위원회가 신설되었다. 김일성이 총비서로서 국가주석을 겸임하는 중앙의 체제와 마찬가지로 1986년부터 도당책임비서가 지방인민위원장을 겸임하도록 하였다. 중앙에서 김일성의 개인 권력이 강화되는 것과 같이 지방에서도 당 책임비서가 지방당과 지방행정기관을 동시에 장악하게 됨으로써 그 위상이 강화되었다(최진욱, 2008: 103).

북한의 협동조합이 리(里) 단위로 통합되어(1959년) 리가 행정보다는 생산 단위로 성격이 변화된 이후 주권・행정의 측면에서 리가 유명무실해짐에 따라 북한은 1972년 사회주의헌법에서 리의 지방주권 기능을 폐지[12]하고 생산 단위의 기능만을 하도록 하였다. 리의 주권 기능이 폐지됨에 따라 북한의 지방주권 계층은 도(직할시)－시(구역)・군의 2계층으로 축소되어 현재에 이르고 있다. 사회주의헌법에서는 지방주권기관의 행정적 집행기관의 신설을 규정하고 있으며, 지방인민회의와 지방인민위원회의 성격에도 변화가 나타나고 있다. 지방인민위원회가 관할하던 지방행정 업무가 신설된 지방행정위원회로 이전되고, 지방인민위원회는 지방인민회의 휴회 기간 중 지방주권기관의 역할을 하는 것으로 성격이 변화되어 행정 집행과 무관하게 되었다. 중앙에서 중앙인민위원회가 정무원의 사업에 대한 형식적 지도・감독권을 행사하듯이 지방인민위원회도 지방행정위원회의 사업을 지도・감독하게 되었다. 지방행정위원회는 지방인민위원회뿐 아니라 상급 행정위원회와 중앙의 정무원에도 복종하여야 한다. 지방인민회의는 사회주의헌법 제정 이전에는 명실상부한 주권기관이었으나 사회주의헌법에서는 상설 주권기관인 인민위원회에 사실상 기능을 이관하고 형식적인 의결기관으로 전락하였다(최진욱, 2008: 108－109).

지방행정위원회는 이후 그 성격과 명칭에서 몇 번의 변화 과정을 거친다. 1981년 9월 9일 북한은 행정위원회를 인민위원회에 재통합시키고 경제지도위원회[13]를 신설하였다. 경제지도위원회가 신설됨으로써 과거 정무원의 부(위원회)

---

12) 리(里)의 주권 폐지를 정치적 측면에서 보면 리인민위원장을 선출직에서 임명직으로 바꾼 것으로 지방에 대한 중앙의 통제력 강화를 의미하며, 이는 주석직 신설 등 김일성의 절대 권력 강화를 목적으로 하는 1972년 헌법의 성격과 일치하는 조치라 할 수 있다. 한편, 북한은 1974년 1월 군의 통폐합을 단행하여 162개 군을 151개 군으로 감소시켰다. 이는 사회주의헌법에서 선언한 지방주권 2단계 실시와 관련하여 생산 단위 관리와 중앙통제의 실효성을 제고하기 위한 것이었다. 즉, 행정조직 및 행정구역의 개편은 중앙집권제의 강화와 계획경제의 수행이 주된 목적이다.

가 수행하던 경제지도·관리의 기능과 권한이 대폭 경제지도위원회로 이관되었다. 그러나 경제 관리에 대한 중앙의 통일적 지도가 약화되고 지방의 폐해가 발생하자 북한은 1983년 경제지도위원회를 폐지하고 종래의 관리체제로 돌아갔다. 1985년 5월 북한은 인민위원회에서 행정위원회 기능을 다시 분리하여 경제지도위원회와 결합시킴으로써 행정경제지도위원회로 개편하였다. 따라서 인민위원회는 행정 기능이 빠져버린 채 알맹이 없는 형식적 기구로 변모하고, 지방의 행정 및 경제 전반에 걸친 업무는 행정경제지도위원회가 담당하게 함으로써 명실상부한 지방의 집행기관이 되었다. 행정경제지도위원회는 1992년 행정경제위원회로 명칭이 변경되었다. 북한은 1980년대 중반부터 지방당 책임비서가 지방인민위원회 인민위원장과 중앙인민위원회 위원을 겸임토록 함으로써 지방지도 체계를 일원화하였다. 이는 지방체계를 당 총비서인 김일성이 국가주석을 겸하는 중앙권력 체계와 같도록 한 것이다(최진욱, 2008: 109－110).

1992년 개정된 사회주의헌법에서는 지방주권기관인 인민회의의 권한 헌법 조문에서 강화[14]되었음을 알 수 있다. 또한 1998년 김일성헌법에서는 도나 군에서 지방행정경제위원회가 폐지되고 그 기능이 지방인민위원회로 흡수되었다. 즉, 지방인민위원회가 지방주권의 행정적 집행기관이 되어 지방행정기관의 위상이 대폭 강화되었다. 더욱이 과거 지방당 책임비서가 겸임하던 지방인민위원장의 직책을 행정일꾼이 담당하게 됨으로써 형식상 당과 행정이 분리되었으며, 지방인민위원회는 내각의 직접적인 지도·감독을 받을 수 있게 되었다. 그러나 신임 인민위원장이 대부분 전임 행정경제위원장 출신들로 선출되었으며, 인민

13) 경제지도위원회의 설치 배경에 대하여 김일성은 경제 발전의 현실적 요구에 의한 것이며, 이를 통하여 공장, 기업소들에 대한 중앙집권적 지도를 강화하도록 하는 공업지도 체계를 세우기 위한 것이라고 하였다. 즉, 중앙에서 관장하던 중앙기업소와 지방행정위원회가 관장하던 지방공업을 효과적으로 결합시킬 목적으로 새로운 경제관리 체계를 도입한 것이었다.

14) 개정헌법 제136조 3항은 인민회의가 “해당 지역에서 국가의 법을 집행하기 위한 대책을 세운다.”고 규정하고 있다. 이전에는 해당 경제위원회 위원장만을 임명 또는 해임할 수 있었으나 개정 헌법에 따르면 인민회의가 위원장뿐 아니라 부위원장, 서기장, 위원들을 임명 또는 해임할 수 있다. 또한 1992년 헌법 이전에는 지방인민회의의 임기가 도(직할시)는 4년, 시(구역)·군은 2년이었으나 개정 헌법에서는 모두 임기가 4년으로 통합되었다.

위원회의 기능도 실질적으로 과거의 행정경제위원회와 별 차이가 없는 것으로 드러나고 있다(최진욱, 2008: 112-113).

2. 남·북한 자치(행정)구역과 행정 계층에 대한 비교 분석

1) 남한의 자치(행정)구역과 행정 계층

(1) 자치(행정)구역

구역은 특정한 목적 달성을 위하여 공공기관의 관할권이 미치는 범위를 말한다. 우리나라의 경우는 지방자치단체의 자치권이 행사되는, 즉 지역주민이 자신의 의사를 반영하거나 투입하기 위하여 직접 대표자를 선출하는 자치구역이 있는가 하면, 또 다른 경우 행정의 편의를 위하여 인위적으로 국가나 자방자치단체가 내적으로 설정하는 구역이 있는데 이를 행정구역이라 한다. 여기서 구역이라 함은 자치구역과 행정구역 모두를 포함하는 것으로 본다. 예컨대, 특별시·광역시·도와 시·군·구는 자치권을 갖는 지방자치단체인 동시에 국가의 지방행정기관으로서의 지위도 겸하고 있기 때문에 이러한 경우 자치구역은 행정구역으로서의 성격과 지위도 아울러 갖고 있다. 그런데 읍·면·동은 특별시·광역시·도, 그리고 시·군·구가 행정상 편의를 위하여 인위적으로 확정한 행정 단위에 불과하기 때문에 행정구역으로서의 성격과 지위만 존재하고 자치권이 있는 자치구역으로서의 성격과 지위는 갖고 있지 못하다.

<표 10-1>에서 보듯이 자치권이 있는 자치구역은 특별시, 광역시, 시, 군, 그리고 구를 포함하여 모두 243개(제주자치도의 행정시 2개 제외)이다. 반면 자치권을 갖지 않고 행정구역으로서의 성격만 있는 읍·면·동은 3,491개이다. 지방자치제가 제대로 뿌리를 내리기 위해서는 주거 단위의 근린자치, 즉 동네자치가 활성화되어야 한다. 주거 단위의 근린자치, 즉 동네자치는 읍·면·동이 기본이다.

〈표 10-1〉 자치(행정)구역

(단위: 명, 개수)

구분	인구	구	군	시	동	읍	면
서울특별시	10,103,233	25			423		
부산광역시	3,557,716	15	1		205	2	3
인천광역시	2,957,716	8	2		127	1	19
대구광역시	2,493,264	7	1		130	3	6
광주광역시	1,477,780	5			95		
대전광역시	1,547,467	5			78		
울산광역시	1,192,262	4	1		44	4	8
세종특별자치시	158,844				3	1	9
강원도	1,558,885		11	7	74	24	95
경기도	12,699,449		3	28	410	32	108
충청북도	1,578,253		8	3	51	15	87
충청남도	2,062,273		7	8	46	24	137
경상북도	2,700,794		13	10	93	36	202
경상남도	3,350,257		10	8	119	20	176
전라남도	1,934,034		17	5	67	33	196
전라북도	1,872,965		8	6	82	14	146
제주특별자치도	621,550			2 (행정시)	31	7	5
합 계	51,866,742	69	82	77	2,078	216	1,197

자료: 대통령 소속 지방자치발전위원회 내부 자료(2015).

(2) 자치(행정) 계층

남한의 지방행정에서 계층은 자치 계층과 행정 계층으로 나뉜다. 자치 계층은 자율적 자치권을 갖는 지방자치단체[15] 간의 상·하 관계의 체계이다. 반면,

---

15) 지방자치단체는 법적으로 상호 대등한 지위에 있으며, 그들 간에 상·하 관계는 있을 수 없는 것이다. 그런데 지방자치단체 역시 국가사무를 위임받아 처리하고 있기 때문에 위임받은 한도 내에서 지방자치단체도 상급기관의 지시와 통제를 받고 있으므로 그 감독기관과 지방자치단체 사이에 상·하 관계가 성립한다. 자치사무를 처리하는 경우에도 그 자치단체의 처분이 위법하거나 현저히 부당한 경우에는 감독기관(상급기관)이 이를 취소 또는 정지할 수 있으므로 그 감독기관과 지방자치단체 사이에 상·하 관계가 성립한다고 볼 수 있다. 이러한 경우, 예컨대 기초자치단체의 상급기관은 광역자치단체가 감독기관이 되며, 광역자치단체의 상급기관은 국가가 감독기관이 된다. 따라서 기초자치단체와 광역자치단체 간에는, 그리고 광역자치단체와 국가 간에는 상·하

행정 계층은 행정기관 간의 상·하 수직적인 지휘·복종 관계의 체계를 말한다. 예컨대, 특별시와 광역시 내(안)의 자치구와 동의 관계, 그리고 시와 군 내(안)의 시·군과 읍·면·동의 관계는 행정 계층의 상·하 관계를 말한다.

(자치)계층(tier)을 이야기할 때 중요한 것이 단층구조냐, 중층구조냐의 문제[16]이다. 어떤 국가에 자치 계층이 하나밖에 없는 경우에 이것을 단층구조(single-tier system)라 하며, 둘 이상이 있는 경우엔 이를 중층구조(multi-tier system)라 한다. 우리는 자치권을 갖는 두 개의 자치단체, 즉 광역자치단체와 기초자치단체가 있기 때문에 2층제이다. 제주특별자치도는 자치 계층 없이 행정 계층만으로 구성되기 때문에 단층제 구조이다. 자치 계층의 문제는 그 국가가 처한 여러 가지 이유를 고려하여 채택함이 적절하다 할 것이다.

이론적으로는 단층제가 이상적이지만 현실적인 이유 때문에 여러 국가에서는 2층제 또는 3층제인 중층제를 채택하고 있다. 중층제의 문제점으로는 첫째, 계층 간에 업무의 불명확성, 특히 위임사무의 경우에 예산이 수반되는 사무의 경우 재정 부담의 문제에서 국가와 광역자치단체 간, 그리고 광역자치단체와 기초자치단체 간의 갈등이 발생할 여지가 존재한다. 둘째, 중복 행정과 중복 감독의 문제 역시 광역과 기초, 그리고 국가와 광역 간에 발생할 소지가 있다.

[그림 10-2]에서 보듯이 우리의 지방자치단체는 자치권을 갖는 광역자치단

관계가 성립함을 알 수 있다.

16) 자치 계층을 이야기할 때 이론적으로는 하나의 지역 안에서 모든 자치사무를 하나의 지방자치단체가 책임을 갖고 처리하는 단층구조가 가장 이상적이다. 그런데 각 국가마다 나름의 여러 가지 이유 때문에 중층구조를 채택하는 경우가 많이 있다. 그 이유로는 첫째, 역사적인 논거 때문이다. 인간은 동·리나 촌락과 같은 주거 단위의 근린사회에서 살고 있었다. 그런데 국가가 형성되면서 중앙정부가 전국을 몇 개의 통치구역으로 나누어 각 구역에 대관(大官)을 파견하여 통치하였다. 따라서 근린사회가 기초자치단체로, 그리고 통지구역이 광역자치단체로 발전하였다. 자치 기능의 분업적 수행이다. 주민들의 일상생활에 직결된 업무는 주민과 가까운 기초자치단체의 자치 단위에서 처리하지만, 반면 대규모의 전국적인 사업, 고속도로 건설, 댐 건설 등은 중앙정부나 광역 단위에서 처리하지 않으면 안 되기 때문에 중층적인 구조가 필요하다. 셋째, 국가나 지방자치단체 사이의 중개 역할의 필요성 때문이다. 중앙정부가 모든 기초자치단체를 직접 감독할 수 없기 때문에 중간적 중개 단위를 두어 그로 하여금 기초자치단체를 감독하게 하는 한편 중앙정부의 간섭과 통제로부터 기초자치단체를 보호하기 위하여 중층제 구조를 채택하게 되었다.

체 및 기초자치단체 두 종류가 있다. 하나는 광역자치단체인 특별시 · 광역시 · 자치시 · 도가 있다. 다른 하나는 기초자치단체인 시 · 군 · 구가 있다. 특별시 · 광역시 · 자치시 · 도(제주특별자치도 포함)는 중앙정부의 직할에 두고 있으며, 시(市)는 도의 관할구역 아래, 군은 광역시와 도의 관할구역 아래, 그리고 자치구는 특별시 및 광역시 관할구역 아래 두고 있다. 이것이 위에서 이야기한 자치계층의 상 · 하 관계이다. 또한 특별시와 광역시가 아닌 인구 50만 이상의 대도시(수원시, 창원시 성남시, 고양시 등)에는 구(행정구)를 두고, 군에는 읍 · 면을 두며, 시와 구(자치구 포함)에는 동을, 읍과 면에는 리를 두고 있다. 도 · 농(도시와 농촌) 복합 형태의 시에는 동과 읍 · 면을 두되, 자치구가 아닌 구(행정구)를 두는 경우에는 그 구에 읍 · 동을 두고 있다. 이들 사이의 관계는 앞에서 이야기한대로 상 · 하 지휘 · 복종의 관계가 성립하는 행정 계층의 관계가 존재한다.

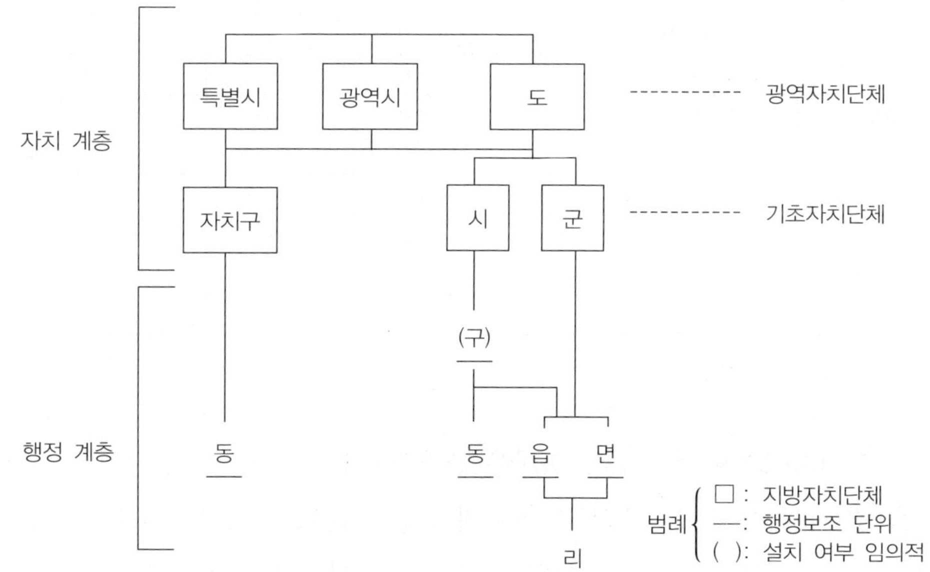

자료: 한국지방자치학회(1996: 156).

[그림 10-2] 우리나라의 자치 계층과 행정 계층의 구조

2) 북한의 행정구역과 행정 계층

(1) 행정구역

북한은 지방자치제를 실시하지 않고 있기 때문에 자치구역은 없고 행정구역만 존재한다. 북한의 행정구역은 평양, 남포, 개성지구 등의 3개 직할시와 9개의 도(道)로 구성된다. 평양시와 남포시는 구역과 군으로 구성되며, 개성지구는 개성시와 3개 군으로 이루어진다. 또한 도(道)는 시와 군으로 나뉜다.

〈표 10-2〉 북한의 행정구역 및 인구 현황

구분	인구	시(구역)	군(읍)	리	동	노동지구
평양	3,084,400	(18)	4(4)	131	247	6
남포	792,300	(5)	1(1)	35	64	–
개성	363,200	(1)	3(3)	63	23	–
평안남도	3,050,700	5	15(15)	370	48	37
평안북도	2,437,000	3	22(22)	500	61	39
자강도	1,239,200	3	15(15)	243	61	21
양강도	686,900	2	11(11)	152	23	60
황해남도	2,224,000	2	19(19)	408	25	9
황해북도	1,665,400	3	14(14)	278	43	6
함경남도	2,929,800	3(7)	16(16)	475	133	30
함경북도	2,221,300	4(6)	13(13)	274	121	37
강원도	1,406,100	2	15(15)	393	43	11
합계	22,963,000	25(36)	148(148)	3,322	892	256

자료: 최진욱(2008: 115).

<표 10-2>에서 보듯이 북한은 25개 시, 148개 군, 36개 구역이 있다. 이것을 세분화하면 3,322 개의 리, 892개의 동, 그리고 256개의 노동지구로 나뉜다. 또한 북한의 중간 계층 단위는 시·군·구역이며, 전체는 209개이다. 북한은 리(里)와 동(洞)이 가장 하부 계층 단위, 즉 말단 행정구역이다. 북한의 리와 동은 4,214개이며, 하나의 시·군, 구역이 약 20개의 리와 동을 갖고 있다. 동이나 리가 가장 하부 행정구역이지만, 동과 리 아래 각각 인민반과 작업반이 있으

며, 작업반 밑에 분조가 있다. 동은 보통 30~40개의 반으로 구성되며, 반은 다시 30~40개의 가구로 구성된다.

북한은 우리가 말하는 자치권을 갖는 자치구역은 존재하지 않는다. 물론 북한 당국은 지방인민회의가 기능하므로 나름의 자치권을 갖고 있다고 주장할지 몰라도 이것은 주민 개인의 의사 결정의 자율성이 보장되지 않는 형식적 제도이기 때문에 우리가 말하는 자치권이라 할 수 없다.

(2) 행정 계층

북한은 지방자치제를 실시하지 않고 있기 때문에 자치 계층은 존재하지 않는다. 북한은 직할시에 속한 구역은 동(洞)과 리(里)로 구성되는데, 리보다는 동이 대부분을 차지한다. 직할시에 소속된 군 역시 읍과 리로 구성된다. 직할시에 속한 하나의 군에는 하나의 읍이 있어서 군 소재지의 역할을 한다. 한편, 도(道)에 속한 시는 동과 리로 나뉜다. 예컨대, 청진, 함흥과 같은 대규모 시는 직할시는 아니지만 구역을 갖고 있으며, 구역 밑에 다시 동과 리가 있다. 도에 소속된 군 역시 읍과 리로 구성되는데 한 개의 군에 하나의 읍이 있어 읍 역시 군 소재지

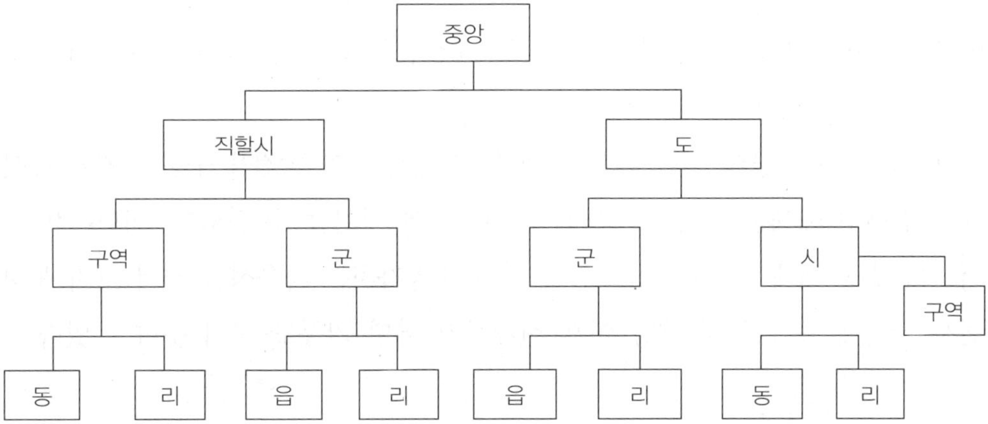

자료: 최진욱(2008: 115).

[그림 10-3] 북한의 행정 계층

의 역할을 하고 있다. 북한의 지방주권 계층으로는 도(직할시)－시(구역)・군의 2단계이나 행정 계층은 동・리를 포함하여 3단계이다(최진욱, 2008: 114).

북한은 사회주의 헌법 제6조에서 군인민회의로부터 최고인민회의에 이르기까지 각급 주권기관에 대하여 언급한다. 여기서 각급 주권기관은 형식적인 면에서 자율적・자발적으로 운영되는 형태를 취한다는 내용[17]으로 되어 있다. 이런 언급은 북한이 지방주권기관을 포함하여 각급 기관이 상당한 자율성을 향유하는 것처럼 보이지만 실질적으로 운영되는 시스템은 그렇지 않다. 이유는 북한은 수령을 정점으로 움직이는 중앙집권제 시스템으로 작동되는 체제이기 때문이다.

Ⅳ. 나오는 말: 비교 분석 그 이상의 의미

첫째, 남・북한 지방행정 체제의 변화 과정은 철저하게 다른 경로를 밟아 진화하고 발전해 왔다. 남한의 경우, 1945년 해방 이후 2020년 현 시점까지 지방행정 체제는 자유민주주의와 자본주의의 틀(framework) 속에서 작동되고 있다. 또한 지방행정 체제의 근간을 이루는 주민자치를 기반으로 한 남한의 지방자치는 사무이양이나 재정적인 측면에서 OECD 국가의 평균 수준인 4할 자치에는 이르지 못하지만 그 정도 수준을 목표로 한 걸음 한 걸음 착실히 전진해 가고 있음을 알 수 있다.

반면, 북한은 공산주의 계획경제의 틀 속에서 국가 발전을 구현해 왔기 때문에 지방행정 체제는 국가의 제도적 프레임에서 벗어날 수 없었다. 이런 맥락에서 지방행정 체제 중 가장 중요한 요소인 지방자치는 자율성을 전혀 갖지 못하면서 국가에 종속된 채 해방 이후 현재까지 어떤 기능도 하지 못하고 있다.

---

17) 각급 주권기관이 형식적인 면에서 자율적・자발적으로 운영되는 형태를 취하지만 현실적・실제적으로는 그렇지 않다. 사회주의헌법 제5조는 조선민주주의인민공화국에서 모든 국가기관은 민주주의중앙집권제 원칙에 따라 조직되고 운영된다는 규정을 갖고 있기 때문에 각급 주권기관들이 자율적・자발적으로 운영된다는 것은 어불성설이다.

둘째, 남한의 지방행정 체제는 주민자치를 기반으로 자치구역과 행정구역을 설정하고 있다. 해방 이후 도(道)를 중심으로 한 지방행정 체제에서 벗어나 서울특별시와 부산직할시를 새롭게 만들었다. 그 이후 직할시를 폐지하고 생활권과 행정권의 조화를 이루기 위하여 인구 100만 이상의 대도시에 광역시의 명칭(부산, 인천, 대구, 대전, 광주, 울산)을 부여하였다. 1995년부터 남한은 자치구역 안에서 본격적인 지방자치제를 실시하였으며. 또한 2006년 광역자치단체인 제주특별자치도를 신설하였다. 주민자치의 확대를 목적으로 자치경찰의 실시, 교육자치권의 확대, 중앙 권한의 일부 이양, 자치입법권, 그리고 자치재정권이 어느 정도 부여된 특별자치도이다. 더욱이 지역균형발전과 수도권 인구 억제를 위하여 교육, 문화, 복지 등의 기능이 어우러진 행정중심복합도시인 세종특별자치시가 충청남도 연기군을 중심으로 새로이 신설되어 중앙행정기관 52개 가운데 지금까지 4단계에 걸쳐 22개 기관이 세종시로 이전을 완료하였으며, 2019년 2월에 행정안전부, 그리고 2019년 8월까지 과학기술정통부가 세종시로 이전한다. 남한의 지방행정 체제는 자치(행정)구역을 중심으로 주민자치를 실시하였다. 이것은 자치(행정)구역 안에서 주민자치를 실시함으로써 성숙한 민주주의를 실현시키는 데 목적을 두고 있었음을 알 수 있다.

한편 북한은 지방자치제를 실시하지 않고 있으므로 자치구역은 없고 행정구역만을 갖고 있다. 즉, 3개 직할시(평양, 남포, 개성) 및 9개 도(道: 평안남도, 평안북도, 자강도, 양강도, 황해남도, 황해북도, 함경남도, 함경북도, 강원도)로 행정구역을 나누고 있다. 북한이 지방자치제를 실시하지 않는 가장 큰 이유는 주민통제와 감시가 주된 목적이었기 때문이다. 지역주민들이 일정한 구역(sector) 안에서 자기 스스로 의사 결정을 하는 주민자치를 실시하지 못하고 있다. 이것은 지역주민들이 자치단체장이나 의회를 구성할 수 있는 권한이 법적·제도적으로 보장받지 못하기 때문이다. 따라서 북한은 1인 지배권력 체제를 확고하게 만들기 위하여 주민통제나 주민감시 중심의 행정구역을 만들 수밖에 없었다. 따라서 통제나 감시 중심의 행정구역이다 보니 동(洞)이나 리(里)가 가장 말단의 행정구역으로서 기능하게 된다.

셋째, 남한의 자치(행정) 계층은 1995년 지방자치제가 본격적으로 실시된 이래 광역자치단체와 기초자치단체를 중심으로 한 중층구조, 즉 2층제(광역자치단체－기초자치단체)이다. 그런데 제주특별자치도와 세종특별자치시의 경우는 단층제(1층제: 광역자치단체)이다. 남한의 지방행정 체제가 제주특별자치도와 세종특별자치시를 제외하고 중층제를 채택하는 것은 지역주민들이 스스로 의사 결정을 할 수 있는 자치권(의회 구성, 자치재정권, 자치입법권 등)의 범위와 밀접한 관련을 맺고 있다. 만약, 자치권의 범위가 광역자치단체(광역시·도) 및 기초자치단체(시·군·구)뿐 아니라 읍·면까지 확대된다면 남한의 지방행정 체제는 3층제(광역시·도－시·군·구－읍·면)의 자치 계층으로 구성될 것이다. 예컨대, 일본의 경우는 자치 계층이 2층제(都·道·府·縣－市·町·村)이다. 영국과 독일의 경우는 자치 계층이 2층제 또는 단층제이다. 프랑스의 경우는 자치 계층이 3층제(레종－데파르트망－코뮌)이다. 이처럼 지방행정 체제 중 자치 계층의 문제, 즉 지역주민들이 스스로 의사 결정을 할 수 있는 자치권 법위의 확대 여부는 각 국가의 정치·경제·사회·문화적인 측면과 관련을 맺고 있다. 따라서 자치 계층이 단층제냐, 2층제냐, 그리고 3층제냐 중 어느 것이 우월하다, 우월하지 않다, 또는 좋다, 나쁘다 이렇게 말하기는 매우 어렵다. 각 국가가 처한 상황적 조건에 따라 시스템이 다르기 때문이다.

남한의 경우는 1995년 지방자치제가 부활되는 과정에서 자치 계층을 광역자치단체(시·도)와 기초자치단체(시·군·구)로 구성하였다. 이런 과정에서 특이한 점은 특별시와 광역시의 구(區)를 지역주민들이 스스로 의사 결정을 할 수 있는 자치구로 만들었다는 점이다. 그런데 이것이 24년이 지난 2019년 현 시점에서 한국 지방자치 발전에 순기능을 할 것인지, 또는 역기능을 할 것인지에 대한 논쟁의 중심에 선 문제로 탈바꿈되었다. 즉, 구청장과 구의회 존속 여부의 문제이다.

반면 북한은 지방자치제가 실시되지 않고 있기 때문에 지역주민이 자율적으로 스스로 의사 결정을 하는 자치 계층은 존재하지 않고 오직 행정 계층만 있을 따름이다. 이것은 북한 권력 구조의 특수성에서 비롯된다. 북한은 수령 중심의 1인 지배 체제를 정점으로 중앙에서 지방에 이르기까지 일사불란하게 움직이는 수직적·종적 체제이다. 그런 이유로 북한의 지방행정 체제는 지방의 자율성이 전혀 존재하지 않고, 또한 지역주민의 건강하고 자유로운 의사(voice)가 프로그램이나 정책에 반영되기 어려운 구조적 한계를 갖고 있기 때문에 인간의 인격적 존엄성을 중심으로 전개되는 본질적 지방자치는 할 수 없다.

넷째, 지방행정 체제의 발전에서 가장 눈여겨봐야 할 대목은 재정과 예산에 관련된 부분이다. 재정이나 예산의 뒷받침 없는 지방자치 발전은 사상누각이다. 지방재정이나 예산은 지방자치단체가 행정활동을 수행하는 데 필요한 재원을 어떻게 확보하고 잘 지출할 것인가의 문제이다. 남한의 경우, 지방세, 지방교부세, 국고보조금, 그리고 지방채를 발행하여 재원을 확보한다. 그런데 특이한 점은 국가 예산의 규모는 늘어나는 데 비하여 지방 예산의 비율은 그렇게 크게 늘지 않고 있다는 점이다. 지방이 발전하려면 지방교부세나 국고보조금보다 지방세의 비율이 높아야 한다. 그런데 지방재정이나 예산을 보면 남한의 경우는 첫째, 국세나 지방세의 구조상 세원 포착이 쉽고 징수가 잘되는 세금은 국세로 하고 그렇지 않은 세금은 지방세로 한다는 데 문제의 소지가 있다. 둘째, 지방에 세금을 잘 납부할 수 있는 대기업과 우량 중소기업의 수가 많아야 한다. 그래야 지방 발전의 선순환 구조가 형성된다. 즉, 지방이 경제적 자생력을 갖고 홀로서기를 할 수 있다. 그러나 남한은 그렇지 못하다. 서울·경기·인천 같은 수도권에 많은 기업이 집중되어 있으며, 대기업이나 중소기업의 본사 역시 수도권에 있기 때문에 세금 역시 본사가 있는 수도권에 납부할 수밖에 없는 구조이다. 따라서 지방의 경제적 자생력은 자연히 떨어지게 된다. 결과적으로 이것은 지방자치 발전의 역기능을 가져와 인구의 50%가 수도권에 거주하는 기이한 현상으로 나타나 국가 경쟁력 제고에 도움을 주지 못하는 요인으로 작용한다.

북한의 경우, 경제적인 측면에서 지방은 지역별로 자립 체제의 구축을 목표로 한다. 즉, 경제적으로 의식주 문제를 포함한 지방이 스스로 홀로서기를 하는 자급자족 시스템을 지향하고 있다. 북한의 지역별 자립 체제는 기본적으로 군을 중심으로 시·군(구역)을 단위로 한다. 시·군(구역)을 지역별 자립 체제의 기본 단위로 할 때, 군(148개), 시(25개), 그리고 구역(36개)을 합하여 북한은 약 200여 개의 단위로 지방행정 체제가 움직인다고 볼 수 있다(최진욱, 2008: 151－152).

북한은 지역별 자립 체제를 운영하기 위하여 제도적인 측면에서 지방 예산제를 도입하고 지방의 공업·농업·건설 등을 육성하여 왔으며, 군 단위를 넘어선 이동과 거주의 자유를 철저히 통제하여 왔다. 지방 예산은 국가의 중앙집권적 지도 밑에 지방주권기관들이 지방의 살림살이를 자체로 해결하여 나가는 데 필요한 자금을 마련하고 이용하는 형태이다. 북한은 1973년부터 지방 예산제[18]를 전면적으로 실시하여 지방의 살림살이를 지방정권기관이 책임지고 꾸려 나가도록 하였다. 지방 예산에 소속되는 기관은 중소 규모의 기관·기업소·지방적 의의를 가지는 기관·기업소·사회문화기관 등이다(최진욱, 2008: 152).

북한은 일찍이 지방경제 발전의 종합적 단위로서 군(郡)의 중요성을 강조해 왔다. 1960년대 초반 김일성은 군은 단순한 행정상의 단위가 아니라 리(里)와 노동지구를 지도하는 당과 행정의 말단 지도 단위이며 정치, 경제, 문화의 모든 분야에서 도시와 농촌을 연결시키는 거점이라고 강조하였다. 특히 김일성은 군이 원료 산지에 가깝고 소비지와 직접 연결되어 있기 때문에 지방공업을 발전시키는 데 적합하며, 지방공업을 발전시킴으로써 지방에 숨어 있는 많은 원료, 자재와 기타 가능성이 충분히 이용될 수 있다고 하였다. 이와 같이 군이 지방공업의 중심지가 되어야 농촌에 대한 공급 기지로서의 역할을 원만하게 수행할 수 있다는 것이었다(최진욱, 2008: 153).

---

18) 지방 예산의 주요 수입 원천은 거래수익금, 국가기업이익금, 고정재산상환비, 중앙과 도 예산 소속기관·기업소들이 납부하는 지방유지금, 국가재산판매 및 기타 수입 등이다. 지방정권기관이 처분할 수 있는 지방예산은 지방산업공장과 협동농장, 협동조합, 상점에서 생산되는 이익금 중 일부를 중앙정부에 납부하고 거래수입금으로 들어가는 세금을 제외한 나머지 금액이다. 지방공기업이나 협동농장의 육성 방침에도 불구하고 북한의 지방 예산은 북한 국가 예산 중 15%로서 그리 높은 편은 아니다.

다섯째, 남한은 대한민국 헌법 조문 중 2개 조문(제117조, 제118조)만 지방자치 및 지방분권과 관련이 있으며, 나머지는 법률에 위임해 운영되고 있다. 반면, 북한은 조선민주주의인민공화국 사회주의헌법에서 17개 조문(제4조, 제131조~제146조)이 우리가 이야기하는 형식적 지방자치 및 지방분권과 연관된 조항이다.

최근 한국 사회에서 지방자치, 지방분권, 그리고 통일에 대비한 헌법 개정 논의가 일부에서 공론화되는 분위기이다. 만약 헌법 개정이 이루어진다면 개정 헌법 자체에 지방자치와 지방분권에 관련된 조문을 더 많이 넣어 확실하게 규정해 놓아야 할 것이다.

이 연구는 탐색적 수준에서 남·북한 지방행정 체제를 비교 분석하였다. 탐색적 수준이긴 하지만 통일을 대비하여 정치, 경제, 사회, 그리고 문화 등 다양한 분야에서 남·북한 간의 비교 연구가 활발하게 진행되는 것이 통일의 이질적 요소를 동질적 요소로 변화시키는 밑거름의 역할이라 할 수 있다.

그런데 이 연구가 갖고 있는 구조적 한계점으로는 첫째, 남한 및 북한의 지방행정 체제는 너무 이질적인 변화 과정을 거쳐 발전하였기 때문에 같은 기준 및 논리로 남북한 행정구역 및 행정 계층을 비교 설명하기 어렵다는 점이다. 예컨대, 어떤 기준과 논리에 따라 인간을 비교할 때 눈과 눈, 코와 코, 귀와 귀를 비교하여야 올바른 비교가 가능하다. 그러나 남북한 지방행정 체제는 이런 비교가 구조적으로 불가능하다. 이유는 1945년 광복 이후 남과 북은 인위적이든 자연발생적이든 민족의 동질성을 추구하기보다 이질적인 체제를 구축하는 데 주안점을 두었기 때문이다. 따라서 이 연구는 이런 구조적인 한계점을 갖고 출발할 수밖에 없었다는 점을 밝혀 둔다.

둘째, 북한 연구를 할 때 북한에 관련된 자료를 연구자가 얻기는 대단히 어렵다는 점이다. 특히, 북한은 지방행정 체제에 관한 자료를 외부로 반출하지 않을 뿐 아니라 홈페이지나 인터넷에 접속하기도 불가능해 최신 자료를 입수할 수 없다는 구조적 한계점을 알고 연구를 시작하여야 한다. 이런 점이 이 연구의 완성도를 떨어뜨리는 문제점이라 할 수 있다.

문•제•풀•기

1. 북한 연구에서 시각 및 접근 방법의 문제를 설명하시오.
2. 북한 연구에서 보편성 및 특수성의 문제를 설명하시오.
3. 통일의 의미를 설명하시오.
4. 통일의 필요성을 설명하시오.
5. 남한 지방행정 체제의 변화 과정을 설명하시오.
6. 북한 지방행정 체제의 변화 과정을 설명하시오.
7. 남한의 행정구역과 행정 계층을 설명하시오.
8. 북한의 행정구역과 행정 계층을 설명하시오.

제 3 편

개별 국가에 대한 이해

제3편은 개별 국가에 대한 이해이다. 세계의 많은 국가 중에서 현재와 미래에 영향력을 행사할 수 있는 국가를 다루었다. 특히 일본과 중국은 역사적으로 우리와 떼려야 뗄 수 없는 국가이다. 가까운 장래에 인도는 포스트 중국(post-China) 이후 세계에서 가장 영향력이 큰 국가 중 하나일 것이다. 또한 이슬람은 기독교와의 문명 충돌 때문에 영원한 관심의 지역으로 남아 있을 것이다. 제11장 일본 및 중국의 이해, 제12장 인도 및 이슬람의 이해이다.

제 11 장

일본 및 중국의 이해

Ⅰ. 일본의 이해

1. 들어가는 말

일본은 한국과 가장 가깝고 먼 나라이다. 수도는 도쿄(東京)이며, 인구는 약 1억 2,800만 명이다. 면적은 약 38만km^2(한반도는 22만km^2)로서 한국의 1.7배이다. 행정구역으로는 1도(도쿄도), 1도(홋카이도), 2부, 43현이다. 입헌군주제(내각책임제)를 채택하고 있으며, 의회는 양원제(중의원과 참의원)이다. 국가 GDP는 약 5조 내외 달러, 국민 1인당 소득은 3만 1천 달러 내외이다. 자위대는 24만 명 내외, 방위비는 496억 달러 내외이다. 실업률은 3.5% 내외, 수출은 8천억 달러 내외, 수입 역시 8천억 달러 내외이다. 외환보유고 역시 1조 달러 내외이다.

2. 일본인의 특성

1) 정직성

일본인의 특성 중의 하나는 정직성, 즉 진실성이다. 개인과 개인 간에도, 그리고 비즈니스를 할 때도 정직, 즉 신용을 최우선으로 한다. 일본에서 정직성, 즉 신용을 잃게 되면 모든 것을 다 잃는다는 말이 있듯이 정직은 반드시 지켜져야 할 가치이다.

2) 집단주의의 수직적(조적) 관계

일본은 사무라이(무사계급)를 중심으로 농, 공, 상(農・工・商) 등의 구분이 있는 철저한 수직적 질서의 사회이다. 특히 집단 의식이 매우 강하기 때문에 집단행동에서 개인의 이탈은 용서할 수 없는 처벌의 대상이었다. 일본이 집단적이면서 수직적인 질서를 체득할 수밖에 없었던 이유는 자연의 재앙 때문이었다. 지진, 화산 폭발, 쓰나미, 태풍 등 이루 헤아릴 수 없는 자연재해에서 생존하려면 집단주의의 수직적 질서를 강조하여야만 하였다. 여기서 개인의 이탈은 집단 모두를 위기에 빠뜨리는 위험한 상황으로 빠지게 만들었다. 이런 상황 속에서 살아남기 위해서는 집단주의의 수직적 질서가 필요할 수밖에 없을 것이다.

3) 와사상

서로 사이좋게 화합하고 단합함을 의미하는 와(和)사상은 일본인의 사고방식을 지배하고 있다. 일본은 섬나라이기 때문에 외적의 침입이나 천재지변이 일어나면 피난 갈 곳이 없기 때문에 서로가 서로를 돕는 협조정신인 와사상이 필요한 것이다. 또한 일본의 3대 전통 종교인 신토(神道), 불교, 유교 모두 유화(宥和)사상의 결정체이기도 하다.

4) 이치닌마에: 제 몫 하기

이치닌마에(一人前)란 일본의 모든 사회구성원은 제 몫을 한다는 생각이다. 일본인은 네 몫과 내 몫의 구분이 명확하다. 네 몫과 내 몫을 구분하지 못하는 것은 와(和)사상을 깨는 것으로 간주하여 용서치 못한다.

5) 오모이야리: 남을 배려하기

와사상에서 비롯된 남을 먼저 배려하기는 일본 예절의 기본이다. 내가 남을 배려하면 남도 나를 배려한다는 생각이다. 오모이야리(思いやり) 정신 때문에 일본인은 세계에서 가장 예의 바른 민족으로 인정된다.

3. 문화와 종교

1) 문화의 동질성과 다양성

일본의 근대 위정자들은 통일된 국민문화를 육성하기 위한 정책을 일관되게 펼쳐오고 있었다. 단일민족, 단일언어, 단일전통의 기치 아래 260년 간의 에도(江戶) 시대로부터 메이지(明治)를 거쳐 근대 국가에 이르는 동안 문화의 동질성이라는 일본의 문화 전통을 확립해 놓았다. 일본어의 표준화, 신토의 국교화(제2차 세계대전 이후 폐지), 천황의 신격화(제2차 세계대전 이후 폐지), 의무교육, 납세의무 등이 일본 문화의 동질성을 형성하는 데 주효했다. 이런 이유로 한 국가의 문화 동질성을 두고 말할 때 세계에서 일본이 가장 높은 수준이라 할 정도로 한 민족, 한 언어, 한 전통이라는 동질성을 자랑한다.

그렇지만 이것을 좀 더 자세하게 들여다보면 일본은 문화의 다양성도 존재한다. 일본은 4개의 큰 섬으로 이루어져 있다. 기후 변화, 화산, 지진, 생활환경 등이 모두 다르다. 생활환경이 다르면 의식구조 역시 달라진다. 홋카이도, 즉 북해도(北海道)에 있는 사람과 오키나와(沖繩)에 살고 있는 사람과는 생각과 행동이 서로 다르다. 이것이 일본이 가지고 있는 문화의 다양성과 특수성이다. 즉, 일본문화의 딜레마적 현상인 모순성이다.

2) 종교

일본인은 전통적 민간신앙에다가 외래 종교와 사상을 수용하여 그들 특유의 예절과 미풍양속을 이어가고 있다. 일본의 3대 전통 종교는 신토(神道), 불교,

유교이다. 일본인 중 신토 50%, 불교 45%, 유교 포함 기타 5%이다. 특히 기독교는 0.7%에서 1%이다. 일본인은 지극히 실용주의적이다. 아기를 출산하면 진자(神社)에 가서 출생 의식을 갖고, 결혼식은 교회에 가서 하며, 일상생활은 유교적 도덕 관념과 가치관에 두고, 사람이 죽으면 불교 의식에 준하여 장례를 치르고 있다. 이렇게 다양하면서 모순적인 삶을 살아가는 것도 하나이 특징이다.

4. 축제

일본의 축제에 관하여 이야기하기 전에 명절에 관하여 약간 언급하기로 한다. 일본은 1월 1일 신년에 매우 다양한 행사를 한다. 양력 1월 1일이 되면 일년의 시작이라는 뜻에서 "아케마시데 오메데도우 고자이마스(새해 복 많이 받으세요)"라고 만나는 사람마다 서로 새해를 축하하는 인사를 한다. 일부 지방에서는 이날 조상의 영혼이 방문한다고 하여 상(床)을 차리기도 한다.

음력 8월 15일에는 불교의 조상 공양과 신토에서 돌아가신 선조들을 매년 한번 자손의 집으로 초청하여 행운의 가호를 기원하는데서 이 민속행사가 시작되었다. 우리의 중추절, 즉 추석과 마찬가지로 그해 농사의 제물로 음식을 만들어 선조들에게 바쳤다.

그런데 이런 의식이 바뀌어 양력으로 8월 15일을 전후하여 연휴 행사를 치르고 있다. 도시의 직장인은 출신 고향으로 내려가서 부모님에게 장수를 기원하는 선물, 즉 주로 생선을 전하며 부모님의 건강과 행복을 기원한다. 도시에서는 친한 사이이거나 직장 상하 간 또는 평소 신세를 지고 있던 사람들끼리 크게 부담스럽지 않을 정도로 작은 선물, 주로 음식물을 교환한다. 여름 더위와 장마를 이겨 내고 질병과 액운을 물리치도록 서로를 격려한다.

1) 교토 기온마쓰리

교토(京都)는 일본의 과거의 수도이며 많은 유적과 유물이 있어 한번 방문해 볼 만한 가치가 있는 도시이다. 기온마쓰리(祇園祭)는 매년 7월 17일~24일 열리며, 일본의 중요 무형문화재로 지정되어 있다. 헤이안(平安) 시대였던 869년에 전염병이 창궐하여 이를 물리치기 위하여 열린 행사이다.

2) 도쿄 긴다마쓰리

도쿄(東京)의 긴다긴자(神田神社)에서 매년 5월 14일과 15일 이틀간 열린다. 도쿠가와 이에야스(德川家康)가 세키가하라((關ヶ原) 전투에서 승리한 것을 기념하는 행사에서 유래되었다. 도쿄의 108개 지자체와 기업, 은행 등 다양한 기관에서 90여 대의 미코시(神輿)가 참여하는 대규모 축제이다.

3) 오사카 덴마마쓰리

덴진마쓰리(天神祭)라고도 한다. 949년 오사카(大阪)의 덴만구진자(天滿宮神社) 창건 다음해인 6월 1일 경내 해변에서 시작된 축제로서 매년 7월 24일~25일 양일간 개최되며, 옛 무기의 일종인 창, 칼, 도끼를 상징하는 배를 띄워 축제의 분위기에 흥을 돋군다.

5. 일본인의 성(이름)과 자기 소개(명함 교환)

일본인은 원래 명문가의 사무라이들과 왕족들에게만 성(姓)이 부여되었으며, 일반 백성들에게는 성이 없었다. 우리처럼 성이 먼저 오고 이름이 나중에 온다. 대체로 성만 부르는 경우가 많은데, 여자의 경우에는 아무리 친해도 성만 부르는 경우는 거의 없다.

메이지 유신(明治維新, 1876년) 이전에는 일본인의 90% 이상이 성을 갖지 않았다. 메이지 유신 이후 일본에서 가호 정리를 위하여 성을 지으라고 일반 백성, 즉 평민들에게 지시하였으며, 이에 따라 자신들이 살고 있는 자연환경, 즉 산이나 밭 또는 특별한 지명의 한자를 분리한 후 성을 짓게 되었다고 한다. 예컨대,

다나카(田中)는 밭 한가운데, 기노시타(木下)는 나무 밑에, 노무라(野村)는 들에 있는 마을 등처럼 성이 되었던 것이다. 또한 농민은 곡물과 야채 이름을 인용하고, 어민은 고기 이름을 따서 성을 지었다는 이야기도 있다.

일본인은 무려 2천여 개의 성씨가 있으며, 이 중에서 일본인 10% 이상이 사용하는 성은 사토(佐藤), 스즈키(鈴木), 다카하시(高僑), 다나카(田中), 와다나베(渡部, 渡邊), 이토(伊藤), 나카무라(中村), 고바야시(小林, 古林), 야마모토(山本), 가토(加藤) 등이다. 사실 메이지 유신 이전에 일본에서 성을 가졌던 상위 계층은 왕족이나 귀족, 번주(藩主), 공가(公家), 무가(武家) 등의 가문이었으며, 이들은 선조의 혈족집단을 중심으로 한 씨족(氏族)의 명칭을 성으로 삼고 있었다. 이런 씨성(氏姓)제도는 신라 골품제도에서 유래된 것으로 분석하고 있다. 또한 나당 연합군(김유신의 5만 군대와 소정방의 10여만 군대)에 의하여 백제가 멸망(660년)한 이후 많은 백제의 유민이 일본으로 가서 왕족이나 귀족이 되었으며, 또한 후백제의 멸망(936년)으로 아주 적은 일부 사람들이 일본으로 갔다. 우리의 경우 일반 백성이 성을 갖게 된 것은 고려 태조 이후부터(고려 건국 918년, 신라 멸망 935년, 후백제 멸망 936년, 태조 왕건의 후삼국 통일 936년)였다.

일본은 섬으로 이루어진 나라이기 때문에 외부인에 대하여 경계하며 폐쇄적이다. 그렇기 때문에 외부인은 자기 스스로 자신을 소개하여야 한다. 말로써 자기 자신을 설명하여야 하는 것이 명함으로 발전하였다. 명함은 한 장의 종이에 불과하지만 단순한 종이가 아니라 그 사람의 얼굴이며 인격이다. 상대방은 명함을 정중하게 다루어야 하며, 손에 쥐고 만지작거리는 것은 대단한 실례이다. 어떤 경우에는 명함을 주고받지 못하면 우편으로 보내주기도 한다.

6. 식탁 예절

일본인의 식탁 예절 중에서 대표적인 것이 젓가락 문화, 즉 와리바시 문화이다. 젓가락을 밥 먹는 가운데 내려놓을 경우 우리와 반대로 가로로 놓는다. 밥

위에 젓가락을 찔러 놓으면 이는 제사 때 그렇게 하는 행위이므로 대단한 결례의 행동이다.

일본인의 젓가락 사용은 밥상이 낮아 얼굴을 숙이지 않고 먹기 위하여 밥이나 국(된장국: 미소시루)을 들고 먹기에는 숟가락보다 젓가락이 유용하기 때문이고, 또 다른 이유로는 동물과 차별성을 갖기 위해서이다. 밥이나 국을 손에 들고 먹기에 편하게 나무로 만들거나 사기로 만든 그릇을 사용한다. 우리는 금속으로 된 그릇을 사용하지만 일본인은 열 전도율이 적은 손에 들고 먹기에 편한 나무나 사기를 사용한다.

일본은 섬나라이고 바다에 접한 해양성 기후(습기가 많은)이기 때문에 음식이 상하기 쉽다. 그렇기 때문에 철저하게 개별적으로 자기의 음식에만 젓가락을 넣는다. 음식을 먹고 난 이후 더치페이가 주류를 이룬다.

7. 나오는 말

일본인은 정직과 신뢰를 매우 중시한다. 이것은 일본의 환경적 조건과 밀접하게 관련된 것으로 보인다. 섬나라이고 지진, 해일, 화산 폭발 등으로 항상 인간 생명에 위협이 되는 상황이 발생할 수 있기 때문에 폐쇄적이고 내부 결속력을 강조하다 보니 거짓말을 하거나 제 몫을 다하지 못하고 다른 사람에게 피해를 주면 조직 전체의 위험으로 이어지기 때문에 정직과 신뢰를 강조할 수밖에 없었을 것이다. 이것이 바로 오모이야리, 즉 남에게 피해를 주지 않고 남을 배려하는 문화가 발달된 이유이다.

유치원이나 초등학교에서 교육의 가장 기본이 남을 배려하기이다. 이것은 자기의 분수를 지키며, 자기 몫을 한다는 생각으로 이어진다. 한번 약속을 하면 반드시 지켜야 하고, 지키지 못할 때 극단적인 경우는 조직을 위하여 스스로 목숨을 끊어야 하는 경우까지 발생한다.

최근 한국과 일본은 최악의 관계이다. 위안부 문제를 비롯한 징용자에 대한 보상의 문제까지 더해지면서 해결책이 없을 정도로 심각해진 상황이다. 물론 틈새의 해결책이 없는 것도 아니다. 이럴수록 정부 간의 관계보다는 민간 교류를 통하여 해결책을 모색하는 것도 하나의 방법일 수 있다. 단계별로 지혜를 모아보는 것도 하나의 방법이다.

Ⅱ. 중국의 이해

1. 들어가는 말

중국은 중화인민공화국이다. 수도는 베이징(北京)이며, 1949년 10월 1일 건국하였다. 한국과는 1992년 수교하였다. 면적은 약 959만 6,900km^2(한반도의 43.45배, 남한의 96.66배, 세계 3위의 면적)이다. 인구는 약 14억 명 내외이다. 민족은 한족에 55개 소수민족이 있다. 행정구역은 22개 성, 4개 직할시, 5개 자치구, 2개 특별행정구가 있다. 1971년 10월에 UN 안보리 상임이사국이 되었다. 병력은 약 200만 명 수준이고 국방 예산은 1,505억 달러(약 170조 원)이다. 참고로 미국의 국방 예산은 7,160억 달러(약 808조 원)이다.

2. 중국인의 의식

중국은 세계의 중앙이라는 의식이 매우 강하다. 이것은 산업혁명 이전에 중국이 세계에서 가장 부유한 국가이며 선진국이었다는 자부심과 자긍심에서 나오는 이야기이다. 다른 말로 이것을 중화사상(中華思想)이라 한다. 어떻게 보면 중국을 중심으로 세계의 모든 질서가 움직여야 한다는 극단적인 자민족중심주의(ethnocentrism)일 수 있다. 중국 이외의 국가는 천시하는 화이사상(華夷思想)이라고 한다. 중(中)은 중앙이라는 의미이며, 화(華)는 문화라는 뜻이다. 이것은 공자(孔子)의 왕도정치(王道政治)에서 가져온 것이다. 왕의 덕으로 정치를 펼치는 것이며, 왕이 살고 있는 중앙에서 멀어질수록 왕의 덕이 미치지는 못하지만 그래도 왕의 덕으로 교화를 하면 백성은 잘살게 된다는 이야기이다.

중국인은 친구(朋友)는 특별한 관계를 갖는다. 친구 관계가 성립하면 매우 오래 끈끈한 관계가 성립한다. 이때 친구는 의리와 신뢰의 관계이다. 진정한 친구의 기준이다.

중국인은 협상에 매우 능하다. 세계 3대 장사꾼이라면 유대인상, 화상(華商, 중국인상), 인상(印商, 인도인상)에 속할 정도로 협상 기술에서는 달인이다. 중국인은 중요한 일을 논의할 때 절대로 히든카드를 내놓지 않는다. 자신이 정말로 불리할 때 히든카드를 사용한다.

3. 중국의 명절

중국인의 최대 명절은 우리의 설날에 해당되는 춘절(春節)이다. 춘절 0시가 되면 모든 가정은 폭죽을 터뜨리고 묵은해를 보내면서 새해를 맞이하는 기쁨을 만끽한다. 폭죽은 전염병을 옮기는 나쁜 신이 폭죽소리에 놀라 도망을 간다는 데서 유래하였다. 또한 북방 사람들은 0시에 교자, 즉 만두를 먹는 습관을 갖고 있다. 우리의 떡국이나 마찬가지이다. 신년 아침식사를 마친 후 서로 세배를 한다. 세배는 서로 만사가 평안하기를 기원하는 의식이다.

음력 5월 5일에 단오절 행사를 한다. 음력 5월에는 병충해와 전염병이 퍼지기 때문에 이를 막기 위하여 특별히 5일에 신에게 빌고, 창포 삶은 물로 머리를 감고, 음주를 하는 풍습을 갖고 있었다.

음력 8월 보름은 우리의 추석에 해당하는 중추절(仲秋節)이다. 가을의 중간에 있어 중추라 하였다. 오곡이 무르익어 감사의 마음으로 조상에 제사를 지내는 풍습이 생겨났다.

4. 중국의 음식

중국의 음식은 매우 기름지고 독특하다. 면적, 즉 땅이 넓기 때문에 지역마다 독특한 음식문화를 갖고 있다. 중국의 음식이 기름진 이유는 물에 석회암이 많이 포함되어 있기 때문에 물을 그대로 넣어서 요리를 할 수 없고 대체로 재료를 기름에 튀기거나 볶아서 요리를 한다. 기름진 음식은 덜 상하거나 오래간다.

중국 각 지역을 대표하는 요리는 다음과 같다.

베이징(北京)요리이다. 베이징은 추운 지방에 속하기 때문에 높은 칼로리가 요구되고 육류 중심을 높은 화력(火力)으로 짧은 시간에 요리한다. 생선보다는 육류 중심의 기름에 튀기거나 볶음으로 요리를 한다. 베이징 오리구이가 유명하다.

난징(南京)요리이다. 난징, 상하이(上海), 수저우(蘇州), 양저우(楊州) 등의 요리로 대표되는 난징요리는 양쯔강(揚子江) 하구의 풍부한 해산물과 곡식을 바탕으로 발전해 왔다. 상하이는 19세기 밀어닥친 열강의 영향으로 이미 국제적인 도시가 되어 요리 역시 외국의 영향을 많이 받았다. 상하이는 따듯한 기후와 풍부한 농산물, 갖가지 해산물의 집산지로서 다양한 요리를 탄생시켰으며, 돼지고기에 건간장을 싸서 만드는 홍소육이 특히 유명하다. 또한 생선요리와 바닷게로 만드는 부용청해, 찹쌀과 여덟 가지 말린 과일을 쪄서 만든 팔보반이 특히 유명하다.

쓰촨(四川)요리이다. 쓰촨요리는 청두(成都), 충칭(重慶) 등을 중심으로 독특한 매운맛을 특징으로 한다. 중국의 곡창지대로 알려진 쓰촨분지는 더위와 추위가 심하기 때문에 마늘, 파, 고추 등 매운맛을 내는 음식이 발달해 왔다. 대표적인 쓰촨요리는 마파두부, 어린 닭 등이다.

광둥(廣東)요리이다. 광둥요리는 중국 남부 지방인 광저우(廣州)를 중심으로 한 요리이다. 16세기 서양인들이 많이 왕래해서 서양의 요리에 양향을 받아 매우 담백한 맛을 내는 요리이다. 전 세계인들은 주로 접하는 요리가 광둥요리이다. 간을 싱겁게 하면서 기름도 적게 사용하여 요리를 하기 때문에 외국인들이 좋아하는 편이다.

5. 중국인의 식생활

중국에서는 밥그릇을 들고 먹어도 괜찮다. 대체로 큰 접시에 식사가 나오면 덜어 먹는 접시가 따로 나오는게 관례이다. 자기 젓가락이 아닌 사용하지 않은 새로운 젓가락으로 덜어서 먹으면 된다. 중국인은 손님이 다 먹지 못하고 음식을 남기는 것이 자신이 음식을 충분하게 준비한 것으로 간주하므로 굳이 음식을 다 비울 필요는 없다.

중국인은 음주(飮酒)를 매우 좋아한다. 그들이 매우 좋아하는 술은 죽엽청주와 마오타이주다. 중국인은 술에 취하여 실수하는 것을 좋아하지 않는다. 그래서 중국에서는 술에 취하여 비틀거리는 것을 구경하기는 힘들다. 중국 술 중에는 50도가 넘는 술이 많기 때문에 매우 조심스럽게 술을 마셔야 한다. 중국에서는 술잔을 다 비우기 전에 첨잔을 하고 잔을 돌리는 습관도 있다. 중국인이 건배를 외치면 다 들이키는 의미의 건배이기 때문에 중간에 잔을 내려 놓으면 실례가 되는 경우도 있다. 그래서 술이 약한 사람의 경우에는 음주 전에 미리 양해를 구하는 것이 예의이다. 중국인의 집을 방문하였을 때 일반적으로 차(茶)를 대접하는 경우가 대부분인데, 술을 대접하면 둘 간의 관계가 보통의 사이가 아닌 의미이다. 특별한 관계란 의미이다.

중국인의 차 역사는 4천 년 이상이며, 시간과 장소를 가리지 않고 차를 마실 수 있게 뜨거운 물이 준비되어 있다. 중국은 물에 석회암이 많이 포함되어 있기 때문에 생수를 바로 마시지 못하고 차를 끓여서 마신다. 상대방의 찻잔이 비어 있을 경우에는 계속 따라 주는 습관이 있다.

6. 나오는 말

중국은 한국과 역사적으로 떼려야 뗄 수 없는 밀접한 관계이다. 역사적으로 중국이 산업혁명 이전에 세계에서 가장 잘사는 국가이고 선진국이었기 때문에 우리는 중국을 벤치마킹하면서 중국을 모방하려고 무진장 노력하였다. 이것이 한국이 갖고 있는 지정학적 장점이면서 동시에 단점이기도 하다. 우리는 중국을 뛰어넘으려고 하지 않은 결과 중국이 서양 열국에 무너지면서 한국 역시 국가 전체가 무너지는 쓰라린 맛을 보았다.

이제는 그런 쓰라린 패배의 교훈을 학습하였기 때문에 두 번 다시 그런 시행착오를 범하지 말아야 할 것이다. 중국은 탈냉전, 즉 구소련의 몰락 이후 미국과 함께 G2로 발돋움하였다. 인구 14억 명의 시장성 때문에 누구도 중국을 무시할 수 없지만 우리는 미국의 눈치 역시 보지 않을 수 없는 숙명적 지정학적 위치에 놓여 있다. 중국, 러시아, 일본, 미국의 틈바구니에서 살아남기 위한 거버넌스 전략을 어떻게 펼쳐 나가야 하는 것이 지금의 과제이다.

문•제•풀•기

1. 일본인의 특성을 설명하시오.
2. 일본의 문화와 종교를 설명하시오.
3. 일본의 3대 축제를 설명하시오.
4. 일본인의 식탁 예절을 설명하시오.
5. 일본인의 성(이름)과 자기 소개(명함 교환)를 설명하시오.
6. 중국인의 의식을 설명하시오.
7. 중국의 대표적 명절을 설명하시오.
8. 중국의 음식을 설명하시오.

제 12 장

인도 및 이슬람의 이해

Ⅰ. 인도의 이해

1. 들어가는 말

인도는 인구 12억 명 내외이며, 2030년 이전에 인구 규모 면에서 중국을 능가할 가능성이 매우 높은 나라이다. 수도는 뉴델리(New Delhi)이며 인구는 1,200만 명 내외이다. 면적은 3,287,263km^2(한반도의 15배, 남한의 33배, 세계 7위 규모)이다. 언어는 헌법상 힌디어를 포함한 15개 언어이며, 제1공용어는 힌디어, 제2공용어는 영어이다. 종교는 힌두교가 81.5%, 이슬람교가 11.2%, 기독교가 2.7%, 시크교 2.4%, 불교 0.7% 등이다.

인도는 4대 문명의 발상지이며, 알렉산드로스 대왕(Alexandros the Great, BC 356~BC 323)이 기원전 인도를 침략하였을 정도로 인도는 쌀이나 밀, 그리고 향신료를 생산하는 측면에서 매우 매력적인 국가였다. 불교의 발상지였지만 힌두교의 하나의 신으로 격하된 것으로 보아 인도는 다양성과 특이성이 매우 강한 국가임에 틀림없다. 인도의 황금기는 AD 320년~480년에 인도의 예술, 문화, 과학이 비약적으로 발전하였으며, 의학과 수학에서부터 천문학, 심지어 퇴폐문화

(유명한 카마수트라)에 이르기까지 주제별 학술논문이 이 시기에 씌어졌다. 16세기 무굴왕조의 제5대 왕 샤 자한(Shah Jahan)은 타지마할의 건축으로도 유명하다. 17세기 영국, 프랑스, 네덜란드, 포루투갈 등 유럽인들이 교역소를 세우고 인도로 진출하였다. 1757년 플라시 전투는 영국이 다른 유럽 국가들에 우위권을 갖게 하는 결정적인 역할을 하게 되었다.

1857년 인도인들은 영국인에 대하여 첫 번째 독립전쟁을 벌이게 된다. 이후 인도는 끊임없이 영국에 대항해 오고 있는 가운데 마하트마 간디(Mahatma Gandhi)의 비폭력운동이 인도 독립의 기폭제가 되었다. 1947년 인도는 영국으로부터 독립을 쟁취하고, 1950년 1월 26일 공화국을 선포한다.

2. 인도의 문화

1) 카스트

인도에는 카스트(caste)라는 특유의 신분제도가 있는데 4대 계급으로 구성되어 있다. 법적으로는 금지되어 있지만 실생활에서는 이 제도가 여전히 유효하다. 브라만(Brahman), 크샤트리아(Ksatriya), 바이샤(Vaisya), 수드라(Sudra)이다. 4대 계급 이외에도 불가촉천민(untouchable, Paraiyal)이라 불리는 사람이 15% 내외로 존재한다. 인도는 성씨만 보아도 어느 계급에 속해 있는지 알 수 있을 정도로 철저한 계급 사회이다. 이것은 예로부터 인도의 인구가 너무 많기 때문에 질서 유지 차원, 즉 사회를 컨트롤하여야 쿠데타나 왕정 전복이 일어나지 않는다는 차원에서 4대 계급을 만들어 냈을 것이다.

인도에서 특이한 풍습은 신부가 지참금을 갖고 시집을 간다. 이슬람권에서는 신랑이 신부 측에 지참금을 내고 신부를 데려오는 풍습과는 정반대로 인도에서는 신부의 지참금 액수가 적거나 지불 약속을 어기면 폭력으로 이어진다. 그런데 이것이 심하면 살인으로까지 연결되는 잘못된 풍습이 법적으로는 금지하고 있지만 아직도 농촌에 가면 빈번하게 일어난다.

2) 종교

(1) 힌두교

힌두교는 기원전 1,500년 전부터 인도에 침입하기 시작한 아리안(주로 그리스 계통의 사람들)이 나름의 불을 피우는 의식을 진행하는 사람들에 의하여 전파되었다. 불을 피우고 의식을 진행하는 사람을 브라만이라 부르고, 모든 서열의 우위를 차지하였다. 힌두교는 우주 만물에 절대불변의 신이 존재하는데 그 신 하나하나가 다양한 형태로 나타난다 하여 다신교로 이해할 수 있지만 원래는 하나의 신이었다가 상황에 따라 다르게 나타난다는 의미이다. 힌두교의 겉모습만 보면 미신적으로 볼 수 있지만 속을 자세하게 들여다보면 절대 그렇지 않다.

힌두교는 인도를 세계 창조의 중심으로 간주하여 설명한다. 사람이 죽으면 무(無)로 돌아가는 것이 아니라 제 역할이나 일을 다하기 위하여 저승(내세)에서 다시 새로운 육신을 얻게 되고 이승과 저승을 무한히 반복한다는 것이다.

힌두교는 다르마(Dharma)와 카르마(Karma)에 의하여 끊임없이 윤회한다는 것이다. 다르마는 다르(Dhar: 유지하다, 지탱하다)에서 유래된 것으로 16가지의 서로 다른 의미로 사용되고 있는데, 핵심은 윤리적 의무와 사회적 의무이다. 인간으로 태어난 이상 본인이 사회적, 그리고 윤리적으로 하여야 할 의무를 다하는 것이다.

카르마는 업(業)이다. 인간은 인과(원인과 결과)에 의한 윤회의 법칙을 어길 수 없다. 자신의 현재에 처한 업을 받아들이고 더 나은 카스트로 올라가기 위해서는 끊임없는 업을 통하여 윤회(輪廻)를 하여야 한다.

힌두교의 궁극적인 목적은 해탈이다. 해탈을 위해서는 다르마와 카르마를 끊임없이 수행하여야 한다.

(2) 이슬람교

6세기 마호메트(Mahomet, Muhammad)가 포교하여 유일신인 알라(Allāh)를 섬기는 이슬람교가 8세기경부터 인도에 전래되기 시작하였다. 10세기경부터는 이슬람 교도들이 델리 지방을 점령하여 이슬람왕국을 세우기도 하였다. 이슬람 교도들은 신 앞에 모든 사람이 평등하다는 사상을 전파하기 시작하자 카스트제도에 의하여 억압받는 인도 사람들 다수가 개종하기 시작하였다. 인도에서 이슬람 교도의 최대 걸작품은 타지마할이다. 인도에 가서 타지마할을 보지 못하면 왜 인도에 갔느냐 할 정도로 탁월한 유적이다.

(3) 시크교

힌두교를 배척하며 인간의 평등을 주장한 구루 나나크(Guru Nanak, 1469-1539)가 교주이다. 5대 교주(이르준)가 무굴제국의 탄압을 받자 신도들을 군대화하여 저항하였다. 신도 수는 약 1,500만 명 정도이며 펀잡(Punjab) 지방을 중심으로 인도 전역에서 비즈니스, 교통, 군 관계 일에 종사하고 있다. 소수이면서 신도들의 결속력은 매우 강하다. 첫째, 시크(Sikh) 교도는 모두 싱(Singh)이라는 성을 갖고 있다. 둘째, 남성인 경우엔 머리에 터번을 쓴다. 군인, 경찰, 택시운전사도 모두 터번을 쓴다. 셋째, 결속력이 강하고 배타적이며, 결혼은 시크 교도끼리 하고 다른 종교로 개종하는 사례는 찾기 힘들다. 주요 성지는 펀잡 주의 암리차르(Amritsar)에 있는 황금사원이다. 여기에 시크교의 구루 그란트 사히브(Granth Sahib)가 안치되어 있다.

(4) 자이나교

자이나(Jaina)교는 불교와 거의 동시에 만들어진 종교로서 교주는 마하비라(Mahavira, BC 448-376)이다. 자이나교의 궁극적인 목적이 해탈인데 이것은 행위가 업을 만들고 윤회로 돌아가기 때문에 엄한 계율과 고행을 지켜야만 한다고 주장한다. 살생 금지와 무소유를 강조하기 때문에 수도승은 무소유의 극치를 보여 주기 위하여 완전히 발가벗고 생활하며 오직 수행에만 전력을 질주한다. 신도 수는 약 200만 명이고, 신용을 철저하게 지키기 때문에 신도 대부분이 상업에 종사하여 부(富)를 축적한 사람이 많다.

(5) 기독교

1세기 시리아의 성 토마스가 인도에 기독교를 전파하였다. 이런 기독교는 16세기 영국과 포루투갈이 전파한 가톨릭과는 계통이 다르며, 지금도 인도에 남아 있다.

(6) 불교

석가모니는 약 2,500년 전 룸비니(현재 네팔령)에서 샤카족의 왕자로 태어났다. 인생의 고뇌를 해결하는 길을 찾아서 출가하여 고행을 겪고 명상에 잠기다 부다가야의 보리수 아래서 깨달음을 얻었다. 바라나시 교외의 사르나트에서 처음으로 법을 설파하였으며, 죽기 전까지 깨달음의 진리를 사람들에게 전파하였다. 80세의 고령에 달한 석가모니는 설법 여행 도중에 병을 얻어 구시나가라에서 조용히 입적하였다.

3) 신의 나라

인도는 인구만큼이나 많은 신을 갖고 있다.

첫째, 질서 유지의 신 비슈누(Vishnu)와 질서 파괴의 신 시바(Śiva)를 중심으로 다양한 신들이 있다.

둘째, 시바의 아내 우마(Uma) 신은 남편인 시바와 비슷하게 피를 좋아하는 무서운 성격을 보여 준다.

셋째, 서민에게 사랑받는 크리슈나(Krishna) 신이다. 피리를 비스듬하게 옆으로 불고 있는 신상도(神像圖)가 있다.

넷째, 코끼리 머리의 가네샤(Ganśa) 신이다. 가네샤 신은 시바와 파르바티(Pārvati)의 아들로 코끼리 머리를 하고서 커다란 배를 둥글게 내밀고 있는 모습을 하고 있으며, 장애물을 제거해 주고, 행운과 번영을 가져다준다고 한다.

4) 축제

인도는 다양한 축제를 열고 있다.

첫째, 가네샤 축제(Ganśa Chaturthi)이다. 코끼리 머리의 모습을 한 가네샤(행복의 시작과 성공을 기원하는) 신에게 바치는 축제로서 매년 9월에 10일간 열린다.

둘째, 두세라(Dussehra) 축제이다. 인도 전역에서 벌어지며 가장 인기 있는 축제이다. 9월 또는 10월에 개최되며, 온 나라가 10일간의 휴가를 갖는다. 라마(Rama) 신이 악마 라바나(Ravana)를 물리치고 승리한 것을 기념하는 행사이다.

셋째, 디왈리(Diwali) 축제이다. 인도 전역에서 부와 행운을 기원하는 축제로서 전통적 진흙 등불이 도시를 가득 메우는 빛의 축제이다. 라마 신이 14년간 국외로 추방되었다가 돌아오는 것을 기념하는 축제이다. 부자가 되고 싶어하는 상인이나 행운을 기원하는 서민이 집집마다 등불을 달고서 여신을 부른다. 고향을 찾아가 친지나 친척에서 선물을 주기도 한다.

넷째, 시크(Sihk)교의 바이사키(Baisakhi) 축제이다. 바이사키는 매년 4월 13일~14일 인도 전역에서 벌어지며, 농부들이 신께 감사의 기도를 올리는 시크교 최대의 축제이다.

다섯째, 쿰브멜라(Kumbh Mela) 축제이다. 4년마다 4개의 순례지에서 번갈아가며 열리는 축제이다. 최대의 인파가 몰리는 인도 최고의 인상적인 축제이다. 1월과 4월 사이에 개최되며 목욕축제이다. 갠지스 강의 하리드와르, 시프라 강의 우자인, 고다바리 강의 나시크, 갠지스 강의 야무나 강이다. 축제가 열리는 장소의 선정은 태양, 달, 그리고 목성이 자리하는 위치에 따라 정해지며 특정한 시간에 목욕을 하게 되면 커다란 종교적 은혜를 입는다고 생각한다. 목욕하는 특정한 날은 하루이지만 이 날을 전후로 몇 주일 간, 또는 수개월 간 계속된다.

3. 나오는 말

인도는 공용어가 15개, 그리고 인구보다 많은 신을 갖고 있다는 말이 있듯이 매우 신비스럽고 특이하다. 인도를 여행하면 할수록 더욱더 신비스럽게 느껴진다. 4대 문명의 발상지인 인도는 예로부터 의식주 문제를 해결할 수 있는 식량이 많이 생산되었다. 기원전 알렉산드로스 대왕까지 인도를 정복할 목적으로 인도에 온 것을 보면 확실히 인도는 향신료, 식량 등 많은 것을 찾아낼 수 있다.

인도는 수학, 천문학 등 다양한 분야에서 발전해 왔으며, 실리콘 밸리의 주식 가격은 IT 분야에서 인도 사람이 어느 정도 근무하느냐에 따라 요동친다는 말이 있듯이 인도 사람들은 탁월한 재능을 갖고 있다. 미국 대학 4천여 개 중에서 중국 사람이 가장 많은 교수를 하고, 그 다음이 인도 사람이라는 사실만 보더라도 인도 사람의 재능은 뛰어나다 할 것이다.

2030년이 지나면 중국보다 인도가 세계 제1의 인구 대국이 될 가능성이 매우 높다. 인구가 많다는 것은 물건을 팔 수 있는 시장이 크다는 이야기이다. 우리도 이제부터 인도를 예의주시하여야 할 것이다.

Ⅱ. 이슬람 세계의 이해

1. 들어가는 말

2001년 9월 11일 미국 뉴욕의 세계무역센터(WTC), 그리고 워싱턴의 국방부 건물이 오사마 빈 라덴(Osama bin Laden)이 이끄는 알카에다(Al Qaeda)라는 폭력조직에 의하여 폭파된 테러 이후 이슬람에 대한 관심을 증가시켰다. 지구상의 77억 인구 중에서 33%인 23억 7천 6백만 명이 기독교도이고, 이슬람 교도가 20%인 14억 4천만 명, 힌두교도는 13%인 9억 3천 6백만 명이다. 불교도는 6%인 4억 3천 2백만 명이다. 이슬람교를 믿는 국가는 55개국이며, 이들은 아랍연

맹(Arab League)이나 이슬람회의기구(Organization of Islamic Conference)를 통하여 목소리를 높여간다.

알카에다와 아프가니스탄에서 활동 중인 탈레반(Taleban)은 이슬람원리주의(이슬람근본주의, Islamic Fundmentalism)를 표방하고 서방의 대(對) 중동정책, 특히 미국의 친(親)이스라엘 정책에 대한 불만과 원한으로 테러를 일삼고 있다. 팔레스타인의 지하드(Jihād), 헤즈볼라(Hezbollah), 하마스(Hamas)의 조직은 강경 테러조직이다.

2. 이슬람교의 교리 및 문화(풍습)

1) 이슬람 교리(6신5행)

이슬람교는 마호메트(Mahomet, Muhammad)이 사우디아라비아의 메디나(AD 632)에서 알라(Allāh)의 계시를 받아 사도 예언자로서 포교를 시작하였다. 이슬람교는 하나님 알라를 섬기는 일신교로서 유대교와 기독교처럼 하나의 신을 섬기는 종교이다. 또한 이슬람교는 세계 3대 일신교 중의 하나이다. 마호메트는 자신은 하나님인 알라의 계보를 이어 온다고 생각하고, 아담, 노아, 아브라함, 모세, 다윗, 예수, 그리고 마호메트로 이어진다고 보고 있다. 하나님이 태초에 인간 세상에 복음을 전파하기 위하여 사도와 예언자를 차례로 인간 세상에 내려 보냈으나 복음이 제대로 전파되지 못하자 예수 다음 마지막으로 마호메트를 사도로 내려 보냈다고 전해진다.

그런 이유로 이슬람교의 교리는 구약성서의 율법과 시편, 신약성서의 복음서를 유대교와 기독교에서 받아들이고 마호메트의 예언을 글로 써서 코란(Koran)으로 체계화하였다. 이슬람 경전인 코란의 핵심은 6신5행(6信5行)이다. 무슬림은 올바른 신앙생활을 위하여 여섯 가지를 믿고, 다섯 가지 행동을 하는 것이다.

여섯 가지 믿음(6신)이란 첫째, 알라, 둘째, 사도와 예언자, 셋째, 코란인 경전(신의 계시를 담은 책), 넷째, 천사, 다섯째, 내세(낙원과 지옥), 여섯째, 정명(定命, 宿命)이다. 다섯 가지 행동(5행)은 첫째, 신앙고백으로 유일신 알라를 믿는 것, 둘째, 예배로서 하루 5번 메카를 향하여 기도하며, 금요일에는 모스크에 가서 합동예배를 함, 셋째, 이슬람력 9월 한 달 간 주간에만 금식을 하는 주간금식, 넷째, 헌금이나 희사(종교세)로서 가난한 자에게 베푸는 것, 다섯째, 순례(하지)로 마호메트가 태어난 메카 등 성지를 방문하는 것이다. 일부의 사람들은 믿음과 행동 하나씩을 추가하여 7신6행을 주장하는데 하나의 추가된 믿음에는 부활이 들어가고, 또 하나의 추가된 행동에는 성전(Jihād, crusade)을 추가한다. 무슬림이 성전에서 전사하면 낙원으로 간다는 믿음 때문에 성전에의 참여를 독려하는 수단으로 활용한다. 이슬람 교도들은 죽기 전에 3대 성지를 방문하려는 생각을 갖고 있다, 첫째 마호메트가 출생한 곳인 사우디아라비아의 메카이다. 둘째, 메트가이 알라의 계시를 받은 곳인 사우디아라비아의 메디나이다. 셋째, 마호메트가 신성한 바위를 딛고 하늘로 올라간 곳, 즉 승천한 곳인 이스라엘의 예루살렘이다.

2) 수니파와 시아파

이슬람은 크게 수니파와 시아파로 나뉜다.

첫째, 수니파는 마호메트의 사후 능력 있고 덕망이 높은 칼리프, 즉 아부 바크르(Abū Bakr)를 합법적으로 후계자로 삼아 이슬람 교도들을 이끌고 있다. 수니파는 비교적 온건하며 합리적이며 협상이나 타협에 의하여 문제를 해결하고 있다. 사우디아라비아, 쿠웨이트, 카타르, UAE, 인도네시아, 말레이시아 등 아랍권의 약 90%가 수니파이다. 인도네시아, 말레이시아, 그리고 동남아시아에 이슬람교가 전파된 것은 아라비아 상인을 따라 들어온 이슬람 교도들에 의하여 이슬람교가 전파되었다. 오늘날 수니파를 이끌고 있는 국가는 사우디아라비아이다.

둘째, 시아파는 마호메트의 사후 그의 조카이자 사위였던 알리(600~660년)와 그의 후손인 혈족만이 이슬람공동체에 대한 리더십을 갖는다고 믿고 있었다. 그

후 알리가 우여곡절 끝에 제4대 칼리프가 되었다. 그런데 알리는 10년 만에 살해되고 알리의 후손과 그의 추종 세력들은 수니파 칼리프로부터 끊임없는 시련을 당해야 하였다.

알리의 후손인 후세인(Saddam Hussein)은 알리의 추종 세력을 이끌고 이라크 남부로 피신하였는데 그 역시 이곳에서 수니파 세력들과의 싸움에서 처참하게 살해되었다. 시아파는 알리의 아들인 이맘 후세인(Imam Hussein)이 순교한 날을 모하람(Moharram)이라 하여 이 날을 애도하고 원통해 한다. 시아파 교도들은 이 날을 기리는 행사의 하나로 자신의 몸을 쇠사슬로 묶고 회초리로 자기의 몸과 상대방의 몸을 내려치면서 피를 흘리는 고통을 통하여 그날의 복수를 기약한다. 특히 기독교도들에 의한 십자군 원정 때 기독교도들에 대항하면서 극렬하게 전쟁을 한 사람의 대부분은 시아파들이다. 시아파의 대표적 국가는 이란이다. 무장 테러단체인 헤즈볼라 역시 시아파가 주축이다.

3) 이슬람 교도는 누구인가?

이슬람교의 계보를 보면 유대교, 기독교를 이어온 종교이다. 구약성서 창세기를 보면 아브라함(Abraham)이 본처인 사라(Sarah) 사이에 자식을 두지 못하고 하녀 호가르(Hogar) 사이에서 일찍 아들을 낳은 것이 아랍인, 즉 햄계(Hamitic)의 조상이 되는 이스마엘(Ismael)이며, 그 후 아브라함이 90세에 뒤늦게 본처 사라와의 사이에 둔 아들이 이삭(Issac)이며, 유대인 셈계(Semitic)의 조상이다.

이처럼 기독교와 이슬람교는 하나님을 믿는 일신교로서 계보로 보나 종족으로 보나 형제지간이라 할 수 있다. 미국의 정치학자 새뮤얼 헌팅턴(Samuel P. Huntington) 교수는 『문명의 충돌』이라는 저서 속에서 21세기 이후 세계의 크고 작은 충돌은 이슬교와 기독교의 종교적 갈등에서 비롯된다고 전망하고 있다.

4) 성전(지하드, Jihād, crusade)

이슬람교와 기독교 간의 반목과 갈등은 언제부터 시작된 것일까? 이것은 십자군 원정(1096~1291년)에서 그 기원을 찾아야 할 것이다. 십자군 원정은 중세 유럽의 기독교도들이 이슬람 교도가 점령한 예루살렘을 탈환하기 위하여 300년 동안 8차례 원정을 감행하면서 이슬람 교도와 전쟁을 벌인 것을 말한다.

십자군 원정으로 동방과 유럽 간에는 교통과 무역을 발달시켰으며, 특히 동방의 비잔틴(동로마 제국의 수도 콘스탄티노플의 원래 지명이 비잔티움에서 유래, 15세기 중엽 오스만 투르크의 침입으로 멸망) 문화와 이슬람 문화가 유럽에 유입됨으로써 유럽의 근세 문명을 발달시키는 데 일조하였다는 긍정적인 측면을 갖고 있다. 그렇지만 십자군 원정 과정에서의 학살, 파괴, 살육 등 인간으로서 하지 말아야 할 여러 가지 악행이 일어나 이것이 두고두고 갈등과 반목의 원인이 되고 있다. 1099년 예루살렘이 도착한 십자군 병사들은 광신적 사명에 사로잡혀 유대인과 이슬람인을 무차별 학살하였으며, 이에 무슬림은 처절하게 저항하다 몰살당하기도 하였다. 기독교도의 입장에서 보면 성지인 예루살렘의 탈환이라는 감격을 누리고 있었지만, 무슬림의 입장에서 보면 역사상 가장 참혹한 침략전쟁이었다는 사실만 각인하고 있을 것이다.

5) 복장

코란 제24장 31절에 "여성 신도들에게서 가서 일러라, 눈매를 아래로 깔고 밖으로 나타나는 부위 이외에는 아름다움이 눈에 띄지 않도록 하여라, 얼굴을 가리는 베일은 가슴까지 덮도록 하여라, 남편, 아버지, 자녀, 형제 이외에는 그 아름다움을 보여서는 안 된다"고 되어 있다.

여성의 복장으로는 첫째, 이란에서 사용하는 차도르(chador)가 있는데, 이것은 검은 천으로 머리와 얼굴, 그리고 상반신을 가린다. 둘째, 히잡(hijab)으로 터키에서 사용하는데, 이것은 얼굴만 내놓고 머리 위로 스카프처럼 상반신을 가린다. 셋째, 사우디아라비아에서 사용하는 아바야(abaya)인데, 이것은 눈만 내놓고, 머리와 얼굴 전체, 그리고 상반신을 가린다. 넷째, 아프가니스탄에서 주로 사용되는 부르카(burka)인데, 이것은 눈만 보이게 하고 머리, 얼굴, 상반신, 하반신,

그리고 발목까지 가린다. 다섯째, 주로 파키스탄과 모로코 여성들이 쓰는 니캅(niqab)인데, 눈을 제외한 얼굴 전체를 가리는 면사포로 눈 아래를 가린다.

남성의 복장으로는 첫째, 전통 복장으로서 칸두라(kandura, dishdash)라고 부르는 긴 원피스는 목부터 가슴 끝까지 전면에 단추를 여밀 수 있도록 되어 있으며, 일반적으로 흰색을 즐겨 입지만 최근에는 젊은 층을 중심으로 갈색, 진청색 등도 선호된다. 둘째, 케피에(keffiyeh)인데 이것은 머리에서 목까지 덮을 정도로 쓰는 모자의 일종이다. 팔레스타인의 아라파트(Yasser Arafat) 의장이 즐겨 쓰는 복장이고, 또 사우디아라비아의 왕실에서 사용되곤 한다. 셋째, 터번(turban)으로 이란 남성들이 즐겨 쓰며, 천을 둘둘 말아서 쓴다.

6) 음식

이슬람 교도들이 살고 있는 곳은 아주 더운 지방이기 때문에 음식이 빨리 상하기 쉽다. 그래서 돼지고기나 상하기 쉬운 음식은 먹지 않고, 대신 양고기, 닭고기 등을 선호한다. 또한 술을 먹지 않는다. 이것 역시 환경적인 요인 때문이라 생각된다. 더운 지방에서 알코올을 섭취하면 몸 전체의 건강이 나빠지고 이성적 판단이 흐려져 공동체의 질서가 무너지기 때문에 자연스럽게 알코올 섭취를 회피하는 경향이 생겨나게 되었다.

Ⅲ. 나오는 말: 당면 과제

이슬람교는 생활종교이다. 우리의 유교처럼 생활 자체를 하나의 교리로 삼아 살아가고 있다. 우리가 보기에는 하루 다섯 번 예배를 올리고 음식을 가려먹고 하는 데서 오는 불편함이 많겠다는 생각을 하지만 그들은 그런 행동을 전혀 불편함 없이 모두 받아들이고 있다.

기독교와 이슬람교 간에 끊임없는 반목과 갈등이 존재하는 것은 사실이다.

이것은 미국의 중동정책과도 연관성이 매우 높다. 미국은 기독교 국가이기 때문에 일방적으로 친이스라엘 정책을 펼친다. 또한 미국 내의 유대인들이 정치, 경제, 사회, 문화 등 의회, 백악관, 금융, 언론을 장악하여 이스라엘을 간접적으로 지원한다. 이것이 문제를 더욱더 복잡하게 만들어 가는 요인이기도 하다. 우리는 무슬림에 대한 편견을 갖지 말고 있는 그대로 이성적으로 판단하며 생각하여야 할 것이다.

문•제•풀•기

1. 인도의 카스트 제도를 설명하시오.
2. 인도의 종교를 설명하시오.
3. 인도의 대표적 축제를 설명하시오.
4. 이슬람의 교리(6신5행 또는 7신6행)를 설명하시오.
5. 이슬람의 수니파와 시아파를 설명하시오.
6. 이슬람의 성전(지하드)을 설명하시오.
7. 이슬람의 복장을 설명하시오.
8. 이슬람의 음식을 설명하시오.

참고 문헌

[국내 문헌]

권영경 · 김양미(역)(1997). 『이긴 자가 전부 가지는 사회』, 서울: CM 비즈니스.

권해수 · 서순복(1996). "공공부문과 민간부문의 대체적 분쟁해결제도 비교연구", 『한국행정학회 동계학술대회 발표집』.

고숙희(2001). "지방자치단체 문화행사의 지역경제 및 지방재정 파급효과 분석", 『한국정책학회보』, 10(2): 110－124.

국민일보. 2009년 10월 23일자.

금창호(2008). "행정구역 개편 방안," 「행정구역 개편 등 지방자치제도 개선을 위한 정책토론회」, 여의도연구소: 1－13.

금창호 · 김병국 외(2001). "지방자치단체의 남북교류 활성화 방안", 『한국지방행정연구원 연구보고서』.

김경배(2005). "한국 대체적 분쟁해결제도의 제도화 및 발전방안에 관한 연구", 『한국산업경제연구』, 18(1): 251－274.

김길수(1995). "혐오시설의 입지갈등에 관한 연구", 『사회과학연구』, 21: 191－204.

김대원(1999). "통합시의 생산성 증대효과 분석: 공공 산출물의 측정모형의 적용을 중심으로", 『한국행정학보』, 33(3): 327－44.

김도현(2008). "삼척지역 정월 대보름 세시풍속", 『지역문화 컨텐츠의 세계적 브랜드화를 위한 기획학술심포지엄』, 강원행정학회 · 한국비교정부학회 공동 주최, 1－14.

김도희(2001). "지방정부와 주민 간 입지갈등의 갈등유발 요인에 관한 연구: 울산 원자력발전소를 중심으로", 『한국정책학회보』, 35(1): 165－188.

김두환(2005). "사회갈등 해결에서 숙의적 시민참여와 대안적 분쟁해결 접근 비교", 『시민사회와 NGO』, 3(1): 143－171.

김상구(2002). "협상의 영향요인에 관한 연구: 환경기초시설 입지갈등을 중심으로", 『한국행정학보』, 36(2): 63－84.
김성국(1984). “노사갈등의 구조와 역사적 전개”, 『한국사회학』, 18(1): 152－183.
김영평(2002). “정책갈등의 양상과 갈등 관련자의 윤리적 대응”, 『정부학 연구』, 8(2): 113－143.
김영평 · 신신우(1991). “한국관료제의 기관갈등과 정책조정”, 『한국행정학보』, 25(1): 307－324.
김일철(1984). “사회발전과 갈등”, 『한국사회학』, 18(1): 135－151.
김학성 · 최진욱(2001). “남북한 지방자치단체 간 교류 · 협력: 실태분석과 활성화 방안”, 『통일연구원 연구총서』. 2001－06.
김호기(2007). “사회갈등과 거버넌스”, 『현대사회와 문화』, 1(1): 97－126.
대통령 소속 지방자치발전위원회 내부 자료(2015).
문석남(1984). “지역격차와 갈등에 관한 한 연구: 영(嶺) · 호남(湖南) 두 지역을 중심으로”, 『한국사회학』, 18(1): 184－209.
민진(1996). “북한의 행정체계에 관한 연구”, 『행정과 정책논총』, 4: 87－103.
박길성(2003). “외환위기의 사회적 비용: 삶의 질, 사회갈등, 신뢰구조”, 『비교사회학』, 5: 105－128.
박길성 외(2005). 『현대 한국인의 세대 경험과 문화』, 서울: 집문당.
박명하(1989). “북한행정체계의 특징과 기능에 관한 연구”, 동국대학교 행정대학원 석사학위논문.
박상규(2008). “국가균형발전과 강원도 RIS의 구축전략”, 『국가균형발전과 강원도의 정책대응』, 삼척대 산업과학기술연구원: 109－125.
박상필(2000). “이익집단 갈등과 사회자본: 경실련의 한약분쟁 조정 사례연구”, 『한국행정학보』, 34(2): 121－138.
박세일(1995). 『법경제학』, 서울: 박영사.
박완신(1995). 『신북한행정론』, 서울: 지구문화사.
박응격(1996). “통일 이후를 대비하는 정부 인력관리의 과제와 대책”, 『한국행정연구원 연구보고서』.
박재묵(2005). “갈등예방과 갈등영향분석”, 『지역사회학회 및 환경사회학회 공동 학술대회 발표문』.
박재홍(2001). “세대 연구의 이론적 방법론적 쟁점”, 『한국인구학』, 24(2).
______(2003). “세대 개념에 관한 연구: 코호트적 시각에서”, 『한국사회학』, 37(3).
박재환(1992). 『사회갈등과 이데올로기』, 서울: 나남.
박종화(2001). “지역 이해상충의 조정에 있어서 전략적 중재의 이용”, 『한국행정논집』, 13(3): 615－641.

박찬우(1998). “소송에 의하지 않는 분쟁해결제도”, 『연세법학연구』, 6(2): 253－275.

박천오 · 서우선(2004). “한국 지방의회의 집행기관 간 갈등요인과 개선방안에 관한 실증연구”, 『한국행정학보』, 38(4): 107－124.

박희정(1994). “도농통합 이후의 지역발전 과제”, 『지방행정』, 9월호: 50－68.

배응환(2002). “지역거버넌스 네트워크, 사회자본 그리고 지역정책”, 「정부학 연구」, 8(2): 216－251.

______(2005). “로컬거버넌스: 갈등에서 협력으로”, 『지방행정연구』, 19(2): 187－215.

배준구(1995). “통합시의 광역행정 전망과 방향”, 『도시문제』, 3월호: 50－61.

백욱인(2000). “사이버페이스와 새로운 인간형”. http//www.hanyang.ac.kr/c../wavboard.cgi?

백욱인 역(1999). 『디지털이다』, 서울: 커뮤니케이션북스.

사득환(1997). “지방시대 환경갈등의 해결기제: 제3자 조정을 중심으로”, 『한국행정학보』, 31(3): 187－201.

______(2008). “강원 동해안 광역경제권과 행정구역개편,” 『강원동해안 광역경제권 구상방안 모색을 위한 정책 세미나』, 강원행정학회 · 국제통상학회: 1－13.

서문기(2004). “한국의 사회갈등 구조 연구: 갈등해결 시스템을 모색하며”, 『한국사회학』, 38(6): 195－218.

서휘석 외(2002). “지역축제에 대한 방문객 인지: 익산 세계 아동 청소년 공연예술축제를 중심으로”, 『한국지방자치학회보』, 14(2): 120－137.

소영진(1999). “딜레마 발생의 사회적 조건: 위천공단 설치를 둘러싼 지역갈등을 중심으로”, 『한국행정학보』, 33(1): 185－205.

손재식(1990). “북한의 지방행정”, 『한국지방행정연구원 연구보고서』.

송복(1990). 『한국사회의 갈등구조』, 서울: 경문사.

신명순(1986). “사회갈등과 폭력”, 『외국문학』, 11: 116－133.

신윤창 · 김장기(2003). “지방정부 문화관광사업의 행사관리 적합성에 관한 연구: 2002 삼척 세계동굴박람회(엑스포)를 중심으로”, 『한국지방자치학회보』, 15(1): 131－147.

______(2006). “지역균형발전의 네트워크적 구상과 정책 함의: 강원광역권을 중심으로”, 『한국정책과학학회보』, 10(2): 25－46.

신윤창 · 손진아(2010). “지역발전이론의 비판적 이해와 지역공동체에 관한 탐색적 연구”, 『한국비교정부학보』, 14(1): 217－244.

신윤창 외(2002). “관광문화박람회를 통한 지속가능한 발전”, 『한국정책과학학회보』, 6(3): 191－212.

______(2003). 『세계 동굴 엑스포 결과 보고서』, 삼척 동굴엑스포 조직위원회.

______(2007). 『자본주의와 문화산업론』, 서울: 법문사.
심상도(1998). "축제와 지역관광의 활성화 방안에 관한 연구", 『관광학 연구』, 24(1).
심영희(1984). "사회갈등과 사회통제: 이론적 조망", 『한국사회학』, 18(1): 230－250.
심익섭(1993a). "북한의 국가기관체제와 지방행정", 『행정논집』, 21: 1－21,
______(1993b). "통일정책 수행을 위한 남・북한 지방자치제도의 발전방향", 한국행정학회・광주전남행정학회, 『하계학술대회 발표논문집』.
______(1997). "통일한국에 대비한 행정체제 통합방안", 『한독사회과학논총』, 7: 145－166.
안성민(2000). "지방정부의 갈등관리에 대한 제도적 접근", 한국행정학회, 『동계학술대회발표논문집』.
양현모(1998). "독일통일의 경험이 남북한 행정통합에 주는 교훈: 행정통합을 중심으로", 한국행정연구원, 『연구보고서』.
______(2001). "지방자치단체의 바람직한 남북교류협력사업의 추진방안", 한국행정연구원, 『연구보고서』.
엄기현(1995). "북한행정체계에 관한 연구: 관료 제도를 중심으로", 한양대학교 행정대학원 석사학위논문.
유경옥(2003). "대안적 분쟁해결제도로서의 온라인 분쟁해결시스템의 평가", 『소비자 연구』, 14(2): 179－196.
유영옥(1995). "남북 지방행정체제의 비교연구와 통합방안", 『북한학보』, 19: 21－35.
유재원(1996). 『수평적 정부 간 협력체계 정립방안: 수도권을 중심으로』, 서울: 한국행정연구원.
유해운 외(2001). 『환경갈등과 님비이론』, 서울: 선학사.
윤옥경(2000). "사이버시대의 세대차이와 세대갈등에 대한 전망: 세대문제 해결을 위한 장으로서의 사이버 공간의 가능성 탐색", 『한국청소년연구』, 11(2).
윤일균(1978). "북한행정체계에 관한 연구", 동국대학교 박사학위논문.
윤종인(2008). "자율통합을 통한 시군구 광역화 방안 모색", 한국정책학회, 『하계학술대회 발표논문』, 1－17.
이광택(1989). "한국사회 노사관계의 현황과 대책", 『현대사회』, 34(여름호): 90－91.
이기식(2008). "신동해안시대 광역 경제권과 행정 거버넌스 활성화 방안", 『강원동해안광역경제권 구상방안 모색을 위한 정책 세미나』, 강원행정학회・국제통상학회: 1－24.
이병량 외(2008). "한국 사회갈등구조의 진단과 해석: 수준, 원인, 대안을 중심으로", 『한국공공관리학보』, 22(4): 49－72.
이병철(1994). "행정구역개편에 관한 연구: 김영삼 정부의 행정구역 개편안을 중심으로",

「울산대학교 사회과학논집」, 4(2): 23－41.
이선우 외(2001). “영월다목적댐 건설사업의 협상론적 재해석: 정책갈등 해결의 모색”, 『한국지방자치학회보』, 13(2): 231－252.
이성구 · 장기수(1987). “북한의 행정체계의 변화에 관한 연구”, 『홍익논총: 인문사회과학편』, 19: 233－267.
이성복(1995). 『도시행정론』, 서울: 법문사.
이수만(1995). “도농통합시의 향후 발전 과제,” 『도시문제』, 3월호: 33－49.
이승종 · 김대욱(2006). “남북한 지방행정체제의 통합방안”, 『행정논총』, 49(2): 267－294.
이영면(2004). “지속가능발전을 위한 갈등관리의 현황과 과제: 문화, 교육을 중심으로”, 지속가능한발전위원회, 『지속가능발전을 위한 갈등관리의 현황과 과제』.
이영희(2004). “민주화와 사회갈등: 공공정책을 둘러싼 사회갈등의 이해”, 『동향과 전망』, 61: 36－67.
이원일(1998). “광역, 기초자치단체 간의 갈등에 관한 연구: 부산광역시를 중심으로”, 『한국행정학보』, 32(2): 201－217.
이재원(1995). “다시 짚어보는 행정구역의 통합과 분리: 행정구역 개편과정에서 잊고 있는 논의들”, 『지방자치』, 9월호: 97－103.
이춘근(1998). “경주 세계 문화 엑스포의 경제적 파급효과와 과제”, 『강원포럼』, 통권 제25호.
______(1999). “월드컵 대구 경기의 경제적 파급효과 분석”, 『대구경북포럼』, 4(2): 30－37.
이충기(2010). “폐광지역 발전의 비전과 전략: 강원랜드가 강원도에 미치는 경제적 파급효과 분석”, 『강원랜드 산학공동 연구보고서』: 15－32.
이충기 · 이봉구(2003). 『강원랜드 개장으로 인한 강원남부 폐광지역 경제활성화 평가』. (주)강원랜드.
이효선(1984). “학원의 갈등: 그 성격과 대응”, 『한국사회학』, 18(1): 210－229.
임성일(1994). “도농통합형 도시 행 · 재정의 과제”, 『도시문제』, 6월호: 44－59.
임승달(1995). “통합시의 도시개발 과제와 방향,” 『도시문제』, 3월호: 33－49.
장상환(1997). “한국 자본주의의 위기와 사회갈등의 본질”, 『당대비평』, 1: 202－225.
장태욱(1994). “도농통합의 의의와 방향”, 『도시문제』, 6월호: 9－20.
전석홍(1994). “도농통합 이후의 효율적인 지역개발전략”, 『지방행정』, 9월호: 38－49.
전영평(2000). “시민단체와 지방정부간 관계”, 『한국행정논집』, 31(1): 149－177.
전자신문. 2013년 6월 20일자.
정광렬(2001). “강릉 단오제의 발전 방안”, 『지역문화정책의 실상과 지역축제의 방향』, 서울행정학회 추계 기획세미나.
정근식(1999). 『축제, 민주주의, 지역 활성화』, 서울: 샛길.
정근식 · 김해식 역(1999). 『사회변동의 이론과 전망』, 서울: 한울아카데미.
주재복(2001). "지방정부간 정책갈등의 조정과정과 협력규칙: 서울시와 경기도 상수도 분쟁", 『한국정책학회보』, 10(1): 141－163.
지속가능발전위원회(2004). 『갈등관리시스템 구축방안 연구보고서』.
최봉수(1991). "북한의 지방행정체계 구축과 정치 전략적 특성", 『통일문제연구』, 3(1): 16－30.
최성락 · 황혜선(2006). "강원랜드 설립정책이 폐광지역 개발에 미친 성과평가에 관한 연구", 『행정논총』, 44(1).
최양부 · 윤원근(1988). 『행정구역의 합리적 조정방안: 정주체계에 따른 도농통합적 행정구역의 모색』, 서울: 농촌경제연구원.
최연홍 · 오영민(2004). "정책수용성의 시간적 변화: 위도 방사성 폐기물 처분장 입지 갈등사례", 『한국정책학회보』, 13(1): 297－333.
최영출(2008). "지방행정계층과 구역개편에 거는 기대", 『지방자치정보지』, 166(1): 6－12, 한양대 지방자치연구소.
최진욱(2008). 『현대북한행정론』, 서울: 명인문화사.
통일부 통일교육원(2011). 『통일문제 이해』, 서울: 통일부 통일교육원.
하이원리조트 사회공헌백서(2009).
한경희(2001). "강원랜드 카지노의 현황과 활성화 방안에 관한 연구", 『관광정보연구』, 8호.
한국광해관리공단(2011). 『대체산업융자지원사업 성과분석』.
한국지방자치학회(1996). 『한국지방자치론』, 서울: 삼영사.
한상진(1985). "갈등의 제도화와 사회발전", 『한국사회와 갈등의 연구』, 한국사회학 편, 서울: 현대사회연구소.
한원택(1995). 『지방행정론: 이론, 제도, 실제』, 서울: 법문사.
한정란 외(2006). "청소년과 노년세대 간 태도 분석: 상호지향성 및 중요도－실행도 분석 모형을 기초로", 『한국노년학』, 26(2).
현대경제연구원(HRI)(2011). 「폐특법 효과분석 및 시효연장 타당성 검토 보고서」.
홍준형(2004). "지방분권과 강원도 내 지역균형발전", 『국가균형발전과 강원도의 정책대응』, 삼척대 산업과학기술연구원: 149－166.
홍형득(2006). "과학기술정보 및 지식의 생산과 흐름분석을 위한 네트워크 분석: 바이오안전성 관련 정보의 하이퍼링크를 중심으로", 『한국행정학보』, 40(1): 199－223.

[국외 문헌]

Amin, Ash & Thrift, Nigel(1992). "Neo－Marshallian nods in Global networks", *International Journal of Urban and Regional Research*, 16: 571－580.

Becker, James F.(1996). "Frangementation of Municipal－level Services and the Erosion of Planning Capacity", paper presented at *the annual meeting of the Southeastern Conference for Public Administration*, October, Miami, FL.

Blair, J. P. & Zhang, Z.(1994). "Ties that Bind Revisited", *Economic Development Quarterly*, 8: 4.

Blair, J. P., Staley, S., R. & Zhang, Z.(1996). "The Central City Elasticity Hypothesis: A Critical Appraisal of Rusk's Theory of Urban Development", *Journal of the American Planning Association*, 62(3): 345－53.

Blom－Hansen, Jens(1997). "A New Institutional Perspective on Policy Networks", *Public Administration*, 75(4): 669－693.

Briggs, Adam(1961). "The Welfare State in historical Perspective", *European Journal of Sociology*, 2(1): 22－31.

Brozel, Tanja A.(1998). "Organizing Babylon－on the different conceptions of policy networks", *Public Administration*, 76(2): 273－294.

Bruce, Maurice(1961). *The Coming of the Welfare State*, London: L.T.D.

Campbell, Richard et al.(2003). *Media and Culture: An Introduction to Mass Communication*, New York: Bedford/St. Martin's Press.

Carmichael, Burgress, Peppard, Davis & Boudreau, Friedrich (1966). "Mega－Report on My Doorstep: Local Resident Attitudes toward foxwoods Casino and Casino Gambling on nearly Indian Reservation Land", *Journal of Travel Research*, 34(3).

Carr, J. B. & Feiock, R. C.(1999). "Metropolitian Government and Economic Development", *Urban Affairs Review*, 34(3): 476－88.

Caves, Richard E.(2002). *Creative Industries*, Boston: Harvard University Press.

Dowding, Richard K.(1995). "Model or metaphor? A critical review of the policy network approach", *Political Studies*, 43(2): 136－58.

Eadington, William R.(1996). "The Legalization of Casino: Policy Objectives, Regulatory Alternatives and Cost/Benefit Considerations", *Journal of Travel Research*, 34(3).

Etziono－Halvey, Eva(1981). *Social Change: The Advent and Maturation of Modern Society*, London: R.K.P.

Fleischmann, Adam & Green, G.(1991). "Organizing Local Agencies to Promote

Economic Development", *American Review of Public Administration*, 21(1): 1–15.

Flora, Peter(1982). *Krisenbewaltigung oder Krisenerzeugung?* Stuttgart: Ernst Klett.

Gerston, Long N. & Haas, Pick J.(1993). "Political Support for Regional Government in the 1990s: Growing in the Suburbs", *Urban Affairs Quarterly*, 29(1): 154–63.

Giddens, Anthony(1989). *The Consequences of Modernity*, Stanford: Stanford University Press.

Gough, Ian(1979). *The Political Economy of the Welfare State*, London: Macmillan.

Gerndt, Grabnen (1993). *The embedded firm: On the socioeconomics of industrial networks*, London: Routledge.

Greco, Albert N.(1999). *The Media and Entertainment Industries: Readings in Mass Communications*, New York: Allyn and Bacon.

Hansen, Newtown M. (1973). "Growth Center Policy in the United States", N. M. Hansen(ed.), *Growth Centers in Regional Economic Development*. New York: Free Press.

Heilbroner, Adam & Milberg, Carl(2007). *Capitalism*, London: Sage.

Hoeg, Wolfgang(ed.) (2003). *Digital Audio Broadcasting: Principles and Applications of Digital Radio*, West Sussex: John Wiley & Sons.

Howkins, John(2007). *The Creative Economy*, London: Peguin Press.

Hufford, Larry(1973). *Sweden: The Myth of Socialism*, London: Fabian Society.

John, Storey(2001). *Cultural Theory and Popular Culture*, London: Pearson Prentice Hall.

Jenkins, Richard(1996). *Social Identity*. New York: Routledge.

Jordan, Glove & Schubert, Karl(1992). "A Preliminary Ordering of Policy Network", *European Journal of Political Research*, 21: 1–27.

Kickert, Wood J., Klijn, Edward & Koppenjan, John(1997). *Managing Complex Networks*, London: Sage.

Klijin, Elois(1997). "Policy Networks: an Overview", W. J. Kickert et al., *Managing Complex Networks*, London: Sage.

Knoke, David et al.(1996). *Comparing Policy Networks: Labor Policies in the US., Germany and Japan*. New York: Cambridge Press.

Long, Patrick T.(1996). "From the Guest Editor", *Journal of Travel Research*, 34(3).

MacMillan, Plagrave(2013). *Digital Culture Industry*, London: James Allen–Robertson.

Marsh, David Carl(1980). *Welfare State: Concept and Development*, New York: Longman.

Marshall, Thomas H.(1963). *Class, Citizenship, and Social Development*, Chicago: University of Chicago Press.

Marx, Karl(1966). *Capital*, London: Progress Publisher.

Mishra, Ramesh(1982). *Society and Social Policy: Theories and Practice of Welfawe State*, London: Macmillan Press.

Monge, Peter R. & Contractor, Noshir S.(2003). *Theories of Communication Networks*, New York: Oxford University Press.

Mueller, Dennis(1997). *Perspective on Public Choice: A Handbook*, Cambridge: Cambridge University Press.

Nash L. l.(1978). *Concepts of existience: Greek origins of generational*, Daedalus:, Boston University Press.

O'Leary, Seamus(2000). *Understanding Digital Terrestrial Broadcasting*, Norwood: Artech House Publishers.

OMB Executive Office(2002). *North American Industry Classification System(NAICS)*, Lanham: Bernan Associates.

Perdue, Long, & Kang(1999). "Boom Town Tourism and Resident Quality of Life: The Marketing of Gaming of Host Community Resident", *Journal of Business Research*, 44(3).

Persky, Joseph, Sclar, Elliott, & Wiewel, Wim(1991). *Does America Need Cities?* Washington, D.C.: Economic Policy Institute.

Pizam, Adam & Pokela, James(1985). "The Perceived Impacts of Casino Gambling on a Community", *Annals of Tourism Research*, 12(2).

Plunkett, Jack W.(2004). *Plunkett's Entertainment & Media Industry Almanac 2004*, New York: Plunkett Research.

Price Waterhouse Coopers(2003). *Global Entertainment and Media Outlook 2004-2008*.

Pryor, Frederic L.(1968). *Public Expenditure in Communist and Capitalist Nations*, London: Allen and Unwin.

Rigos, John P.(1995). "Meteropolitan Governance Policy: Forty Five Years of Experimentation, Research and Ideological Conflict", paper presented at the annual meeting of the Southern Political Sciences Association, November, Atlanta, GA.

Robson, William(1976). *Welfare State and Welfare Society: Illusion and Reality*, London: George Allen & Unwin.

Rusk, David(1993). *Cities without Suburb.* Washington, D.C.: Johns Hopkins University Press.

Sarkar, Saral(1999). *Eco-Capitalism or Eco-Socialism*, London: Zed Books.

Satch, White B.(1968). *The Quest for Service in New Zealand 1840 to 1960*, London Oxford University Press.

Smith, Adam(1991). *Wealth of Nations*, New York: Prometheus Books.

Susskind, Lawrence(1999). *The Consensus Building Handbook*, London: Sage.

Tardiff, Joseph C. & Alampi, Mary(1997). *Information Industry Directory*, New York: Gale Group.

Thone, Peter(1966). *The Elite in the Welfare State*, London: R.K.P.

Turner, Jonathan H.(1978). *The Structure of Sociological Theory*, Illinois: The Dorsey Press.

Wanhill, John(ed.)(2003). *Cultural Studies and the Study of Popular Culture: Theories and Methods*, Atlanta: University of Georgia Press.

Weber, Max(2002). *The Protestant Ethic and the Sprit of Capitalism*, New York: Bedminister Press.

Wicks, Bruce E. & Norman, Kathryn A.(1996). "Urban Riverboat Casino Planning: Including the African American Perspective", *Journal of Travel Research*, 34(3).

Willensky, Harold L.(1975). *The Welfare State and Equality*, Berkerly: University of Calfornia Press.

http:daum.net/AromagardeN/F6Z4/95410?docid.

찾아보기

ㄱ

ㄴ

ㄷ

ㄹ

ㅅ

ㅇ

ㅈ

저자 소개

신윤창

고려대학교 대학원에서 행정학 박사학위를 취득하고 고려대학교 노동문제연구소 연구실장을 거쳐 현재 강원대학교 공공행정학과 교수로 재직 중이다.

대통령 소속 지방자치발전위원회 위원 및 분과 위원장(2013~2017년), 대통령 소속 자치분권위원회 위원(2018년~현재), 중앙일보 리셋코리아 지방자치분과 위원(2017년~현재), 지방공기업 평가위원(2017년~현재), 한국비교정부학회 부회장(2016년~현재), 미국 오리건대학교(University of Oregon) 교환교수(전), 강원도 규제개혁위원장(전), 강원행정학회 회장(전), 한국행정학회 부회장(전), 한국지방자치학회 부회장(전)을 역임하면서 왕성한 학회활동 및 사회활동을 하고 있다.

저서로는 『한국주민자치 이론과 실제』(공저, 2019년 대영문화사), 『현대행정의 이해』(공저, 2019년 대영문화사), 『제4차 산업혁명과 행정의 미래』(단독, 2018년 법문사), 『한국지방자치 발전과제와 미래』(공저, 2016년 박영사), 『자본주의와 문화산업』(공저, 2007년 법문사), 『자본주의와 복지국가론』(단독, 2001년 법문사) 등 다수가 있으며, 논문으로는 "통일을 대비한 도의 지위 및 기능 재정립에 관한 연구"(2019년 『한국비교정부학보』), "남북한 치안체제 비교 및 통일 대비 통합방안에 관한 연구"(2017년 『한국비교정부학보』), "읍 · 면 · 동 주민자치회 도입의 문제점과 개선방안에 관한 연구"(2017년 『한국비교정부학보』), "한국의 대도시 특례제도에 관한 연구"(2016년 『한국비교정부학보』) 등 60여 편이 있다.

글로벌 세계의 이해

펴낸날 제1판 제1쇄 2019년 8월 20일
지은이 신윤창
펴낸이 임춘환
펴낸곳 도서출판 대영문화사
주소 (본사) 사무실: 경기도 고양시 일산서구 주화로 70
우신프라자 307호 (㊤ 10387)
(본사) 물류센터: 경기도 고양시 일산서구 덕산로
107번길 68-50 (㊤ 10205)
등록 1975년 12월 26일 제3-16호
전화 (031) 913-3062, (031) 914-3884~5
팩스 (031) 913-3839
홈페이지 http://www.dymbook.co.kr

ⓒ 신윤창, 2019
ISBN 978-89-7644-747-0
값 17,000원

* 잘못된 책은 바꾸어 드립니다.
* 이 책의 내용은 저작권법의 보호를 받습니다.